高等教育改革与创新研究丛书

大学生学习引论

Introduction to the Learning of College Student

常顺英 矫春虹／著

北京理工大学出版社
BEIJING INSTITUTE OF TECHNOLOGY PRESS

版权专有 侵权必究

图书在版编目（CIP）数据

大学生学习引论/常顺英，矫春虹著．—北京：北京理工大学出版社，2012.9（2017.8 重印）

ISBN 978－7－5640－6658－1

Ⅰ．①大… Ⅱ．①常… ②矫… Ⅲ．①大学生-学习方法 Ⅳ．①G642.46

中国版本图书馆 CIP 数据核字（2012）第 192663 号

出版发行 /	北京理工大学出版社
社　　址 /	北京市海淀区中关村南大街 5 号
邮　　编 /	100081
电　　话 /	（010）68914775（办公室）　68944990（批销中心）　68911084（读者服务部）
网　　址 /	http://www.bitpress.com.cn
经　　销 /	全国各地新华书店
印　　刷 /	北京九州迅驰传媒文化有限公司
开　　本 /	710 毫米×1000 毫米　1/16
印　　张 /	17.75
字　　数 /	286 千字
版　　次 /	2012 年 9 月第 1 版　2017 年 8 月第 3 次印刷
定　　价 /	45.00 元

责任编辑 / 尹　旿
梁铜华
责任校对 / 周瑞红
责任印制 / 王美丽

图书出现印装质量问题，本社负责调换

编者的话

经济建设和社会进步，从根本上讲，必须依靠科技和教育。为适应社会主义市场经济体制建设的需要，面对21世纪的发展机遇与挑战，必须深化教育体制改革，加快教育事业发展，提高教学质量，培养高质量的人才。

提高教育教学质量，教师起主导作用，但质量归根结底还是反映在学生身上。教师主要是提供信息、创造接收信息的环境与条件，而接收、编码、贮存和检索则主要靠大学生自己。因此，帮助大学生"学会学习、学会思考、学会创造"是一个至关重要的问题，是北京理工大学教育研究多年来一直在关注的一个重要的研究课题，围绕这一研究特色，在北京理工大学高等教育研究室创始人、《大学生学习引论》原版主编吉多智教授的支持下，我们根据多年来本课程的教学实践，借鉴大学生为本书修订提出的宝贵意见，对原书从体系到内容都进行了较大的调整、修改和补充，使本书能对大学生的学习生活起到更全面的指导作用。

本书为使大学生能"学会学习、学会思考、学会创造"，不仅仅是从学习的技能、技巧方面作一些介绍，更重要的是从认识论和方法论上进行了论述。因而，本书编入了大学的教育与教学规律；大学生身心发展特征及大学生的思维发展；学习理论、学习规律、大学学习方法及大学生职业生涯规划等三个部分。目的在于从认识上、方法上给大学生学习生活以全面引导。

参加本书再版编写工作的主要有常顺英、矫春虹等同志。从再版编制大纲的研究制订，主要章节的执笔写作到全书的统稿、审稿及修改，均由二位同志完成，其中周玲、杨春梅也参与了部分章节的修订，全书最后由常顺英同志完成定稿。文字的录入由刘瑞、王丽娜、崔媛媛等同学完成。其中北京理工大学教育研究院和研究生院，对本书的编写出版工作给予了大力支持，在这里对所有支持和帮助本书再版的前辈、领导、同志、同学一并表示衷心感谢。

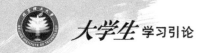

  有关学习理论的研究，在我国起步较晚，不同学科、门类、层次大学生学习的研究，也仅是 20 世纪 80 年代后的事情，许多问题尚待进一步研究、探讨。某些基本理论问题还众说纷纭，处于激烈争论之中，难有统一答案。由于编写时间仓促，编者水平、经验所限，本书还存在不足之处，期望得到专家、学者的批评指正，特别欢迎同学们提出宝贵意见。

编者

高等教育改革与创新研究丛书

目　录

第一章　学习与社会

第一节　学习与学习本质 …………………………………………（1）
第二节　顺应社会的发展而学习 …………………………………（7）
第三节　社会对大学生的要求 ……………………………………（11）

第二章　高等教育与高等学校

第一节　高等教育的发展历程 ……………………………………（20）
第二节　高等教育的本质及基本特征 ……………………………（25）
第三节　高等学校 …………………………………………………（30）

第三章　高等学校教学概要

第一节　高等学校的培养目标 ……………………………………（37）
第二节　高等学校的专业设置 ……………………………………（42）
第三节　高等学校的教学内容及组织实施 ………………………（46）
第四节　高等学校的教学过程和教学原则 ………………………（62）

第四章　大学生身心发展特征

第一节　中外心理发展理论 ………………………………………（71）

第二节　大学生的身体和心理过程发展特征 ·················· (75)
第三节　大学生的个性心理发展特征 ························ (79)

第五章　大学生成才

第一节　人才的概念与基本特征 ···························· (87)
第二节　人才成长规律 ·································· (91)
第三节　成才的心理与品格 ······························· (93)
第四节　成才基本因素及成才公式 ·························· (98)

第六章　学习理论与大学学习过程

第一节　学习理论综述 ·································· (102)
第二节　大学生学习的原动力——动机 ······················ (111)
第三节　大学的学习过程 ································ (115)

第七章　大学生的学习认知过程

第一节　大学生学习认知过程 ····························· (125)
第二节　感觉与知觉过程 ································ (129)
第三节　思维过程 ····································· (132)
第四节　记忆过程 ····································· (135)

第八章　大学生思维的发展

第一节　思维概述 ····································· (142)
第二节　大学生思维状况分析 ····························· (147)
第三节　大学生创造思维培养 ····························· (156)

第九章　大学生的知识学习

第一节　大学生教材、参考书的阅读 ························ (164)

第二节	概念的形成与应用	（166）
第三节	知识的理解与掌握	（169）
第四节	学习的迁移与知识的应用	（172）

第十章　大学生能力培养

第一节	能力的概述	（179）
第二节	智能结构	（181）
第三节	大学生能力培养	（192）
第四节	大学生创造能力培养	（196）

第十一章　大学生学习方法

第一节	大学生学习方法概述	（203）
第二节	大学生学习特点	（206）
第三节	大学生学习方法简介	（210）

第十二章　大学生和校园文化

| 第一节 | 校园文化的内涵和意义 | （223） |
| 第二节 | 校园文化的主要内容 | （230） |

第十三章　大学生的心理健康

第一节	大学生心理健康的含义及标准	（246）
第二节	大学生的心理不健康表现	（249）
第三节	大学生心理不健康的原因分析	（254）
第四节	大学生心理自我调适和社会调适	（256）

第十四章　大学生职业生涯规划设计

| 第一节 | 职业规划的含义及发展理论 | （262） |

第二节　大学生职业生涯规划的实践意义 ……………………（266）
第三节　大学生结合自己的专业进行职业规划 ………………（267）
参考资料 …………………………………………………………（273）

第一章　学习与社会

　　从有人类之日起，就有了学习。人类生存需要学习，人类进化需要学习，社会进步发展需要学习，可以说学习是人一生的主题之一。人类社会经历了漫长的发展过程，积累了丰富的经验，为了继续推动社会不断发展，人类就必须不断地学习。一个人为了自身的生存和发展，也必须不断地学习。对于一个国家、一个民族而言，是否重视学习、善于学习，是关系国家民族能否兴旺发达的大事。学习兴，人才举，中华民族才能傲然屹立于东方。

　　学习是大学生形成正确的人生观、世界观、价值观的关键。学习是掌握知识、培养能力的基本途径，是大学生道德品质形成的前提条件。学习会使人增长才智，学习会给大学生成才以正确的导航，学习会使人增强动力、生活更加充实，学习会使人更自觉地承担社会进步的历史责任。

第一节　学习与学习本质

一、学习的含义

　　广义上讲，学习是人及动物在生活过程中获得个体行为经验的过程。动物借助学习主要是适应环境，而且是依靠遗传的本能；而人类主要依靠学习认识与改造环境。

　　狭义上讲，学习是掌握知识、技能，发展智力和形成行为习惯的活动过程，同时也是形成世界观和人生观的过程。

　　学生的学习，是一种在教师指导下，有目的、有计划、有组织进行的认知活动。它是以掌握系统的科学知识、技能、形成世界观和道德品质为其主要任务。通过学习活动达到认知体系的变化、情感体系的变化和精神体系的变化。认知体系变化，包括知识量增长，概念体系的建立、优化，智力的发展等；情

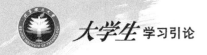

感体系的变化,包括情绪、兴趣、意志、性格、态度、价值观及体系的发展,精神运动体系变化,包括各种形态体力活动的配合,侧重于智力技能和体力技能。

大学生的学习,特别是工科大学生的学习,既是认识过程也是实践过程,两者相互交错渗透进行。学习的途径既有生产经验、意识形态、思想品德的直接传授,也有通过语言文字按照一定的教材,有计划、有目的地通过讲授获取;既有通过老师传授进行学习,也有通过大学生自习进行学习。对学习获取的信息都经过自己的加工,形成自己的知识纲络。

二、学习的本质

学习一般指经验的获得及行为变化的过程,而行为的变化是由经验的获得引起的。因此,经验的获得在学习过程中占主导地位。学习是动物和人类都普遍具有的活动,在个体以行为方式的改变来适应新情境的活动中都存在着学习现象,但人类与动物的学习有本质区别。

对于人类学习本质的几种看法:

一种观点认为,学习的本质是在社会生活实践中借助语言掌握人类历史经验,从而产生行为变化的过程。这种过程的基本特点是有目的、有计划、积极主动进行的。

另一种观点认为,学习的本质是社会遗传,社会遗传的实质是个体社会化。因此,可以说学习的本质是个体社会化。

也有的人认为,研究学习的本质,就是要用唯物辩证的方法、系统的方法,来建立学习系统的基本结构模型。学习的本质,可定义为学习者的知识结构系统、智力结构系统、能力结构系统和学习心理品质结构系统的组织与重新组织的过程。

还有的人认为,人的学习是在社会生活实践中,以联系为中介,以思维为特征,自觉积极主动地掌握社会和个体的经验,并形成自身知识、技能、行为变化的过程。

我们认为,学习的本质是人们在社会生活实践中,借助语言自觉地主动地掌握社会和个体的经验,并形成自身思想品德、知识、技能、产生行为变化的过程。这一认识提出了人类的学习行为使用第二信号系统的特征,强调了人类学习的自觉性和主动性,体现了个体社会化和学习所要达到的目的。

人类的学习和动物的学习虽有相似之处，但存在着本质的差异。人类的学习活动主要是借助思维和记忆活动，并通过语言媒介而完成的实践过程，是动物学习过程中的刺激—反应或行为变化所不能完全表达的。由于人所具有的社会性和实践性，人的学习活动受多种因素制约，它不是单纯的行为变化所能概括的。

第一，人类的学习活动是有意识、有目的的。学习作为主体（人）的一种意识活动，是在意识配合下的有目的、有计划、有选择的能动活动，通过学习活动使主体的意识及行为产生能动的效应。学习的原动力源于主体的需要，学习就是主体对客体无限追求和逐步占有的过程。随着社会的发展，人类更进一步认识到，学习的目的不仅在于认识世界、适应环境，而主要在于改造世界、创造世界。也就是说既为"知"，更为"行"，绝不是为"学"而学，而是为"用"而学。因而，"读书是学习，使用也是学习，而且是更重要的学习"，达到"知行统一"的目的。

第二，人类的学习活动具有鲜明的社会性。首先，在学习的动力上，有物质的、精神的、物理的、心理的、阶级的、非阶级的、民族的、群体的、个体的等。这些丰富多样的学习动力，主要来自一个人参加并适应社会生活的需要。其次在学习内容上，从人类从事生产劳动起学习就具有它的社会意义，内容广泛。文化、自然、科技成果、道德、艺术、宗教等相互交往传播，不断发展丰富，使学习活动与社会联系更紧密。再次，在学习方式上，人类学习活动由原始社会中的自然的、分散的、无组织的学习方式到学校的出现，是人类学习史上的重要革命。学校使一些专门知识和技能的传播速度大大加快了。如今，人类知识、信息载体的发展和推广，使人类学习活动的方式更多了。学校里除课堂面授、实验、实习外，学生还能利用广播、电视、录像、计算机等获得知识和技能。人类学习活动方式的广泛性，更显示出其社会性。

第三，人类的学习具有实践性。学习既是一种认识活动，也是一种实践活动。学习是通过实践来实现的，新的认识的获得依赖于学习实践，认识正确与否也只能通过实践来验证。所以，实践贯穿于学习的始终。人们的学习活动是一种特殊的实践活动。人类在重视从实践中学习求知的同时，也重视读书、听闻的学习求知实践；既重视间接的知识学习，又重视自己在学习的实践中取得实际的学习经验，探索学习的规律，把握学习的科学方法。

第四，人类在学习中创造了自己的信号及符号系统。人是以语言和文字为中介，通过信号、符号学习来把握学习对象的。

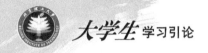

综上所述，我们应当用"知行统一"的观点看待学习本质：人们的学习，就是主体通过直接的或间接的途径获取知识技能、形成品德习惯、促进身心发展的实践活动，它是客观世界在主体中内化并使主体发展的过程。

三、树立新的学习观

（一）广义学习观

广义学习观是把个体学习放在适应现代经济、科技、教育发展的大背景下，应建立的多视角、社会学习的观念。主要包括：

（1）知识学习与技能、能力、态度、品格学习并重。

（2）既有各种正规的、系统的学习，又有非正规的、自发的、点滴的学习（如相互交流、看电影电视、听广播等）。

（3）学习，首先是继承人类社会的经验，获取并变成自己的财富。但知识积累不是目的，学习知识要有利于创造，创造（创新）才是人类的特质。高尔基说："人类的生活就是创造，就是努力去战胜僵死的物质的抵抗力，希望能掌握物质的一切秘密，并且迫使它的力量服从人的意志，为人类幸福服务。"

（4）"获取"是学习，"应用"也是学习。"应用"的意义在于：知识越用则掌握的数量越多、质量越高、理解越深；相互学习过程中交流真知、工作过程中调动自己的真知，都会产生"知识的负反馈"作用，使自己知识的总量增加。

（二）大学生新学习观

树立正确的学习观念是掌握学习科学、提高学习效果的前提。新学习观是在人类几千年文明史、教育史基础上，根据现代社会发展需要，从学习目的、学习态度、学习内容、学习修养、学习效果以及学习背景等方面提出来的，但要真正成为自己的观念、自觉的意识，那就还要经过自己的认同过程。这里着重讲七个基本观念：

（1）制定适合自己的较高学习目标。有雄心壮志或胸无大志对个人成就事业会是两种截然不同的结果，学习也是这样。较高的学习目标是建立在科学基础上的。因为人的大脑潜力很大，每个人都具备比已经达到的智能水平高得多的生理基础，因此依靠人的精神力量并通过艰苦奋斗，就可以把可能性转变为现实性。

（2）在重视教师主导作用的同时，建立自主学习观念。简单说就是建立在现代教育强调自我教育、自我管理这样的主体观念基础上的，学生有主见的、主动的学习。现在大多数的高等院校实行学分制教学管理制度，为学生提供了自主学习的有利环境。

（3）全面发展与全面学习。德、智、体、美、劳全面发展，是教育方针规定的人才合格的原则标准。全面学习（知识与能力，道德、心理、身体、政治与思想等）是达到全面素质提高与发展的必由之路。

（4）品质学习与科学学习。大学生要进行自身素质的多方面修养，形成良好的学习品质。提倡学习过程中智力因素与非智力因素（动机、态度、兴趣、意志等）相结合；理性因素（从理智上控制行为的能力）与非理性因素（灵感等）相结合；注重学习的效率；懂得根据本人的实际情况，利用关于学习的科学原理和规律进行学习，形成既科学又适合自己的学习体系，以指导自己的学习，从而达到品质学习的目的。

（5）效用学习。学习是一项智力投资工程，效用是它的价值。大学生学习质量如何，主要看他掌握的知识与技能是否有用、会用并产生效益。效用学习观念会时刻提醒在校学习时间有限的大学生们，在短暂的时间里学习尽量多的知识，形成优化的知识结构，并且懂得要与社会经济发展的需求相适应，为社会的实际需要作贡献。

（6）创造性学习。把学习看成一种创造性活动，采用探索式学习方法。强调学习过程要进行超出原有知识范围的自由思考和充分研究，并力争提出创新的见解和解决问题的新方法，乃至有新的发现和发明。世界新技术革命和世界范围的经济竞争环境，迫使人们在学习时，必须面向未来，培养创造性思维，树立创造意识。邓颖超同志曾代表党中央向全国青少年发出"未来需要你们去创造"的号召，并提出三点希望：第一，树立创造的志向；第二，培养创造的才干；第三，开展创造性活动①。

（7）终身学习。这就是要把传统的学习时空观念作根本性转变。从时间上说，教育不再限于成年之前，大学不是学习的顶点或终点，因为一个人一生中所获得的全部知识，90%以上是靠大学毕业后的继续学习得到的。从空间上说，学习也不局限于学校，各种形式的培训和在职学习已经必不可少，但在学校的学习要为工作、生活做准备，更为终身学习打好基础。

---

① 邓颖超：在中国少年先锋队队员和辅导员代表会议上致辞．光明日报，1994年7月26日。

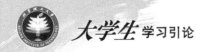

当然，我们还可以说，大学生还应树立勤奋学习、相互学习、在实践中学习等观念。如果大学生树立了上述正确的学习观，那么在学习上就有了明确的指导思想，就能有高境界的学习动力、学习科学性和主观能动性，并从而产生好的学习效果。

四、建立正确的学习价值观

所谓价值观，就是客观存在的价值关系（外在的），反映到人的头脑中来，从而形成的（内在的）认识和观念的体系。它使人们有了"内在的尺度"，作为支配人去进行价值判断，作出价值选择，从事价值创造的主观依据。价值观有多个方面，但对处在价值观定形时期的大学生们来说，最重要的是两个方面：人生价值观和学习价值观。价值观的核心问题又是价值评价（对他人、自己或事物的价值作出的主观判断）和价值取向（在做某一事物之前的一种价值思考，并依此选择和确立价值目标）。

（一）以集体主义为核心的人生价值观

马克思主义的价值学说告诉我们，衡量个人的人生价值方面，社会才是价值主体，个人是价值的客体。个人的价值只在于他对社会需要的满足，也就是说评价个人价值的根本标准，只能看他对社会所作的贡献。而绝不是"权""钱""名"等被曲解的或添加进个人主观利益而形成的其他什么"价值标准"。在现代社会，不能离开集体的作用场去谈论独立的个人价值；个人价值也只有在集体中才能体现出来，只有在是否为社会、为集体所作出的贡献中才能评价出它的高低品位。因此社会主义社会倡导的人生价值观应该以集体主义为核心。如裴多菲有句名言："生命的长短用时间计算，生命的价值用贡献计算。"

（二）学习价值观

学习价值观是引发大学生学习动机、学习动力，并正确引导他们学习行为的"动力调节系统"。目前，大学校园学习风气日渐消散，不良学习现象层出不穷，究其原因是学生学习价值观缺失造成的，缺乏正确的学习价值观。因此，大学生有必要明确学习的价值，树立以下基本观念：

（1）学习具有社会价值。社会的发展离不开人们的学习活动。但是所有呈现静态文化形式的文献记载，对社会的发展并不能直接产生价值，它必须经过人的学习活动实现知识活化转移才能产生价值。同时，人作为组成社会的基本单元，具有对社会的适应性，进而又可以推动社会适应新的发展需要，产生优秀的精神产品。这一切均以学习作为中介活动。

（2）学习具有经济价值。学习的经济价值主要是通过知识的利用价值来实现的，人们用学到的知识为社会创造财富，同时也为自身的生存和发展谋得个人的经济利益。学习的经济价值还寓于知识的价值和人的价值之中，一个或一些划时代的科学发现可以带来一次新的工业革命或新技术革命；一个伟大科学家的巨大价值甚至无法用金钱数字所衡量。这种隐性和显性的价值是同时客观存在的。大学生们应当着重思考和学习的是那些名家如何经过历尽艰辛的求学过程和刻苦的学习实践，从而产生超乎常人的脑力劳动增值，这正是产生巨大生产力及其经济价值的根源。

（3）学习具有精神价值。从人类进步的历史看，人对精神的需求比物质的需求更重要，而且是金钱、物质所无法替代的。学习具有挖潜、开拓、再造或扬弃的功能，每一次学习过程都是对生命力的开采和加工，使生命的价值更富有；使人的思维力得到提高乃至达到广阔无垠的宇宙空间；同时又能帮助人克服精神世界的许多消极因素，使人的精神生活更充实。

学习价值观的以上三个方面是彼此相互关联的统一整体。学习的社会价值是产生学习的经济价值的前提和条件，而学习的精神价值是产生学习经济价值的动力和基础。大学生们应当十分清晰地看到，经济价值是学习价值中的重要组成部分，价值的货币形式是刺激求学者动力系统的直接因素，但绝不应该把它视为最主要部分或首要因素，更不能把市场经济运行中的负面（影响）误认为正面而产生不应发生的误导或误入。

第二节　顺应社会的发展而学习

人们生活在社会当中，大学生学习与成才同样离不开社会。大学生学习与成才的动力来自社会的推动力和以社会责任为核心的内动力。而能够感受到外力并产生内力的源头，全在于他对社会发展的深刻了解。

一、科学技术在飞速发展

科学,是关于自然、社会和思维规律的知识体系。技术,是人类在利用自然和改造自然的过程中积累起来并在生产劳动中体现出来的经验、知识和实用技术方法。科学技术发展的动力是生产发展与社会发展的需要。自15世纪下半叶以来,科学技术进入了分门别类进行研究并协调发展阶段。

现代科学有不同的分类法。一种分为自然科学、技术科学、数学、哲学、社会科学五大基本部类;另一种分为自然科学、社会科学、思维科学、数学、哲学五大部类。此外还有其他的分类法。在各个基本部类之间,以及每一基本部类内部,相关效益明显增加,边缘学科、交叉学科、综合学科日益增多,科学技术的发展已进入了"自加速新阶段",有人称之为"知识爆炸",有人称之为"知识激增"。据英国技术预测专家詹姆斯·马丁推算:"人类的知识在19世纪是每50年增加一倍,20世纪初是每10年增加一倍,20世纪70年代每5年增加一倍,而进入80年代以来则大约每3年增加一倍。"由此可知,21世纪每年要增加一倍。现代科学的发展趋势是,一方面学科继续分化(已有两千多种),各方面的研究不断深入、精细;另一方面各种科学不断相互渗透,实现高度的整体化。

一百多年前,马克思明确指出,"生产力中也包括科学","社会的劳动生产力,首先是科学的力量"。早在1988年邓小平同志就进一步提出了"科学技术是第一生产力"的著名论断。他为我们指出,科学技术已成为生产力诸要素中的主导要素,成为决定生产力发展的第一要素。一些专家还提出一个表达公式:

生产力 = 科学技术 × (劳动力 + 劳动工具 + 劳动对象 + 生产管理)

以此说明科学技术具有乘法效应,它放大了生产力各要素,科学技术发展越快,生产力增长越迅速。由此可见,科学技术在生产力发展中的加速作用。

科学的发展以技术发展为中介,与经济发展构成一个循环。比如物理学的发展,开拓了激光技术领域,而激光技术的广泛研究与应用又直接影响了世界经济结构,经济发展又引导出更新一代的激光技术。现代科技发展的一个显著特征就是科技成果转化为生产力和实际经济效益的时间大大缩短,对经济发展起着明显的主导作用。科学技术在经济增长中所占的比重,目前在发达国家已达到60%~70%。

中国科学技术的发展，在历史上曾有引以为自豪的四大发明，并且被英国大哲学家培根评价为："造纸和印刷术影响了整个世界的文学，火药影响了整个世界的战术，指南针影响了整个世界的航海术。"但从公元1400年（明朝中期）以后，中国科学技术是举步不前的。一直到新中国成立，才结束了这段伟大民族与世界贡献不相称的历史。世界科学技术史上的三座里程碑——原子能、电子计算机、空间技术都有中国人的贡献。1964年中国爆炸了第一颗原子弹，以后又研制成功氢弹。电子计算机已有了运算速度达每秒亿次的银河机。空间技术的发展更使我国成为世界空间技术大国。我们掌握的五大先进技术——卫星回收技术（14次回收全部成功）、一箭多星技术、卫星测控技术（已建成由测控、通信中心等十几个地面观测站和远洋跟踪测量船组成的测控网）、高能低温燃料火箭技术、地球静止卫星发射技术已居世界前列。到目前为止，中国已成功发射近百颗各类用途的卫星。神舟九号飞船，2012年6月发射升空，这是中国航天计划中的一艘载人宇宙飞船，神九是中国第一个宇宙实验室项目，天宫与神九载人交会对接为中国航天史上掀开极具突破性的一章。

现在，我国科学技术的发展已进入黄金时期。世界范围内蓬勃发展的新科技革命，为我们提供了发展的机遇和挑战。面向21世纪，跟踪国际先进水平的"高技术研究发展计划"，正在航天、信息、激光、自动化、能源、原材料等领域深入展开。著名科学家杨振宁教授认为，一个国家科技能够辉煌发展的必要条件有四个：第一个是需要有聪明的青年人，有头脑做科学研究；第二是需要有重视纪律、重视忍耐心、重视勤奋的社会传统；第三要有决心；第四要有经济条件。他认为这四项在21世纪的中国都会具备的。著名科学家李政道博士也响亮地提出："21世纪将是华人的世纪，中国科技应重新拾回明中叶前的领导地位。"

二、高等教育在飞速发展

当今世界政治风云变幻，国际竞争日趋激烈，科学技术发展迅速。世界范围的经济竞争、综合国力竞争，实质上是科学技术的竞争和民族素质的竞争。从这个意义上说，谁掌握了面向21世纪的教育，谁就能在21世纪的国际竞争中处于战略主动地位。高等教育特别是高等学校，是培养高层次人才、发展科学技术的主要基地，而高质量人才和科技发展水平又是各国实现发展战略目标的根本保证。因此世界各国都努力发展高等教育。

美国现有3 500多所高等院校，有2 070所以本科教育为主。本科在校生超过780万人。这在世界各国中是独一无二的。美国本科教育的特点：一是本科入学率为世界最高的国家（57%），但也是本科入学要求最低的国家之一。二是重视普通教育，三年级开始才选定主修专业。重视普通教育将有助于提高学生的基本文化素质和终身学习能力，扩大学生的知识面和理解力，既为后来的专业化打下坚实的基础，又可使学生在未来的职业转换上具有较大的适应性。三是教学计划和内容灵活多样，普遍实行学分制和选课制教学管理制度。四是注重培养学生的独创性和实践能力。在课程选择方面给予学生很大的自主权，鼓励学生根据自己的兴趣和需要去规划自己的学习，组织自己独特的知识结构和能力结构。在教学过程中强调学生要独立学习和探索，甚至逐步提出"独立研究"领域。为了在质量和效益方面克服尚存的问题，美国设立了最佳高等院校评鉴制度。从学校在学术方面的声誉、挑选新生的严格程度、财政上能维持高素质和全职教师队伍的程度、学校财源状况、学生对院校的满意程度等，去导引建设美国的一流大学[①]。

日本现有大学524所、短期大学591所、高等专门学校62所、专修学校（专门课程）2 815所。大学本科在校生213万人。为了使日本今后在各个领域内维持其活力，适应国民意识和生活的多样化、在职人员接受再教育和成人扩大终身学习内容的要求，日本在积极进行高等教育改革。重点放在教育质量的提高上。为此，日本文部省规定各大学要以各种方式改善教育研究体制和课程计划，进行自我检查和自我评估。为适应科学技术向高度化和跨学科化的方向发展，他们以社会急需的领域为中心，对工、农学有关的学科进行改组、重建或扩建，并加速培养信息、生命工程材料等尖端技术领域内具有独创性的高水平人才。为适应医学、医疗的发展与高龄化社会的需要，日本还大力改进医学、口腔学教育和充实护理等医疗技术教育。此外，还就实行对具有各种特色考生的选拔方式，增加对公立大学的资助，充实育英贷学金等。

我国教育已有数千年的悠久历史，但直至20世纪初，均是以学习古代语文和读经（主要是儒家经典）为内容的旧教育。旧中国经济很落后，教育事业发展相当缓慢。我国现代的高等教育事业是在20世纪初才开始的，从北洋大学（1895年建立，现天津大学）、南洋公学（1896年建立，现上海和西安交通大

---

① 国家教育委员会《关于1994年教育事业发展的统计公报》1995年3月29日，中国教育报第2版。

学)、京师大学堂（1898年建立，现北京大学）、清华大学（1911年建立）相继建立至今，也只有100多年的历史。1949年，全国高等学校共有205所，在校（本专科）学生仅有11.6万人（工科学生不到100人），平均每校才500多人；当年招生仅3.1万人，毕业生2.1万人；专任教师1.6万人，平均每校不足80人；在学研究生总共只有600余人。经过60多年来的建设，到2011年全国普通高等学校共有2 358所（含独立学院323所），成人高等学校365所，本科院校1 112所，高职（专科）院校1 246所。

党的十一届三中全会以来，在邓小平同志重视教育、尊重知识、尊重人才的思想指导下，我国高等教育发展步入快速发展时期。党的十四届三中全会关于建立社会主义市场经济体制的决定，又为教育的改革和发展提供了机遇和动力，同时也要求加快教育改革步伐，使教育与经济紧密结合起来，逐步建立起有中国特色的社会主义教育体制。为此，1993年2月中共中央、国务院制定并印发了《中国教育改革和发展纲要》这个新时期发展教育的纲领性文件。1994年党中央、国务院召开了全国教育工作会议，向全国发出了"动员起来，为实施《中国教育改革和发展纲要》而努力"的号召，会议进一步明确"教育是我国现代化建设的重要组成部分和战略重点"；明确"以提高教育质量和办学效益为重点发展高等教育"的方针；决定把"面向21世纪，重点建设100所左右的高等学校和一批重点学科点"，即"211工程"，作为一项国家重点建设项目，分期分批加以实施。985工程，1998年5月4日，原国家主席江泽民在庆祝北京大学建校100周年大会上向全世界宣告："为了实现现代化，中国要有若干所具有世界先进水平的一流大学。"由此，教育部决定重点支持国内部分高校创建世界一流大学和高水平大学，简称"985工程"。可以说高等教育发展更加辉煌的时期已经到来。

发展教育可多出人才，同时发展教育又需要人才、依靠人才。发展的机遇、良好的环境条件都已具备，有志有为大学生一定会完成学习的任务和担负起历史的重任。

第三节　社会对大学生的要求

大学生的成才是家庭教育、学校教育、社会教育三者结合的结果。但大学毕业生是否合格，除了他达到大学规定的最低毕业学分的要求，或者说达到教

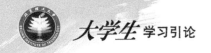

学计划规定的各门课程和实践教学环节的合格标准，符合大学生政治、思想、道德、心理等要求外，主要还要看经过工作以后社会实践的锻炼，得到的社会评价。至于他是否成为社会栋梁之才，全在于他对社会的贡献中展示的才华，并相应得到社会的鉴定和承认。

聪明理智的大学生在大学学习阶段，就十分重视社会活动家、科学家、教育家以及各阶层的领导、实业家等对当今社会和未来发展的剖析与展望，对成才之道的警世名言，对"师兄师姐"们的评论或批评，对新一代大学生的要求等，他们从中及早地得到教益，拨开思想迷雾，明确立志与学习的方向及目标。

一、社会需要新一代的高等专门人才

21世纪是国际竞争日益激烈、科技革命日新月异的时代。时代发展已具有"知识战""智力战"和"人才战"的新特点。在党的十七大报告中，胡锦涛总书记号召全党，优先发展教育，建设人力资源强国，对于实现高层次人才培养立足于国内，创造性地发展高等教育，增强参与国际经济、科技和人才竞争的能力，都具有深远的重要意义。

著名科学家钱学森教授十分明确地指出，发展我国的高等教育必须"从根本问题，即教育科学的基础理论做起""大大改进我们的教育工作，培养出工作能力和创造能力很强的一代新人，由他们来担当世界范围'知识战''智力战'的主力部队"。他还说："人的才能主要靠后天培养而不是什么先天就有的天才。既然古今中外都有一批才能卓越的人才，他们也是他们经历的学习环境所教育出来的，只要掌握了他们之所以才能出众的规律，有几个就能有一批，有一批就能有一大批，以至成千上万！这是过去历史所提供的论据。关键在于掌握教育科学的基础理论，把个别推广到一般。"

原国家副主席荣毅仁在他担任中国信托公司董事长时，经常提到"中信风格"，就是要注意国格、人格，要坐得正、站得直，做堂堂的中国人。"中信"希望：大学生在校期间应该把基础知识打扎实，同时要训练钻研能力，这样的大学生就有可塑性，假以时日就可以成才。大学生走向社会要有参与竞争的思想准备，除了思想素质、知识基础之外，具备开拓能力、实干精神和不畏艰苦的年轻人将在竞争中占有优势。

深圳企业家对大学毕业生的需求是：我们既需要有专才，又要有复合型的通才。从商业角度讲，要求毕业生首先要诚实；守时，时间观念强，没有时间观念办不成事；思想要解放，不要墨守成规，不能老子天下第一；还要机敏精灵，知识面广，思路广；要懂商业知识，懂生意经。企业需要的人一要务实，二要适应社会，业务上又专又深，思想端正。

一位长期在生产一线的厂长指出：我们需要的是具有商品经济思想和经营意识、掌握现代科技知识、有实际工作能力的新型人才。大学毕业生首先应该具有好的思想素质，富有献身精神，有事业心、责任感，愿意在生产第一线锻炼成长。其次，要有较强的业务素质，专业上要有深度，基础知识有一定广度，同时具有一定的实践能力。再次，要有一定的社会活动能力，大学毕业生进厂后，要在生产经营中同各方面发生联系，如果培养一些"书生""秀才"，那是很难适应的。

一位乡镇企业家则希望大学毕业生要有吃苦耐劳的精神，艰苦奋斗，改变乡镇企业技术落后的面貌，使乡村经济上新台阶，参加到国际市场中去竞争。需要大学毕业生既懂专业理论，又有实际操作能力，最好有发明创造能力。也希望大学生转变工作观念，不要老盯着大城市、大机关、大单位，基层单位也是他们大显身手的地方。

二、社会主义祖国需要杰出人才

我国现代化建设事业和社会主义市场经济的发展，不仅需要相当数量的科学家、理论家和各类专家，也需要大量的应用技术人才、经营管理人才和熟练操作人才。

进入20世纪90年代以来，党和政府极力重视青年优秀人才的培养问题，特别是把培养造就一批跨世纪学术和技术带头人的工作列入重要议事日程。许多部门和地区先后出台了若干适合本部门、本地区情况的促进优秀中青年人才迅速成长的政策，制订了目标明确的专项扶持计划。如国家教委制订了跨世纪优秀人才计划，中国科学院制订了青年科学家计划，还有上海的科技启明星计划、武汉的"晨光"计划等。这些计划的共同出发点是把培养和造就一批跨世纪的科技事业"帅才""将才"，置于"重中之重"的位置，作为当前专业技术队伍建设工作的最重要任务，以顺利完成新老交替、挑起大梁，参与国际竞争。

第二次世界大战后，各国都十分重视智力超常青少年的教育，苏美尤为突出。苏联在1958年的教育改革方案中，特别提出并肯定了"英才教育"的必要性。从20世纪60年代起专门设立"特科学校",对数、理、化、艺术和外语方面有天才的青少年,施以特殊优越的教学和训练。美国国会1973年通过一项《天才教育法》,决定进一步为天才教育提供物力、人才和法律保证。一项统计显示,目前在美国处于人才金字塔顶端的5%的对国家作出突出贡献的拔尖人才(其中不乏诺贝尔奖获得者)都是通过特殊学校经过长期特殊培养的结果。

我国在社会主义人才观的指导下,主要开展了两方面工作:一是一些高等教育学家进行了社会主义条件下,人才成长、个别教育或英才教育的理论探讨,在这些研究成果的指导下,一些高等学校相继进行了培养拔尖学生的教育试验,如中国科技大学的"少年班"、浙江大学的"混合班"、清华大学、北京理工大学的"实验班"等。二是大力宣传我国科技领域中卓有建树的老科学家,为广大青少年成长树立"爱国、奉献、求是、勤奋、谦逊、坚韧"的社会主义英才楷模形象,引导青少年把自身成长内因与外因结合起来,立志学习他们忠于社会主义祖国、忠于人民;坚持运用辩证唯物主义和历史唯物主义的科学世界观、方法论指导学习和科研工作;崇高的民族气节、严谨的科学态度、朴实的工作作风。下面重点介绍杰出的科学家钱学森。

钱学森,1911年12月11日出生于上海,3岁随父到北京,上过蒙养院(幼儿园)、女师大附小、师大附小、师大附中。1929年中学毕业后为复兴祖国,决心学工科,考入上海交通大学机械工程系。1930年他第一次接触到科学社会主义,对这一理论发生了莫大兴趣。他读了普列汉诺夫的《艺术论》、布哈林的《唯物论》等,参加过多次共产党外围组织的小型讨论会,了解了红军和解放区的存在。1934年暑假,钱学森从交大铁道机械工程专业毕业,考取了清华大学公费留学,专业是飞机设计,进入美国麻省理工学院航空系,一年后转向航空工程理论,即应用力学的学习。1936年10月钱学森转学到加州理工学院,开始了与力学大师冯·卡门教授先是师生后是亲密合作者的情谊。冯·卡门教授教给钱学森从工程实践提取理论研究对象的原则,也教给他如何把理论应用到工程实践中去。冯·卡门每周主持一次研究讨论会和一次学术研讨会,这些学术活动给钱学森提供了锻炼创造性思维的良好机会。1937年秋,钱学森与热心研究火箭技术的同学F·J·马林纳相识并结成良友,一起参加了马列主义学习小组,学习恩格斯的《反杜林论》,参加主题为反法西斯和人民阵线的每星期例会讨论。1939年6月钱学森完成了《高速气动力学问题的研究》等四篇博士论文,取得航空和数学博士学位,在加州理工学院航空系任助理研究员。

1944年美国陆军得知德国研制V-2火箭的情报，遂委托冯·卡门教授领导大力研究远程火箭，钱学森负责理论组。1945年冯·卡门被聘为美国空军科学咨询团团长时，提名钱学森为团员。咨询团为美国空军提供了一个远景发展意见，钱学森运用了从高中学到从大处和远处设想科学发展问题的方法。这时，他被加州理工学院提升为副教授，成为当时有名望的优秀科学家。冯·卡门这样评价钱学森："他在许多数学问题上和我一起工作。我发现他非常富有想象力，他具有非凡的数学天赋，能成功地把数学与准确洞察自然现象中物理图像的非凡能力结合在一起。作为一个青年学生，他帮我提炼了我自己的某些思想，使一些很艰深的命题变得豁然开朗。"1947年年初，36岁的钱学森进入了麻省理工学院的正教授行列。1948年新中国成立在望，钱学森开始准备回国。但正值麦卡锡主义横行，钱学森一度被拘留，受到长达五年的监视。他仍未放弃学术研究，1954年发表了《工程控制论》等开创性研究成果，1955年8月中美大使级会谈在日内瓦开始，中国大使按周总理授意，与美方进行交涉，迫使美国政府不得不允许钱学森离美国回国。当他向老师告别时，冯·卡门充满感情地说："你现在学术上已经超过我！"

归国后的钱学森开始了研究新中国火箭、导弹和航天事业的艰苦历程。先后完成了"喷气和火箭技术的建立"规划；受命组建我国第一个火箭、导弹研究院；为156名大学毕业生主讲《导弹概论》，进行导弹专业教育，使他们后来成为我国火箭、导弹与航天技术队伍的骨干。1960年10月我国第一枚近程导弹飞行试验、1964年6月第一个自行设计的中近程导弹试验、1966年10月第一颗原子弹的预定爆炸、1970年4月24日我国第一颗人造地球卫星发射成功等均有钱学森的直接组织领导贡献。

钱学森共发表专著7部、论文300余篇，他对科学技术的重大贡献是多方面的。在应用力学方面，如1941年发表的"卡门—钱学森方法"（空气动力学中压缩效应的研究成果）。在喷气推进与航天技术领域他更作出了特别卓越的贡献，如40年代提出并实现了火箭助推起飞装置，1949年提出了火箭旅客飞机概念和核火箭设想，1953年研究了行星际飞行理论的可能性，1962年提出了两级运载工具的天地往返运输系统概念；他提炼出指导控制与制导系统设计的普遍性概念、原理、理论和方法，从而创建了"工程控制论"这门技术科学，并把设计稳定与制导系统这类工程技术实践作为主要研究对象。以他在总体、动力、制导、气动力、结构、计算机、质量控制等领域的丰富知识，他成为组织领导新中国火箭、导弹和航天器研究发展的先驱者。

钱学森一生获得许多至高无上的奖励。1979年获加州理工学院"杰出校友奖";1985年获全国科技进步特等奖;1989年国际技术与技术交流大会授予钱学森"威拉德·W·F·小罗克韦尔奖章"和"世界级科学与工程名人""国际理工研究所名誉成员"的称号。1991年10月6日国务院、中央军委颁布命令,授予钱学森同志"国家杰出贡献科学家"的荣誉称号,表彰他全心全意为人民服务,为祖国科技事业的发展所作出的卓越贡献。

钱学森是一位自觉的马克思主义者。他在给一位朋友的信中说:"我近30年来一直在学习马克思主义哲学,并总是试图用马克思主义哲学指导我的工作。马克思主义哲学是智慧的源泉!而且一个马克思主义者是绝不会不爱人民的,绝不会不爱国的。"1958年8月他光荣地加入了中国共产党。面对荣誉和奖励,钱学森说:"我作为一名中国的科技工作者,活着的目的就是为人民服务。如果人民最后对我的一生所做的工作表示满意的话,那才是最高的奖赏。""一切成就归于党,归于集体。""我本人只是沧海之一粟,渺小得很。真正伟大的是中国人民,是中国共产党,是中华人民共和国!"①

钱学森教授的事迹,给我们大学生树立了做人、做事的榜样,让我们从中得到振奋和启示,去思考未来学习和人生的轨迹航程吧!

三、要做合格的大学毕业生

社会需要人才,尤其需要杰出人才,但千里之行,始于足下。大学生不等于人才,知识也不等于本领。大学生要从大学学习阶段开始,把自己与社会需要结合,把自己的知识与生产劳动相结合,创造社会财富,才能成长为人才。特别是我国在经济体制上由计划经济转变为市场经济以后,随着人才劳务市场的建立,国家逐渐实行用人单位与毕业生市场实行双向选择,这些改革直接促进了高等学校的教育改革,也增加了大学生的社会意识和紧迫感、危机感。所以,大学生在校学习期间,要明确树立满足社会需要和要求是衡量学习质量的客观标准的观念,自觉地锻炼自己,使自己成为社会需要的合格毕业生。

北京理工大学曾对专业技术干部中236名骨干人才进行过调查,从组织用人部门的看法和这些骨干成长的历史,得出一个共同结论:这些大学毕业生之

---

① 摘自王寿云著《钱学森传略》。1991年10月28日《人民日报》。(钱学森同志在授奖仪式上的讲话——1991年10月16日)《人民日报》10月19日。

所以在毕业后的工作中脱颖而出,主要是他们具备良好的素质,其核心是:

  政治素质——爱国爱民有理想 民族自尊心
  思想素质——科学态度和方法 强烈事业心
  业务素质——合理的智能结构 不断进取心
  道德素质——遵法自律凝聚力 合作又齐心
  心理素质——坚韧不拔有毅力 必胜自信心

  对专业技术干部来说,政治是根基,思想是灵魂,业务是柱梁,道德是支撑,心理是风帆,身体是本钱。上述几个方面的综合素质,是一名优秀的专业技术干部形成的基础,也正是企事业用人部门的选才标准和用人之道。而这综合素质的培养,可以说大学学习是最重要的阶段。任何一所高等学校,它的培养目标、教学计划,正是以综合素质的培养要求为核心,通过其构建的知识、能力结构体系及其理论教学、实践教学等各个环节组成的教学全过程,来保证实现培养目标规定的各项素质培养任务。因此,大学生应当明确自己入校后的近期目标就是努力使自己按照教育方案或教学计划的要求,达到合格毕业生标准;应当脚踏实地从第一天,从每一步、每一点做起。

  要经过四五年的学习,达到培养目标要求,成为具备良好素质的合格毕业生,那就应该首先从思想上解决好以下认识问题:

  (1) 努力培养自己适应社会的自适应能力。在校期间就应建立自己的奋斗目标,并且随着社会与科技的发展,自动调节自身追求目标,使其和社会现实相符合。

  (2) 良好素质的培养首先在于信念和观念上打好基础。科学巨匠爱因斯坦(1879—1955 年),在他晚年(1949 年)为《每月评论》创刊所写的《为什么要社会主义》一文中,有一段十分深刻和明确的论述:"我认为个人的畸形发展是资本主义的最大罪恶,我们的整个教育制度因此而受到损害。一个被夸大了的竞争观念灌输给学生,学生被教育去崇拜成功,以便为他们将来的事业做好准备。""我确信,只有社会主义经济制度的建立,才能消除这些严重的罪恶。这种制度包括,贯彻以社会目标为导向的教育制度,生产资料由社会占有并有计划地使用,使生产与共同体需要相一致的计划经济能够按照个人能力的大小和确保每个社会成员的生活为原则合理地分配工作。在这个社会中,教育除了发挥个人的天才外,还将努力培养个人对社会的责任感以取代权力和胜利的荣耀感。"爱因斯坦以他 70 年的切身经历和科学研究实践,把他在社会制度、社会经济制度、教育制度的观点表述得十分明朗,把他对广大学生关于信念和

观念的企盼，通过讲道理由衷地表达出来，这确实是值得我们深思的。

（3）树立正确的竞争观念。随着我国社会主义市场经济的建立，竞争机制将成为经济运行的调节器而引入各个部门。但教育领域的竞争与其他领域有所不同，因为教育行为具有多样性，不能简单地照搬商品经济中的竞争概念及其竞争机制。我们要这样来看待竞争：

首先，按心理学观点，人有各种不同层次的需要，如果大学生把目标定在高层次上，树立为科学、为人类、为祖国而努力学习的观念，那么在这样的层次中，竞争将不会占有多大的比重，更多的表现形式是友谊竞赛，是你追我赶、携手并进的集体争优。

其次，把竞争的内容限制在特定的范围内。如道德、品格的培养和表现上。西德国际教育研究所所长米特教授认为："每个人都想表现自己的才智和成绩，学生要表现自己获得的知识，在教育中不应过分强调这种竞争。……要鼓励他们在情感、品德方面的竞争，如帮助老人，这才是竞争的方向。"

再次，把竞争的方式引导到争先达标的方向上来。美国著名教育学家布鲁姆（Bloom）认为："对于用竞争的眼光看待别人的学生而言，竞争也许是一种激励。但如首先而且主要强调竞争，便可能摧毁许多学习与发展。……在树立学习的内在动机方面更为可取的方法是：建立排除竞争的'掌握'，与'优秀'的标准。"

最后，竞争与合作并存。在21世纪的今天，合作的意识与能力在人的素质中将占有重要地位。据统计，在诺贝尔奖获得者286人中有185人的研究是合作的成果，占获奖者总数的65%。没有合作的"竞争"将会蜕变为尔虞我诈，没有合作就失去了集体和社会的支撑，就不会有应有的成果。

（4）要充分意识到社会发展给大学生在学习方式上带来的深刻变化：只有单一专门知识的人，将难以适应社会发展的需要；缺乏自学能力和信息检索能力的人，将无法补充自己，可能导致"功能性文盲"；"学习方法优化，创造力得到发展"将成为世界教育共同关注、竞相开发的目标。这就是说，如果沿用单纯注重知识的传授的教育方法和仅靠大脑这个仓库储存知识的学习方法，已不适应现代社会发展的要求了。正如埃德加·富尔所说："未来的文盲不再是不识字的人，而是没有学会怎样学习的人。"因此，"学会学习"是完成大学学习任务的前提，更是今后成才、毕生受益的关键。

本节结语：社会对大学生要求是高的，但是经过努力是完全可以达到的；从同一条起跑线上起跑，谁都可以成才，关键在自己上大学后的抉择。著名物理学家李政道教授在他 60 寿辰之际曾为中国留学生题词："自尊向上，不进则退"，还告诫大家，目标要远大，必须自己尊重自己，不尊重自己的年轻人，是没有前途的；要是光顾自己的话，也是没有前途的。大学生们应当记住这个教诲，把向上的方向、目标定在"社会要求"上，把前进的道路、标尺选在共同主动进取上。

第二章 高等教育与高等学校

高等教育是人类社会和教育发展到一定阶段的产物,高等学校则是学校教育发展到一定时期的产物。高等教育处于教育体系中的最高层次,是培养高级专门人才的教育。对于大学生来说,对高等教育的发展历程、高等教育的本质及特征、高等学校职能与结构等有所了解和认识,才能以史为鉴,以律为绳,适应高等学校的学习和生活。

第一节 高等教育的发展历程

一、中国的高等教育

(一)古代的高等教育(商—清末)

我国古代教育经历了从原始社会到清代鸦片战争时期这一漫长的时期。原始社会后期的虞舜时代,已出现学校的萌芽,夏商时代有了国学、乡学,用"典则"为教材,对青少年进行政治和道德教育,推行德化政治。商代已有甲骨文记载当时的宗教、政治、生产和教育生活,文化已达到相当高度。西周时已建立了较为系统的教育制度,但那时"学在官府",教育的阶级性完全显露出来。此后,统治阶级为了维护自身利益,兴办各种学校,尽管形式各异,但其共同特点是大、中、小学很难区分。基本上是根据需要设课教学,很少有明确的层次划分,直到西汉时期才划分出单独的大学教育,但并不能说此前没有高等教育存在。

中国古代的高等教育曾有过辉煌的过去,特别是教育思想方面影响深远。它大体经历了萌芽(夏、商、周)、形成(春秋、战国)、建制(两汉)、发展(唐、宋)、衰落(元、明、清)等几个阶段。

夏朝时已逐渐产生图形文字,殷朝有甲骨文。《孟子》中记述:"夏曰校,殷曰序,周曰庠,学则三代共之,皆所以明人论也。"有些后人对此注解校、序、庠皆为乡学，即小学；学为国学，即大学。一般认为殷商时代的"右学"是我国最早的大学雏形。教育活动常与政治活动结合在一起，教学内容有"习礼""习乐""习舞""习射"和"习御"等，这可以说是最早有关学校课程的设置。

西周的大学，属于王室的设在王城的南郭称为"辟雍"，由诸侯设立的设在其首府称为"泮宫"，教育目的是为奴隶制国家培养统治者，课程设置"礼、乐、射、御、书、教"，即所谓"六艺"。

春秋战国时期，"诸子百家"竞相设立私学为社会培养人才，最著名的当数儒家和墨家。

孔子（公元前551—前479年），名丘，字仲尼，我国古代伟大的教育家，是儒家学派的鼻祖。他在教学内容上提出"子以四教：文、行、忠、信"，具体开设的课程所讲授的教材是《诗》（孔子整理的诗歌选集）、《书》（古代历史文献汇编）、《礼》（礼制的汇编）、《乐》（音乐教育课程）、《易》（儒家的重要哲学思想）、《春秋》（孔子亲自修订的鲁国编年史，是一本具有浓厚政治倾向的历史教材）。到汉代，《诗》《书》《礼》《易》《春秋》称为五经，连同四书《大学》《中庸》《论语》《孟子》成为封建社会长期以来学校教学的经典教材。

墨子（约公元前468—前376年），名翟，是比孔子稍晚的一位著名教育家，创墨家学说。他主张学习《诗》《书》之外，还应学习军事知识、技能等，他极其注重实用，强调将实践和劳动的知识列入教学内容。

西汉时期，大学一般以选古文经学为主要教材，《论语》和《孝经》列为必修课程。公元前124年汉武帝设立太学，成为我国历史上第一所官办的正规大学。汉灵帝时，令名儒蔡邕等人评定今文五经及《公羊传》和《论语》的文字，共约20万字的教材专门刻在石碑上，史称《熹平石经》，起了全国统一标准教科书的作用，这在世界教育史上是率先的。公元178年，在洛阳建立的鸿都门学是世界史上最早的专科学校。

到唐代时高等教育已形成一套制度。如在中央一级便设有六学、二馆，同时还出现了世界上最早的实科大学。学校的课程受科举制度的影响，由朝廷编订《五经正义》，具体内容有口试、帖经、墨义、策问、诗赋等，从此形成的学校教学内容就是科学考试内容的格局。

宋代高等教育更有发展。官立大学有十多种类型，如国子学、太学、律学、算学、书学、画学、医学、武学、广文馆、四门学、辟雍等。私立大学的新型式——书院开始兴盛起来，著名的有白鹿洞书院、岳麓书院（公元976年，宋太祖开宝九年）、应天府书院、嵩阳书院、茅山书院、丽泽书院、象山书院等。所有官立、私立大学都有了较为完整的教学计划，根据不同的培养目标和专业提出不同的要求，包括算学、律学、医学等专科学校，也都有相应的专科课程列入教学计划。

明代在学术思想上将程朱理学作为正统思想，明成祖永乐时编撰《性理大全》，被定为经典课程。由于农业、手工业、商业的发展，资本主义因素开始萌芽，一些早期的启蒙思想家批判理学、经学课程的"空虚无用"，开始注重实际，提出设置致用之学如《本草纲目》《河防一览》《天工开物》《农政全书》等，学校课程注入了新的血液。同时，外国传教士来华传教，西方的科学也传入中国，出现了天文学、数学、物理学、地理学、哲学、艺术、建筑等新的教学课程，促进了学校教学内容的改革。

再其后，高教教育发展有所回落，有些高教机构有名无实，或成为科学的附庸。书院也在元、清两朝纷纷转为官办或为官方所控制，失去了起初的某些特色。

从中国古代高等教育的发展历程可以看出，古代高等教育有以下共同特点：从办学主体看，是官私并存；从受教育权看，是机会不均；从管理者的素质看，是名师掌权；从教学内容看，是儒术独尊；从教学方法看，是崇尚自学、讨论。古代高等教育给我们留下了一笔宝贵的遗产，但由于封建社会的皇权至上，高等教育的命运几乎全由统治者的好恶所左右。种种原因使得它时盛时衰，步履蹒跚，未能在汉唐基础上达到它应该达到的水平。

（二）近现代的高等教育（清末—1949年）

鸦片战争使中国封建社会自给自足的自然经济逐步解体，民族资本主义开始产生和发展，中国逐步沦为半殖民地半封建社会。中国传统的封建的旧教育逐渐向半殖民地半封建的教育转变。中国近代政治经济基础的变化，逐渐形成三种不同性质的教育。封建落后、腐朽的旧教育；为在中国发展资本主义的"新教育"；为外国侵略者奴役广大中国人民的帝国主义的奴化教育。第二次鸦片战争后，帝国主义分子利用不平等条约所获得的"合法权益"，在中国大肆进行文化侵略活动，不断扩大教会学校。19世纪60—90年代，随着美国的资本向外扩张，在美国掀起一个向国外传教的热潮，号召青年立志去东方传教，利用教会创办奴化教育。

1873年，由美长老会将两个书院合并发展为山东基督教共合大学。1891年，美国圣公会在武汉命名的"文化书院"，后发展为华中大学。1879年，美国圣公会在上海合并两书院，发展为圣约翰大学。1881年，美监理会林乐知在上海书院基础上发展为东吴大学。美国传教士还在广东设立岭南大学，在南京设立金陵大学。1893年，美公理会又在北平设立燕京大学。1903年，天主教在上海办有上海震旦大学。除此之外，尚有较小的教会大学和班级，到民国初共有24所教会大学，1921年改组合并为16所，共有学生2 017人。当时中国人自己办的大学仅有北京大学、山西大学、北洋大学及私立的武昌中华大学、北京中国大学与朝阳大学、天津南开学校大学部、厦门大学共7所。外国教会大学占绝对优势，控制了中国的教育大权。义和团运动之后，帝国主义控制的"中华教育会"，创办各种刊物指导教会学校并影响中国教育改革方向。义和团运动同时唤起了中国青年大学生的爱国热情，爱国的师生利用罢课、退学等形式掀起反帝爱国运动。我国爱国的教育家、思想家蔡元培，他主张学习西方教育，学习西方纯粹的科学内容，抛弃崇孔尊皇的旗号，主张"教育独立""教育治国"，教育不受政党约束。他提倡发展个性，提倡劳动教育；在担任北大校长时，贯彻"兼容并包"，改革旧北京大学。

1919年五四运动爆发，1921年中国共产党成立，从此，反帝、反封建、反对官僚资产阶级的运动风起云涌，从此开始了中国新民主主义的革命。自从我们党在农村建立了革命根据地，成立人民政权之后，根据革命的需要，建立了各种不同类型的高等学校，并提出了一系列高等教育的方针政策，为我国无产阶级高等教育事业奠定了基础。与此同时，在北洋军阀和国民党统治区，还在施行半封建半殖民地教育；在日本帝国主义的占领区还加紧实行奴化教育。这三种教育，正反映了中国当时社会的政治经济状况，反映了近现代中国高等教育的现状。

二、外国的高等教育

西方的古代高等教育远较中国的古代高等教育逊色。自中世纪大学产生以来，西方近现代高等教育大体经历了三个发展阶段。

（一）初创阶段（12世纪—英国资产阶级革命）

在12世纪，欧洲便开始出现一批最早的大学，主要有意大利的萨拉尔诺大学（1137年成立）、波伦亚大学（1158年成立），法国的巴黎大学（1150年成立）。此后是著名的英国牛津大学（1168年成立）、剑桥大学（1209年成立）；法国的蒙彼利埃大学（1181年成立）、图卢兹大学（1230年成立）；意大利的那不勒斯大学（1224年成立）；西班牙的帕伦西大学（1212年成立）；葡萄牙

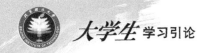

的里斯本大学（1290年成立）等。到14世纪时，欧洲已有大学40多所。

中世纪大学必然具有那一时代的特点。一是自治性，大学起初属于行会性质的团体，与政府间没有必然的联系，可以享受自治；同时又利用国王（皇权）与教皇（教权）之间的矛盾来维护自己的独立地位。二是宗教性，学校被教会控制，教师由僧侣担任，教学内容浸透了神学精神。三是国际性，在招收学生和聘请教师方面没有国籍的限制；学生为受到己欲教育，可以到各国的大学里"漫游"。四是随意性，在培养目标、学制、课程、结业资格等方面没有什么严格的限制，直到15世纪才逐步完善。由此可见，中世纪大学只具有现代大学的某种雏形。

（二）高等教育的体系形成阶段（英国资产阶级革命—第二次世界大战前）

1640—1688年的英国资产阶级革命，标志着资本主义制度在世界范围内取代封建专制的开始，这一时期高等教育的特点是：一是国家开始进行干预。一些国家高等教育成为由国家主办、资助或依法管理的教育机构，大学教授成为国家的公务人员。法国的拿破仑在1806年创立帝国大学，作为掌管全国教育行政的最高权力机构。德国的普鲁士邦于1787年正式成立了高级学校委员会，负责管理中高等学校，1794年又颁布《民法》，规定各级学校的设立须经国家允许，都要受政府的监督。二是高教类型向两极发展，即一方面办多种类高校，面向生产实际，培养实用性人才；另一方面创建名牌大学，重视学术研究，以推动科学的发展，这以德国和美国最为典型。三是近代科学逐渐受到重视。由于生产力获得了极大的解放，商业、航海业的发展使人们的眼界得以扩大，产业革命进而带来了文化科学知识的勃兴，于是科学不再是神学的恭顺的婢女，它在大学的讲坛上开始占据一席之地，神学失去了神圣的灵光而让位于近代科学。

（三）高等教育的发展提高阶段（第二次世界大战至今）

战后，各国高等教育的结构得到进一步完善，呈现出多层次、多类型、多形式的格局。从20世纪60年代开始逐渐进入大发展、大调整时期，前半期是发展数量，后半期是提高质量。

大发展时期各国一般采取了下列措施：

提高办学规模效益。走内部拓展的道路，即通过增加教师工作量、提高师生比、缩短培养时间等方式来扩大原有办学、招生规模，而不过多增设新校。

发展专科及非正规高等教育，其发展速度超过本科教育和正规高等教育的发展速度。办学形式上的大众化，既能更好地满足社会、经济生活对各种层次、类型人才的需要，也能省钱和提高投资效益。

发挥公立、私立大学的积极性。各国的高教机构一般有国立、公立和私立三种，各国政府对三者有所侧重，但都注意发挥公立（地方政府所办）或私立大学的积极性却是相同的。美国、法国侧重发展公立，日本则采取鼓励私立大学发展的方针。

大发展之后的调整，主要是因为20世纪70年代爆发的世界性经济危机，人才需求饱和以及大发展带来的一系列问题，诸如办学要求不严，评价标准偏低，教育资源不够，人才供需比例失衡等，因此调整基本上是围绕着提高教育质量而展开的。

第二节 高等教育的本质及基本特征

一、教育的本质

"教育"一词，在中国最早见于《孟子·尽心（上）》中的"得天下英才而教育之，三乐也"，即把培养天下优秀人才作为人生乐事。按许慎《说文解字》："教，上所施下所效也；育，养子使作善也。"在西方，"教育"一词由拉丁语Educate而来，含"引出"之意，即引导的方法。

现在教育理论家们一般认为，教育是培养人的一种社会活动。

教育是一种社会活动。社会通过教育活动使受教育者接受前人生产斗争总结出来的知识和技能，使他们具有参加生产的准备；同时又传授一定社会所需要的思想、意识、道德规范、生活准则，使他们具有参加社会活动的准备。

教育是一种培养人的活动。凡是增进人们的知识和技能，影响人们的思想品德的活动都是教育。教育一般分两类，一是家庭教育和社会教育，即家庭和社会所施加的各种各样的教育性的影响；二是学校教育，即教育者按照一定的社会目的，根据受教育者身心发展的规律，有计划、有组织地，在一定场所、一定期限中系统地对受教育者的身心施加培养和引导，使之成为社会所需要的人的活动。我们经常所说的教育，主要指学校教育。

教育是人类特有的一种活动。在动物中，比如母鸡带小鸡觅食，小马跟老马识途等都不是教育。这些是动物为了生存而在本能的基础上，无意识进行的发展和完善的动作。而教育是一种人类特有的、培养人的社会现象，是通过不同形式、类别的教育活动,使受教育者社会化的过程,这是教育区别于其他社会现象的本质特征。

因此概括地讲,教育是有社会目的,由社会组织、社会实施,培养社会所需要的,为社会服务的人的一种社会活动。

二、我国学校教育的结构及特征

我国学校教育的结构及特征见表 2-1。

表 2-1 我国学校教育的结构及特征

层次	结构	对象	性质	任务	学习内容	特征
高等教育	继续教育 / 博士后 / 博士 / 硕士 / 本科 / 专科	成年青年	高级专门人才教育 / 专业教育	培养合格适用的专门人才 / 发展科学技术文化 / 促进社会生产服务	科学技术 / 能力 / 基本理论、基本知识、基本技能 / 社会生产实际	专业性强 / 变动性大 / 结构复杂 / 职能广泛 / 对象有别 / 层次多 / 类型多 / 科类多 / 普通高等教育 / 其他（电视、广播、函授）
普通教育	中等教育（中学） / 初等教育（小学）	少年 / 儿童	国民基础文化教育	培养劳动后备军 / 输送生源	文化基础知识	同一模式培养 / 同一教育计划

三、高等教育的本质及基本特征

高等教育是教育的一个组成部分,具有教育一般的普遍的本质属性,但它同普通教育不同。高等教育是建立在普通教育基础上的专业性的教育，是培养高级专门人才的教育。这种不同对于教育的本质来说是从属性的。

高等教育的基本特征是：

（1）高等教育是国家教育体系中的最高层次，代表着一个国家的文化和科学技术发展的最高水平，对全民族文化水平的提高和国民经济的发展具有举足轻重的地位。

（2）高等教育是为国家培养社会需要的各方面的专门人才的教育。它的任务主要是为国家培养科学家、工程师、管理专家及各种专门人才。它虽然也进行一定的文化基础教育，但主要是进行专业教育，以传授有关专业知识、技能，培养能力和素质为主要目的。

（3）高等教育的对象是青年或成年人，它的主要教育对象是20岁左右的青年，与以少年为主体的普通教育不同。在这个年龄段的青年身心发展已趋于成熟，有较为稳定的心理特征和个性心理特征，世界观也正在形成之中。高等教育正是在这个基础上，依据他们的身心发展特征进行教育和培养的，而且高等教育又是按不同的水平层次起点与学科内容来设置专业的，分别有不同的教学计划来实施不同培养对象、不同特点的教育，而普通教育则是按单一模式、统一的计划对培养对象加以教育。

（4）高等教育还承担着发展科学技术文化的任务。它是国家科学技术文化事业的一支重要方面军，对解决社会主义现代化建设中的重大理论和实际问题负有重要的责任。因此，科学研究，在高等学校中占有重要地位；科学研究是培养学生的教学过程的有机组成部分，是培养学生的重要途径。因此，高等学校的教学过程，是教学与科研紧密结合、相互统一的过程。

（5）高等教育具有结构多、层次多、形式多样化的特点。高等教育除专科教育、本科教育、研究生教育外，还有继续教育等。不同层次、不同形式的教育，就有不同的培养目标、业务规格和要求，不同的教学（培养）计划和方法，有不同的教育组织与管理。因此高等教育远比普通教育复杂得多。

（6）高等教育与国家经济和社会发展关系更为密切和直接。它不仅要反映社会政治经济的要求，还要反映社会与科学技术文化的进步，要随时代的发展而发展；它的管理体制和运行机制还要与经济体制相适应；它的教育内容、方法要不断发展和变革，要不断调整专业、学科方向，调整内部结构，理顺与外部的关系，只有这样，才能适应国家经济和社会发展的需要。因此，它与普通教育相比更具有动态变化的特征。教育改革始终是高等教育的核心。

四、高等教育的结构

高等教育结构是指高等教育系统内部各组成部分之间的构成状态和比例关系。高等教育在整个教育系统中是一个多层次的复杂结构，且具有相对的独立性和自身发展变化的规律。

高等教育结构从整体上看，可分为宏观结构和微观结构两大类。宏观结构是指各种形式、各种层次、各种科类的高等教育相互间的组合关系及其与经济等外部环境的关系；微观结构是指高等学校内部各组成部分之间的关系，如学校队伍结构、组织结构，专业课程结构、学生知识结构等。高等教育分普通高等教育和成人高等教育。本书所讲的主要是已经形成的普通高等教育的结构，主要介绍宏观结构。

（一）层次结构（水平结构）

层次结构是一种纵向结构，即不同要求、不同程度的高等教育的构成状态，包括专科教育、本科教育、研究生教育。也有在本科之前设预科教育；在博士学位之后设置博士后研究阶段。我国已建立了一批博士后流动站，有可能发展成为高等教育的第四个层次。

高等教育中由低到高的层次一般呈"宝塔形"。但目前我国的高等教育的三个层次是呈"枣核形"，专科生和研究生比例过小（见表2-2）。

表2-2 2002—2008年我国高等教育三个层次的招生数

项目 年度	研究生 人数/人	占总数 比例/%	本科生 人数/人	占总数 比例/%	专科生 人数/人	占总数 比例/%
2002	191 435	5.6	1 587 939	46.8	1 617 037	47.6
2003	268 925	6.6	1 825 262	44.6	1 996 439	48.8
2004	326 286	6.9	2 099 151	43.8	2 374 271	49.3
2005	364 831	6.7	2 363 647	43.7	2 680 934	49.6
2006	397 925	6.8	2 530 854	43.2	2 929 676	50.0
2007	418 612	7.0	2 820 971	46.3	2 838 223	46.7
2008	446 422	6.9	2 970 601	45.5	3 106 011	47.6

近年来，我国高等教育层次结构经过调整改革，专科和研究生教育得到了很大发展，根据国务院关于《中国教育改革和发展纲要》的实施意见，"到

2010年，全国普通高等教育本专科共招生661.76万人，在校生2 231.79万人；成人高等教育本专科共招生208.43万人，在校生536.04万人；普通高等学校本科、高职（专科）全日制在校生平均规模为9 298人，其中，本科学校为13 100人，高职（专科）学校为5 904人。"

本科教育是一个独立的主要层次。本科毕业生中的大多数将直接到社会主义建设第一线从事各种实际工作，是未来高级专门人才的基本来源。同时，本科教育也是研究生教育和继续教育的基础。实施本科教育的是大学和专门学院，在我国重点大学要办成教学和科研两个中心，但人才培养上仍然是以本科生教育为主。今后发展本科教育的重点是提高教学质量。

（二）科（门）类结构（专业结构）

科类结构是指不同学科领域的高等教育的构成状态，这是一种横向结构。1992年以前，我国高等教育的大科类划分为：工科、农科、林科、医药、师范、文科、理科、财经、政法、体育、艺术等共11科。1993年以后，普通高等学校本科专业目录分设哲学、经济学、法学、教育学、文学、历史学、理学、工学、农学、医学十大门类，下设71个二级类，504种专业，比修订前的专业数减少309种。2011年本科专业目录修订后增设了艺术学门类，学科门类增加到12个；专业类由原来的73个调整为91个；专业由原来的621种调整为443种。综观各国高等教育结构可以看出，社会经济结构、生产结构、组织结构，特别是社会职业结构的不同，使各国高等学校文、理等科的比例有所不同。

（三）形式结构

形式结构指不同办学形式的高等教育的构成状态。包括普通高等教育以及其他各种形式的高等教育。普通高等教育多为全日制的高等学校，它有定型的组织、固定的教学人员、教育的场所与设施，以招收应届高中毕业生为主，学习有固定的学制（年限），学习结束并考核合格将取得某种学历或学业证明。其他成人高等教育，又包括电视、广播、函授大学（以上主要为非面授形式），职工大学、夜大学等成人高等学校，也有一定的组织和必要的办学条件，主要招收在职干部和职工，根据需要设置专业和确定学习年限。

（四）管理体制结构

管理体制结构即不同主管部门办的高等学校所表明的各种隶属关系。包括中央

办、部委办、省市地方办、企业办、民办（社会力量办学）、私人办等高等学校。

（五）地区分布结构

地区分布结构即高等学校及专业点在区域分布上的构成状态，包括大区分布、省分布、城市分布、城乡分布、沿海与内地分布等。

各种形式高等教育在办学的形式、学制、教学内容、方法、时间以及教育的对象、培养的规格等方面是互不相同的，对我国高等教育结构和发展来说都是不可缺少的。

第三节　高等学校

一、高等学校的基本任务（职能）

我国高等教育的社会主义性质和它在现代化建设中的战略地位，是确定我国高等学校基本任务的主要根据。而高等学校的基本任务是指它作为社会的一部分，对全局所应发挥的功能。《中国教育改革和发展纲要》再一次明确规定，高等教育担负着培养高级专门人才，发展科学技术文化和促进现代化建设的重大任务。因此，高等学校应有三项基本任务：

（一）培养社会需要的各种高级专门人才

培养人才是高等学校的根本任务和主要职能。为了使高校培养的人才适应社会需要，国家制定了"教育必须为社会主义现代化建设服务，必须与生产劳动相结合，培养德、智、体全面发展的建设者和接班人"的教育方针，邓小平同志又提出了"教育要面向现代化，面向世界，面向未来"的要求，为高校培养人才指明了方向。

对于大学生来说，要面向现代化，就是要努力学习现代化的科学文化知识，了解学科发展的前沿知识，自觉地打好宽厚而坚实的基础。要面向世界，就是要把自己的学习与世界新技术革命和国际竞争的需要联系起来，努力扩大自己的视野和涉猎的范围，不断提高自己的水平。要面向未来，重要的不是"获得知识"，而是掌握如何获得知识的方法；需要的不仅仅是"黄金"，更需要的是"点金术"，或者说，需要的不仅是"食粮"，更重要的是"猎枪"。这就是说，不是要求受教育的人强记硬背大量的知识内容，而是要求他们具备对知识的相当程度的理解能力、消化能力和系统化能力。也就是说，受过高等教育的人也不是什么都懂得，但他知道从哪里很快地、很准确地找到他所需要的知识。

高等学校培养的人才是为社会主义建设服务的，除了必备的科学文化知识外，大学生还必须重视思想政治教育和道德品质修养，树立正确的人生观、世界观、价值观，同时还要具有健康的体魄。

（二）开展科学研究，发展科学技术

开展科学研究，发展科学技术不仅是高等学校培养专门人才的需要，也是高等学校为发展国民经济必须承担的义务。

高等学校是我国科学研究的重要方面军，特别是重点大学集中了大批具有专门知识和很高学术水平的教师、科研人员，学科门类比较齐全，图书资料、仪器设备条件较好，信息渠道畅通，这些为开展科学研究提供了优越的条件，并且实际上已成为国家科研系统主要组成部分之一。

从古今中外的高等教育发展历史和趋势中可以看到，高等学校要为社会培养出第一流人才，就一定要开展科学研究，把教学与科研有机地结合起来，而且结合得越好，培养的人才质量越高。这是培养高质量人才的一条客观规律。

科学研究是培养学生智能的重要环节。从人们的认识活动看，人们只有不断通过科学研究获得新知识，并把其纳入已知的知识体系中，才可能完善或更新自己的知识结构。同时，开展科研活动是智力和各种能力的综合运用，对开发智力，培养能力，学会学习、学会创造有重要作用。大学生在学习期间就要积极参加科学研究活动，接受最基本的训练，使自己的智力和能力得到发挥和发展。

（三）开展多种形式的社会服务

高等学校充分发挥智力密集和技术密集的优势，向社会提供多种形式的服务，推动科技成果尽快转化为现实的生产力，从而促进社会主义现代化建设，这是一项重要职能。

国外高等学校为社会服务主要体现在：高等学校已成为科技园区（"科学公园"）的支柱（如美国的硅谷、英国的剑桥科学公园、日本的筑波科学城等）、继续教育的基地、科技咨询的异军。

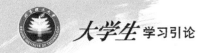

在我国，高等教育社会职能的多样化和社会化，已促使高等教育由封闭型向开放型转化。高等学校为社会服务的形式包括有偿服务，发挥高智力的优势，进行新技术的开发推广和科研成果转化；发挥教学的优势，举办各种培训班，培育社会急需人才；发挥信息密集优势，参与国家和地方各种规划的制定，开展科技、经济、法律等咨询服务，帮助企业改进生产技术、经济管理；为社会提供各种实验、测试和计算等设备，对社会开放各种陈列馆等。

高等学校在为社会服务中，能够进一步加强学校与社会的联系，使生产和社会发展中生动、丰富的内容充实到教学中来，会有利于搞活教学过程，提高人才培养质量。大学生在校期间，积极参加有组织的社会服务，在实践中了解社会需要，了解国情、乡情、民情，使自己的各方面能力得到培养锻炼和提高。

二、高等学校的组织与管理

学校教育是有目的、有计划、在一定场所、有一定期限的教育。要实现教育的目标，就必须有一整套的组织和管理。

从教育管理学角度讲，任何一个管理组织都应满足四个要素，才能有效地实现组织运转。即：一是有合理的机构设置；二是有明确的权限划分；三是有确定的目标；四是有信息或物质的流通渠道（关系）。高等学校是一个有组织形式、在教育大系统中进行活动的相对独立和完整的子系统。学校内部的管理系统是由纵向（校—系—教研室）和横向（政治工作、教学工作、科研工作……总务后勤工作等部门）构成的，具有决策指挥、组织控制、检查监督和总结反馈等职能。学校内各管理部门和院系都有自己的工作职责和工作目标，共同为实现学校培养高等专门人才这个根本任务和总目标服务。大学生了解自己学校的组织与管理，可以使自己了解学校管理、参与学校管理，行使学校主人的权利；同时也可以更好地驾驭自己，行驶在通畅的轨道上，达到增长才干并合格毕业的标准。

我国高等学校的组织机构，按其工作性质，可以分为党务和行政两部分。

（一）党的组织系统和机构

高等学校实行党委领导下的校长分工负责制。党的组织是基层党的委员会。党委会一般下设党委办公室、组织部、宣传部、统战部、纪委等机构。院、系、教研室可下设分党委、党总支委员会、党支部委员会等。党组织的主要任务是：贯彻党的方针政策，执行上级党组织下达的任务，教育党员模范遵守党的纪律，完成组织交给的任务，保证监督各项行政工作的落实，搞好党的自身建设，加强对工会、共青团、学生会等群众组织的思想政治领导等。

（二）行政组织系统和机构

高等学校的行政组织可以划分为校（院）、系、室。校级行政机构（机关）设处、科。其组成如图2-1所示。

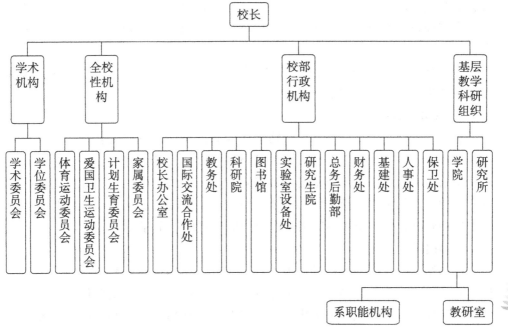

图2-1 普通高校行政机构简图

由于各校的实际情况不同，行政机构的设置可能有所不同，机构的职能也可能略有差别。下面介绍几个与同学们关系密切的职能机构的主要职责。

1. 教务处

教务处是高等学校的教学管理中枢，其主要职能是：

（1）贯彻执行学校教学管理的决策，研究并提出发展教育事业、调整专业设置、进行教学改革等方面的建议。

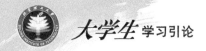

（2）组织全校教学工作计划和教学管理制度的制定和执行，如组织制订或修订各专业的教学计划，各门课程的教学大纲，并检查其执行和完成情况。

（3）组织教学过程的实施，进行全面的教学质量管理。如负责审查开课计划、制定课程表、考试日程表、计划和组织学生的教学实习和生产实习；通过评估等手段检查教学质量；组织教学法研究活动，总结交流教学工作经验，表彰先进，推动教学质量的提高。

（4）统筹教务工作和教学档案管理工作。如负责调度教室；组织学校招生工作，负责全校本科生的学籍管理，处理有关学籍问题；组织教材、讲义的编写、审查或评价、交流、印刷、订购、供应工作等。此外，有些学校的教务处还负责管理教师的业务考核和进修，负责制订电化教学计划和电化教学组织工作。

（5）组织和开展教学研究，以改革教学思想、教学内容、教学方法，改革和加强教学管理，提高教学质量。

2. 总务后勤处

总务后勤处是管理全校总务后勤工作的职能机构，负责为教学、科学研究和师生的学习、工作与生活提供必要的物质条件。具体职责是：全校各种物资的计划采购及学校家具等固定资产的管理、调配、保养和维修；办公用品的购置、调配和保管工作；全校清洁卫生、绿化、交通运输、招待、水电取暖的使用维修的管理；师生员工的膳宿、医疗保健的管理工作等。

3. 图书馆

图书馆是学校的图书资料情报中心，是为教学和科学研究服务的学术性机构。它的工作是教学和科学研究工作的重要组成部分。它的主要任务是：根据学校的性质、任务、积极采集供应全校教学、科研所需的书刊、资料；统一管理全校的图书，以科学方法进行分类、编目、流通和保管；负责国内外图书的交流和交换工作；搜集图书情报资料，并整理、编译、复制、推荐和咨询工作等。图书馆一般设有借书处，学生阅览室，教师阅览室，视听室，自习室，工具书阅览室，文献检索室，期刊、报刊阅览室，复印室等，为师生查阅文献资料和学习服务。

（三）大学生的组织管理机构

高等学校的学生组织管理机构一般如图 2-2 所示。

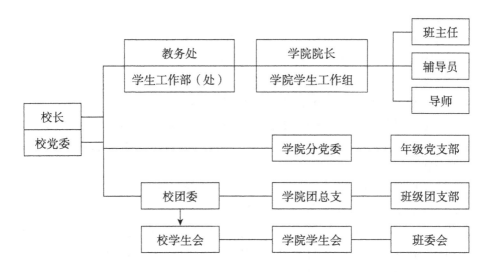

图 2-2 高等学校的学生组织管理机构

1. 学生工作部

学生工作部是学校指导团委及学生会工作，负责学生的思想政治和道德教育的专门机构，对下指导系学生工作组的工作。

系学生工作组是系一级代表党、政组织主持、决定、组织、协调学生管理工作和思想政治教育工作的机构，它的主要职责是：

（1）定期向学校汇报工作，反映意见；

（2）协调、组织系各方面的力量开展学生工作，实施对学生的行政管理，决定对本系学生的奖励和处分，协调研究有针对性地做好思想教育工作；

（3）负责毕业生分配工作；

（4）组织、检查、交流辅导员、导师、班主任工作等。

辅导员是系党政派出做学生工作的人员，一般一个年级派一名辅导员。他主要承担党团建设、社会活动、学生道德规范和政治形势方面的学习和辅导工作，协助导师和班主任开展工作。

导师和班主任是经系主任聘任的教师或干部，到学生班工作的兼职管理干部，一般一个班设一个班主任或几名导师。他们的主要职责是：在系主任领导下，执行学校有关制度和教改措施，教育学生树立正确的学习目的，德智体美全面发展，指导学生学习，同时也关心学生生活和思想，进行全面素质培养。

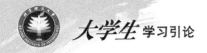

2. 团组织和学生会

团组织和学生会是与大学生关系最为密切的群众组织。高等学校团组织的系统为校团委、系团总支（系分团委）和班级团支部。学生会系统为校学生总会、系学生会和班委会。班委会和团支部是学生中最基层的组织，同学们入学后即按专业和年级编班，一般说来大学生几年都要在这个集体中度过。团支部和班委会是班级的核心，好的班委会和团支部对形成好的班风，团结同学、教育同学、帮助同学、搞好学习作用很大，加强班委会、团支部的建设是每个同学的职责和任务。

高等学校除了加强思想教育，建立行政、党团组织，加强管理工作外，为了创造良好的学习环境和条件，制定了一系列条例和规定。诸如大学生守则、学籍管理办法、学生奖罚条例等，这些条例和规定是同学们健康成长的重要保证。严师出高徒，没有严格的管理，形成不了良好的校风和学风；没有良好的校风和学风，培养不出高质量的优秀人才。因此，形成勤奋、向上、团结、守纪、尊师的良好学风，是培养优秀人才的重要保证。

第三章 高等学校教学概要

高等学校教学的实施是一个十分严密的科学体系和组织过程。它要有符合社会主义建设需要的教育目的、培养目标和专业设置；要有能给予学生合理的知识结构和能力结构的充实的教学内容；要有符合教学规律和教学原则的教学过程；当然更需要有人们通常所说的"三材"（教师、教材、设备器材）做保障。大学生了解有关高等学校教学概要，除了可以增长教育科学基本知识外，更为重要的是可以思考学习过程的全局问题，决定自己的成才方向，规划自主的学习设计，精确地选择自己的学习途径，同时也可以遵循教学的基本规律，取得最好的学习效益。

第一节 高等学校的培养目标

所谓培养目标，实质是培养人才的规格。培养目标的制订是教育的前提或出发点，培养目标的实现又是教育的归宿。

国家确定的高等教育的培养目标，是对所有接受高等教育的青年学生的总要求。但由于高等教育本身划分出不同的层次和类型，所以客观上存在着更为具体的分层目标和分类目标，而且不同类型、性质的学校、专业，其具体培养目标及规格要求也不同。

一、两种培养模式

当代世界各国根据各自国情，对大学的培养目标模式和要求不尽相同，但大体上是两种模式：通才教育和专才教育。

通才教育以美国大学为代表。大学本科一、二年级侧重学习文化基础课，

三、四年级主要学习专业基础课，而专业教育和训练很少，主要靠毕业后到企业进行培训。这是为适应市场经济和科学技术发展日益综合化的趋势的需要。

专才教育以苏联为代表。在本科阶段就要完成培养高级专家（工程师）的任务，因而很重视专业教育。这是为了适应计划经济发展的需要。

两种模式备有利弊、长短，各国都在进行防弊兴利的改革调整。我国高等教育长期以来是专才教育模式，随着经济体制改革的发展，正在朝着"通专结合的复合型教育"方向变革。

二、培养目标

（一）分层目标

分层目标是指高等教育系统中不同层次的专门人才的培养目标。它是在教育方针指导下，根据不同层次教育的性质任务和特殊需要，为本层次的受教育者规定的规格标准。每层次培养目标相比较其他层次的培养目标，均显示出质的差异。

1. 大专教育的培养目标

大专教育是整个高等教育的第一个层次。它是一种具有完备的知识、能力结构及其课程体系的独立的教育层次。它既不是中专的延伸，也不是本科的浓缩或预科，主要任务是为国家培养某种专业知识和技能的高级人才。

大专教育的培养目标是在学制较短的情况下，突出业务素质培养的实践性、应用性，更强调实际工作能力的培养。

2. 本科教育的培养目标

本科教育是高等教育的主干和基础层次，主要任务是为国家培养各类高级专门人才。

本科教育的培养目标，在科学技术飞速发展的形势下，更加注重于打好基础，拓宽专业面，提高毕业生适应就业、转移工作领域及继续深造的能力的素质培养。

3. 研究生教育的培养目标

研究生教育是高等教育的最高层次，主要任务是为国家培养各类学科前沿的科研人才。

《中华人民共和国学位条例》及其实施办法对研究生教育的培养目标作出了规定：

要求硕士研究生"在本门学科上掌握坚实的基础理论和系统的专门知识，具有从事科学研究或独立担负专业技术工作的能力"。

要求博士研究生"在本学科上掌握坚实宽广的基础理论和系统深入的专门知识，具有独立从事科学研究工作的能力，在科学或专门技术上做出创造性成果"。

（二）分类目标

分类目标是指高等教育系统中不同类型的专门人才的培养目标。它是在各类型教育的分层目标的制约下，根据不同类型的院校、学科和专业性质特点，为本类型的受教育者规定的相应的规格标准。它是人才培养的根本方向，是编制教学计划、选择教学内容、检查教育效果、评价教育质量的主要依据。分类目标除具备分层目标的特点之外，还具有很鲜明的针对性。

1. 院校的分类目标

高等教育有许多不同的学科门类，高等学校都各按其类，如理、工、农、医、艺术、师范、军事等等，其培养目标各有不同。如师范院校围绕教育学科，注重教育教学能力的培养；工科院校围绕科学技术学科，注重研究、设计、应用或管理能力的培养；医药院校则围绕医学科学技术（或中华医学）学科，注重防病、治病、卫生保健等能力的培养。

2. 系科的分类目标

系科的分类目标包括三种情况：

同一院校的不同系科，由于各自学科领域不同、系科特点和优势不同、分工不同，分类，培养目标随之不同。

同一层次不同类型院校的相同系科，尽管分层目标相同，但由于培养方向不同，学校任务不同，即使系科名称一样，其分类培养目标也不相同。如综合大学的数学系主要侧重于基础理论研究的基础科学人才培养；而理工大学的数学系则比较侧重于应用理论研究的应用科学人才培养；师范大学的数学系就要侧重于数学基础教育人才培养。

不同层次相同类型院校的相同系科，由于它们之间的性质、任务、特点和培养方向都有显著差别，所以各同名系科的分类目标也不尽相同。如师范大学、师范学院、师范专科学校的同名系科，分类目标要求都有较大区别。

3. 专业的分类目标

专业分类目标是系科分类目标的下属目标，也是高等教育目标中最为基层的下属目标。因而它具有系科分类无法包容的学科交叉性、渗透性等特点，培养目标要求更加具体。

综上所述，培养目标的制定，主要依据三个方面：一是我国的教育方针和高等教育发展方针；二是科学技术的飞速发展与国际竞争，以及社会对人才的基本要求；三是各层次各类型学校的任务和要求。

三、培养目标及其基本要求

现以工科本科教育的培养目标和毕业生的基本要求为例，作简要介绍。①

培养目标：

培养德、智、体、美全面发展，素质全面，适应性强，有创新能力的高级科学技术专门人才。作为主体学科的理工学科专业，重点培养适应社会主义现代化建设需要的基础扎实、理工结合、工程实践能力和创造能力强的研究发展型人才；其他学科（管经文法）专业侧重培养掌握本学科扎实的基础理论，有一定的自然科学基础和工程科学技术知识背景，实践能力和基础扎实、理工结合、创造能力强的复合型人才。

毕业生主要到工业部门从事设计制造、运行施工、科技开发、应用研究和管理等方面的工作。

基本要求：

（1）热爱社会主义祖国，拥护中国共产党的领导，具有为国家富强、民族振兴而奋斗的理想、事业心和责任感。

（2）初步树立科学世界观和为人民服务的人生观，懂得马克思列宁主义、毛泽东思想的基本原理和建设有中国特色的社会主义理论，了解我国基本国情，能理论联系实际、实事求是。

---

① 国家教委：《普通高等学校工科本科教育的培养目标和毕业生的基本要求（试行）》，1994 年 4 月。

（3）具有严谨的治学态度、艰苦奋斗、实干创新的精神和热爱劳动、遵纪守法、自律谦让、团结合作的品质。有较好的文化、道德修养和健康的心理素质，有良好的行为习惯。

（4）掌握本专业所必需的较系统的基础科学理论、较宽且扎实的技术基础理论以及必要的专业知识，具有一定的社会主义市场经济知识、管理知识及相关的工程技术知识，懂得一定的社会、人文科学知识、法律知识和国防知识，了解有关科技发展的新动向。

（5）具有本专业所必需的制图、运算、实验、测试、表达及基本工艺操作技能。

（6）具有较强的自学能力；具有一定的分析解决工程实际问题能力及工程设计能力；具有工程的质量和效益观念、具有初步的科技研究、开发能力和组织管理能力；具有较强的计算机应用能力；基本掌握一门外语，能比较顺利地阅读本专业的外文书刊，具有听、说、写的基础。

（7）了解体育运动的基本知识，初步掌握锻炼身体的基本技能，养成科学锻炼身体的习惯，身体健康，达到大学生体育合格标准。

以上培养目标基本要求的基本点，可以概括为"一个核心"和一个"综合素质"。所谓一个核心，就是经过本科阶段（四或五年）的培养和教育，使毕业生获得工程师的基本训练，成为德智体全面发展的高等工程技术人才。所谓综合素质，就是工科本科基本要求概括了一个工程师应该具备的基础素质，其1～3条，可以说是对学生应达到的基本政治、思想、文化、道德、心理等方面的素质要求，体现了我国社会主义教育本质要求，是青年学生努力的方向。其4～6条是对学生专业素质的基本要求，它包括了应该具备的基础知识及专业知识、工程基本技能、基本能力三个方面的要求。大学毕业后，能否承担工程技术岗位的任务，能否适应科学技术发展和工作领域的转移，其基本专业素质起着决定性的作用。第7条要求则是大学生身体素质的基本要求。

以上培养目标和基本要求是中华人民共和国国家教育委员会正式文件规定并下达给所有高等学校遵照执行的，它体现了国家对工科毕业生的最基本要求。每个大学生入学之后首先要认识和了解这些要求，使之成为个人学习生活为之追求和奋斗的目标，并在老师的指导和集体的帮助下，积极努力为达到培养目标而不懈努力。

第二节　高等学校的专业设置

专业，是现代高等学校为培养专门人才，按学科或职业分类而对学生进行专业化教学与训练的范围或类型。

我国高等学校一般采取校院设系科，系科办专业的模式来组织学校专业结构体系，实施对学生的专业教育的。

专业是学校招生与分配、组织教学与进行专业训练的依据。各校也正是通过"专业"，来界定专门人才培养的主学科方向、业务范围和类型的。

一、专业的设置

高等学校设置专业是从18世纪末产业革命的兴起，职业分工不断分化和综合，开始培养专门人才，到19世纪末20世纪初才陆续形成的。

（一）专业设置的依据

（1）满足经济和社会发展的需要。高等教育的发展以经济、社会的发展为基础，受其发展需要、能力、水平以及历史阶段的制约；高等教育又要以为经济、社会的发展服务为生存的基础，服务面向和专门人才的"适销对路"，才能使专业具有生命力。因此，高等学校的专业都是符合现时经济和社会发展的基础和条件，适应其进一步发展需要的，而绝不是随意设置的。

（2）适应科学和技术的发展。当前世界科学技术发展迅猛，基础学科不断分化、深化，各学科的综合化趋势又不断加强，高新技术不断推出。不论从高等学校发展科学技术的基本任务，还是提高教学水平和质量的需要，都需要现有专业不断通过调整、改造、更新，以充实新的教学内容，甚至设置新的专业以适应科学技术发展的需要。否则，专业就要自然退化和消亡，学校也将失去人才竞争的感召力。

（3）符合高等教育规律和专门人才的成长、培养规律。专业的出现是以一定的社会分工为前提的，但并不是说专业必须与社会分工所产生的职业完全对应。专业的确立必须以人才可以造就出来为必要条件。如同一个工业产品，再好的概念设计，但工艺上无法实现或满足，也就是没有一定工厂、一条生产线或一台机床能生产加工出来，那也是不行的。高等专门人才的培养也必须在符合办学条件的高等学校、符合教育基本规律、符合培养对象的身心发展特征和个性特征、符合人才成长规律的条件下才能实现。

（4）有利于提高教育质量和办学效益。高等学校的专业设置，都是从国家对专门人才需要的数量、相同专业在国内的布局、学校的办学条件和任务分工，由国家批准设立的。如果专业设置上不从国家整体需要出发、不从学校实际情况出发，盲目地自我发展、自我完善，势必会造成专业设置上的不必要重复、过于密集，形成毕业生培养的"长线"（过剩），其结果会大大降低办学效益，造成人才培养上的浪费，直接影响教育质量，给国家和学校发展都会造成不必要的损失。

（二）专业设置的原则

高等学校某一专业的具体设置是有原则的，一旦与这些设置原则相违背了，那就要考虑赶快进行调整和改造。

（1）为解决好社会工作对象涉及学科的广泛性与学校培养人才的专门性之间的矛盾，坚持主要按学科划分专业，有的专业虽然以工作对象范围划分的，但也必须明确主干学科的原则。

（2）为解决好社会需求的多样性、变动性与学校培养人才的稳定性之间的矛盾，坚持专业业务范围应有较宽的服务面，办宽口径专业的原则。

（3）为解决好社会需求人才的特殊性与培养人才的通用性之间的矛盾，坚持专业名称统一于国家规定的专业目录上的名称，力求科学准确地反映专业的培养方向、业务范围，保证教育质量的原则。

（4）为解决好不同层次、不同类型学校办同一名称专业与学校的实际情况不尽相同的矛盾，坚持发挥各自优势、办出特色的原则。

（三）专业设置的条件

专业的设置除了客观依据和内在的原则之外，作为一个完备的专业，必须还要具备基本的条件。

国家教育部在《普通高等学校本科专业设置规定》中，明确规定新设专业必须具备下列条件：

（1）符合经学校主管部门批准的学校发展规划，有稳定人才需要的预测报

告，招生规模一般以每年 60 人为宜，不低于 30 人。

（2）应有符合专业培养目标的教学计划和其他必需的教学文件。

（3）应与学校已设专业之间有相互支持关系，为完成该专业教学计划规定的教学任务（包括实践性教学环节），能有比较稳定的专业基础课程（工学类专业含技术基础课程）、专业课程教师队伍及实验技术人员。

（4）具备该专业必需的开办经费和办学基本条件，包括教室、实验室及仪器设备、图书馆及图书资料、实习场所、体育设施和学生宿舍、食堂等必备的条件。

从上述条件看出，主要是重点规定了三个重要方面：

（1）必须有明确的社会需求及其培养任务、方向及特定的层次要求，这样培养出来的毕业生才有清楚确切的去向；

（2）必须有明确的以学科为基础的、整体优化的课程结构体系（教育计划），这样才能保证培养对象具备应有的知识结构和能力结构；

（3）必须具备相当的教学、科研实力，特别是教师以及各种教学保障设施，这样才能保持稳定的教学环境及秩序，保证人才培养的规格质量。

二、专业设置的管理

在我国专业设置是分级管理的，分级管理的本质意义是加强国家的宏观管理，保证社会主义高等教育的纯洁性、严肃性，从而在首要前提上把好教育质量关。

（一）国家宏观管理

（1）根据国情决定高等教育的层次结构、科（门）类结构（专业结构）和形式结构（第二章已述）。制定专业目录及其专业简介。

（2）制定专业设置的法规和审批权限及程序。国家教育委员会对学校主管部门及其所属普通高等学校专业设置实行指导、检查、监督，控制全国的专业布局。

（3）通过专业指导委员会等组织对专业的办学评估。

（二）省、市、部委对所属学校进行专业管理

（1）根据本地区、本部门经济、社会的发展对人才的需求情况及发展规划，制订专业结构体系的建设规划，控制专业的布点。

（2）审批由国家授权可以审批的专业。省、市、部委聘请专家组成的专业

设置评议委员会对各校申报设置的专业进行评议，为主管部门提供咨询意见。

（3）投资支持所属学校的专业建设，组织专业办学条件及水平评估。

（三）学校专业管理

（1）根据本校的教学发展总体目标，规划合理的专业结构体系，形成学科互补、优势互补的良好结构，从学校整体上促进各专业的发展建设。

（2）适时改造传统专业，调整专业方向，更新教学内容；增设新专业。

（3）学校教学工作委员会对专业设置提出咨询、审议意见，最终由校长工作会议审批，决定向上级主管部门申报。

（4）组织各系（院）进行专业建设。

三、本科专业目录

1993年7月，国家教育委员会正式颁布《普通高等学校本科专业目录和专业简介》。这是在经过四年多的修订工作，分科类召开专业目录方案论证会，充分听取专家教授意见的基础上产生的。

新修订的本科专业目录，规定了专业划分、名称及所属门类，反映了人才的业务规格和方向，是设置、调整专业，培养专门人才，授予学位，安排招生、指导毕业生就业，进行教育统计和人才预测等工作的重要依据，也是国家对高等教育宏观管理的基本指导文件。目录的学科门类与国务院学位委员会、国家教委联衔颁布的《授予博士、硕士学位和培养研究生的学科、专业目录》的学科门类基本一致。

目录分设哲学、经济学、法学、教育学、文学、历史学、艺术学、理学、工学、农学、医学、管理学12大门类，下设二级类71个，504种专业，比1993年以前减少309种。

四、大学生对专业应有认识

大学生对专业的认识，需要在四年的学习中不断理解加深。如何对待专业是许多大学生入学后遇到的重要问题，一般来说应有如下基本认识：

（1）热爱自己选择的系、专业。因为每一个专业都是在长期科学技术发展与人才需求的不断调整中发展起来的，都是国家和社会需要的。专业设置是经过科学论证和国家批准的。每个专业都有其科学的内容、尖端和尚需探索发展的前沿课题，需要一代又一代的科学工作者去努力攻关。只有热爱自己的专业，才能产生不断追求的动力，才能驱使自己以锲而不舍的精神去钻研自己的专业、涉猎专业的各个领域的知识，才能在自己的专业上有所作为和建树。

（2）要建立大专业的思想，模糊具体的狭窄专业的概念。21 世纪以来，科学向技术的转移的周期缩短，科学技术迅速发展，并且呈现加速发展和急剧变革的趋势。技术产品的更新换代加快，生产（工作）岗位的转移加快，为了适应这种形势的要求，大学生有必要树立按大专业领域、按专业的学科或学科群来学习的概念，尽量扩大专业视野，而不囿于狭窄的专业内容。

（3）要把主要精力放在打好基础和培养能力上。大学教育相对于一生学习总量来说，实质仍然是基础教育，是具有专业方向的基础教育，因为大学阶段不可能供给学生一生的专业知识和技能。只有在主干学科上下工夫，把基础打好了，才能为以后的深、专创造好条件；只有重视基本技能和能力的培养锻炼，才能培养自己具备今后解决专业具体问题的实际能力。

第三节　高等学校的教学内容及组织实施

关于"教学内容"的内涵，《中国大百科全书（教育卷）》上写道："教学内容（Teaching Content）是学校给学生传授的知识和技能，灌输的思想和观点，培养的习惯和行为的总和。"

高等学校的教学内容，是按专业培养目标、专业发展方向、基本要求来确定的；是通过教学计划、教学大纲、教材等形式表现出来的。

一、教学计划

教学计划是教育学的一个专门术语，它指的是根据各专业的培养目标和专业方向，由学校组织各系制定、经校教学主管部门审查和校院长工作会议审批后实施的教学指导性文件。它既体现国家对人才培养质量、规格要求的总精神，又反映了专业教学的客观规律及专业人才培养的特殊性。因此教学计划是组织教学过程的主要依据，是培养专门人才的设计蓝图。

（一）教学计划的结构

教学计划就是把本专业教学内容按一定结构（由应达到的知识结构和能力结构，决定组成各类课程整体优化的课程结构）和程序，组成的一个完整的教学进程计划。

1. 格式结构

教学计划包括两大部分：

文字说明部分。主要是对专业培养目标、业务范围、主干学科和主要课程、知识和能力结构、专业特色、学生毕业标准等给予确定性的说明。

计划表格部分。主要是两张编程表格：

一是规定各种教学形式和教学环节安排的总体安排表（也称学年编程，简称"学历"）。它规定了每学期、学年的起讫和理论教学、考试、各种实践教学环节（实习、课程设计或学年论文、毕业设计或毕业论文）、军训、公益劳动、社会实践、入学教育、毕业教育以及假期的周数及其起讫。

二是体现课程结构体系和科学安排的"专业教学计划进程表"。它规定了理论教学总学时；备课程分类设置、给定的课内学时、科学的进程安排；按照循序渐进和可接受原则，确定各课程周学时、每学期周学时的分配。实行学分制教学管理制度的学校，其指导性教学计划还会给出每门课程考试合格后可以取得的相应学分数，以及理论教学部分的总学分数。例如北京理工大学自动控制专业教学计划进程（见表3-1）。

2. 课程结构

依据学科发展，开设哪些课程，形成何种课程结构，或者说组成何种课程结构体系，这是教学计划的核心问题。

什么是课程？课，指课业（教育内容）；程，是程度、程序、程限、进程之意。概言之，课程就是指课业及其进程。

课程有广义和狭义两种含义。狭义是指根据教学目的而划分的各门教学科目（即学生为从学校毕业需取得学分而修习的科目）简称"课"，如高等数学课、英语课等。广义则指一所学校、一个专业或某一方面（类型）的全部教学科目及其体系。

表3-1 北京理工大学自动控制专业教学计划进程

课程类别	课程性质	课程代码	课程名称	学分	总学时	讲课学时	实验学时	上机学时	各学期平均周学时分配								开课专业	开课学期	备注
									1	2	3	4	5	6	7	8			
公共基础	必修课	ENG24005 ENG24006	大学英语（Ⅰ、Ⅱ） College English	6	96	64	32		3	3							2400	1,2	
		ENG24007 ENG24008	大学英语视听说（Ⅰ、Ⅱ） English Listening and Speaking（Ⅰ、Ⅱ）	6	96	64	32		3	3							2400	1,2	
		MTH17003 MTH17004	工科数学分析（Ⅰ、Ⅱ） Mathematical Analysis for Engineers	12	192	192			6	6							1700	1,2	
		MTH17012	线性代数A Linear Algebra A	3.5	56	56			3.5								1700	1	
		MTH17037	概率与数理统计 Probability and Statistics	3	48	48					3						1700	3	
		COM07001	大学计算机基础 Computer Fundamentals	2	32	24		8	2								0700	1	
		COM07003	C语言程序设计 C Programming Language	3	48	32		16		3							0700	2	
		PHY17016 PHY17017	大学物理（Ⅰ、Ⅱ） Physics	8	128	128				4	4						1700	2,3	
		PHY17018 PHY17019	物理实验B(Ⅰ、Ⅱ) Physics Lab	3	48	4	44			1	2						1700	2,3	2/0
		POL22003	思想道德修养与法律基础 Morals, Ethics and Law	3	48	32	16		3								2200	1	1
		POL22001	中国近现代史纲要 Modern Chinese History	2	32	32				2							2200	1	2
		AUT06002	专业导论 Introduction to Automation	1	16	16			1								0611	1	

48

续表

课程类别	课程性质	课程代码	课程名称	学分	总学时	讲课学时	实验学时	上机学时	各学期平均周学时分配								开课专业	开课学期	备注
									1	2	3	4	5	6	7	8			
		MAC03002	工程制图基础 Fundamentals of Engineering Drawing	2	32	32			2								0300	1	
		LAW23005	知识产权法基础 Law of Intellectual Property Rights	1	16	16			1								2200	1	1
		POL22004	大学生心理素质发展 Psychology Education	1	16	16				1							2200	2	2
		POL22002	毛泽东思想与中国特色社会主义理论体系概论 General Introduction to Mao Zedong Thought and Socialist Theory with Chinese Characteristics	4	64	48	16			4							2200	2	
		POL22017	马克思主义基本原理 Basic Theory of Marxism	3	48	48						3					2200	4	
		GYM32001 GYM32002 GYM32003 GYM32004	体育(Ⅰ~Ⅳ) Physical Education (Ⅰ~Ⅳ)	4	128	128			2	2	2	2							
		MTH17036	复变函数与积分变换 Complex Function and Integral Transform	2	32	32					2						1700	3	
		MTH17041	数理方程与特殊函数 Equations of Mathematical Physics and Apecial Function	2	32	32						2					1700	4	
选修课			专项英语 English Electives	4	64	64					2	2							

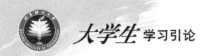

续表

课程类别	课程性质	课程代码	课程名称	学分	总学时	讲课学时	实验学时	上机学时	1	2	3	4	5	6	7	8	开课专业	开课学期	备注
			通识教育课专项 General Education	6	96	96				2	2	2							
大类基础	必修课		实验选修课专项 Lab Electives	4	64		64						2	2					
		MEC01035	工程力学 B Engineering Mechanics B	4	64	64						4					0100	4	
		ELC05009	电路分析基础 A Fundamentals of Electric Circuits	3.3	56	56					3.5						0500	3	
		ELC05011	电路分析实验 A Electric Circuit Lab A	1	16		16				1						0500	3	
		COM06009	数据结构与算法设计 Data Structures and Algorithms Design	2	32	32						2					0600	3	
		ELC06010	数字电子技术基础 A Digital Electronics A	4	64	64						4					0600	4	
		ELC06005	模拟电子技术基础 A Analog Electronics A	3.5	56	56							4				0600	5	
		ELC06012	数字电子技术实验 A Digital Electronic Experiment A	1.5	24		24					1.5					0600	4	
		ELC06007	模拟电子技术实验 A Analog Electronic Experiment A	1.5	24		24						2				0600	5	
		INF05039	信号与系统 B Signal and Systems B	3	48	48						3					0500	4	0
		AUT06014	自动控制理论 I Fundaments of Control Theory I	4	64	64							4				0611	5	0
		AUT06015	自动控制理论 II Fundaments of Control Theory II	3	48	48								3			0611	6	0

续表

课程类别	课程性质	课程代码	课程名称	学分	总学时	讲课学时	实验学时	上机学时	各学期平均周学时分配								开课专业	开课学期	备注
									1	2	3	4	5	6	7	8			
专业教育	必修课	COM06041	微机原理与接口技术 Principle of Microcomputers and Interface	4	64	54	10						4				0611	5	0
		AUT06055	自动控制元件 Automatic Control Elements	4	64	54	10						4				0611	5	0
		AUT06019	传感器与检测技术 Sensor and Measurement Technology	2.5	40	40								2.5			0611	6	1
		AUT06059	电力电子技术 Power Electronics	3	48	42	6							3			0611	6	1
		AUT06034	流体传动及控制基础 Fundamentals of Fluid Power and Control	2.5	40	36	4						3				0611	5	
		AUT06020	电气传动及控制基础 Control System of Electrical Machinery	3	48	48								3			0611	6	2
		AUT06074	自动控制理论实验 Control Theory Experiment	1	16	6	10						1				0611	5	0
		AUT06052	智能控制基础 Introduction to Intelligent Control	2.5	40	40									2.5		0611	7	
		AUT06027	计算机控制系统 Computer Controlled System	2.5	40	40								2.5			0611	6	2
		AUT06018	毕业设计（论文） Graduation Project (Thesis)	16	256		256									16	0611	8	0
	选修课		专业教育选修课(学分) Special Electives	16	256	256								6	10				
		总计		174	2840	2316	500	24	29	29	24	24	23	22	13	16	0		

从教学内容上讲,"课"是依据一定的教学理论组织起来的科学基础知识的体系。为了教学的需要把某一门科学的浩繁的内容加以适当的选择,合理的组织和编排,使它适合学生身心发展的水平和某一级学校教育应该达到的程度,这就形成了同这门科学相对应的课程。

课程与它相应的分类学科既有联系又有区别。课程应当把公认的科学概念、基本原理、基本规律和基本事实教给学生,并能反映这门分类学科的最新研究成果。它的内容应该是科学上有定论的、比较稳定的、重要的基础知识。这门课程内容构成的体系既要反映该分类学科的科学体系,又要符合整体教学的要求。

一个专业所设置的诸多课程及其相互间的分工和配合,构成了教学计划中的课程体系。课程体系又称课程结构,它就是学生为达到培养目标所应学习的基本内容的体系。只有从整体上达到优化的科学的课程体系,才能高效益地培养出高质量的人才。而整体优化的课程体系,应是根据科学知识发展的规律与当前世界高等教育发展动向,将基础理论教育、专业基础理论教育、职业方向的基本教育与跨学科教育诸多方面因素有机组合成的大学课程结构体系。

科学的课程体系,都是在总结、借鉴国内外教育的成功经验基础上拟定的。拟定时遵循的原则是:充分体现培养目标、学科性质和专业特点,适应社会主义经济建设的需要,适应科学技术发展的要求,有利于学生形成合理的知识结构和智能结构;合理安排各门课程的先后顺序,注意课程之间的衔接和配合,保持课程设置和课程内容的系统性与科学性。

高等学校课程体系可以分为两类:

(1) 纵向结构(或称层次结构)。这是从教育规律、认识规律和认识层次上说的。一般分为四类:

①公共课(公共基础课)指高等学校所有专业的学生都必修的课程。在我国由国家教委规定的公共课有马克思主义理论课(中国革命史、中国社会主义建设、马克思主义基本原理),思想政治教育课(大学生思想修养、法律基础、形势与政策),体育课,外语课。开设这类课程的目的是为学生德智体全面发展打好基础。

②基础课(一般基础课)指学习某一科系或专业学生必修的基础理论、基本知识、基本技能的课程。如工科学生必修的高等数学、大学物理、普通物理实验、线性代数、概率与数理统计、工程化学等。基础课的任务是使学生获得自然科学、人文社会科学的基本理论知识,初步受到分析、写作、运算、实验、

概括等技能的训练，特别是学科基本方法的训练，为学习后续课程和更深入的知识、新的科学技术打好理论和方法基础。

③专业基础课（技术基础课）指该专业学生必修的专业基础理论课和专业技术基础课。它的任务是使学生学习本专业基础理论，为学习专业知识打好基础。对工科专业的学生还将受到进一步的专业基本技术训练；学会在更广泛的知识领域进行理论概括和应用技术，掌握本门学科的一般规律，因此又称技术基础课。如机械类专业普遍学习的机械制图、理论力学、材料力学、机械原理、机械零件、工程材料及机械制造基础、电工技术、电子技术等课程；电子信息类专业所开设的电路分析基础、电子技术基础等课程。这类课是学科专业的核心课程，从认识顺序上起到承上启下的作用，它的重要性越来越被人们所认识。

④专业课是根据国家对该专业专门人才在业务上的特殊要求而设置，并体现专业特点的课程。它的任务是使学生掌握必要的专业知识和技能，了解本专业最新的科学技术成就和发展趋向。它不是包括专业范围内的所有知识，而只是最必要的核心部分；起启蒙、点拨作用的部分，目的是达到专业最基本的训练，以适应毕业后工作的需要。因此这类课程的着重点仍在专业理论、基本知识和科学实验技能以及实际工作能力培养等方面。

许多应用科学门类（工、农、林、医等）专业，在专业课程设置时，考虑到未来科学的发展和学生个性发展，而开设一些不同类型的选修课组。一般由专业理论课、专业技术课和专业实践课等不同侧重点的课程所组成。专业理论课是学习专业的学科理论，是基础理论的继续，也是培养学生运用所学理论分析解决实际问题和把实际问题抽象成理论的"桥梁"。专业技术课主要是学习掌握一般工程技术问题的思路和方法（例如如何制订工艺规范、设计设备和工装等）、最新的科学技术手段。专业实践课（专业实验、生产实习、毕业设计等）是为培养学生理论联系实际和独立工作能力的课程。

以上层次结构的分类，只体现专业课程体系中相对的意义。具有相同名称的某一门课程在不同的科系、专业，可能属于不同的层次（如大学物理课，对工科专业是一般基础课，而对于理科物理专业则也有专业基础课的意义），而且其深度、广度、侧重点是不同的。

（2）横向结构（或称形式结构）。高等学校课程就其对于专业的适用性和学生学习的规定性来说，又可分为必修课程与选修课程。

必修课把专业必须掌握的基础知识和技能教给学生，其内容有学科的系统性、完整性和相对稳定性，以保证培养人才的规格和质量。实行学分制的高等

学校，必修课往往又分为校定必修课（即所有该校学生均必须学习的课程）和系定必修课（所有该系各专业学生均必须学习的课程，或该系规定的某专业学生必修的主干课程）。

选修课是在一定范围内允许学生选修直接或间接与专业培养目标有关的课程。学生可以选学较专较深的理论课或与专业有关的现代科技新课题，使自己扩展和加深理论基础和应用知识；可以选学不同专业方向、不同侧重点的研究性课程，以学到科学研究方法，发展自己某一方面的专长；也可以选学其他学科专业基础知识和技能，以扩展知识范围，适应多方向的发展需要。

选修课又往往分为限定选修课和任意选修课两种。限定选修课指必须在一类或一组课程中选修的若干门课程，这往往是作为必修课的一种补充，以形成某个专业方向的特长，使学生系统而又较深入地学习专业有关知识和技能。任意选修课则完全是根据学生本人志愿、需要而自由选修的课程，它可以是本专业学科的课程，也可以是跨系跨专业的课程。选修课特别是任意选修课开设的多少（比例），取决于学校师资水平与设备条件、学生生源素质的高低和学风（学习自觉性、严肃性）等诸多因素。

（二）明了高校课程设置特点，处理好大学课程学习中的几个关系

高等学校由于其担负着不同的任务，且培养对象和培养目标不同，因而在课程设置上与中等学校有着本质的不同。其主要特点是：a. 有明确的专业性，服从于不同层次、不同规格、不同专业的培养目标，按专业的需要设置课程；b. 有很强的基础性，适应现代社会教育已成为终身教育的变化，强调打好基础，培养学生的学习和工作能力；c. 有较强的科学性和先进性，强调课程中要把本门学科最新成果、最新动向和信息引入教学，激发学生的探究动机，培养他们的创造思维，使学生也处在学科发展的前沿地区；d. 有很强的理论性和实践性，课程一方面强调高度的抽象概括，对学生进行系统的理论教育和训练，另一方面强调联系工作实际把知识的学习与应用结合起来；e. 课程内容智能价值含量更高、科学方法因素更多，着重于培养学生的能力和科学方法与作风。

明了高校课程设置的特点，处理好课程学习中的四个关系，对大学生顺利完成大学阶段的学习任务是十分重要的：

1. 基础与专业的关系

大学生在校期间要想从深度和广度上学到将来工作中需要的全部知识是不可能的，首要的是打好基础，这是学习规律和科技发展的需要。因为一般地说，

基础科学在人类全部知识中是比较稳定、不易老化的部分，它是专业学科乃至跨学科发展的基础。打好基础就是掌握学科基本理论、基本知识、基本技能，培养基本功；打好基础有利于专业知识的学习、有利于知识转换为潜能，也有利于未来工作中增强适应性，有利于事业的发展和专业的转换。这就是根深才能叶茂的道理。专业知识的学习则会巩固、扩大和加深基础知识，学会综合利用基础理论、知识去独立解决实际问题的基本方法。一般工科高等学校公共课、基础课、技术基础课程的课内学时之和约占理论教学总学时的85%以上，专业课只占10%~15%，就体现了基础与专业的合理结构关系。

2. 博与专的关系

现代科学的发展，一方面是学科越分越细；另一方面各学科间又互相渗透、互相交叉，出现了综合学科。高校各专业的课程，也随着这一发展趋势，朝着课程日趋综合化又不断分化的方向发展。

课程综合化的含义是多方面的，综合的形式也是多样的。有文理课程综合设置，学生兼学他科课程；有两门或两门以上相连课程进行专业综合；也有一般教育课程与专业课程的综合化、一体化两者穿插进行，并行讲授等。因此课程改革出现了知识整体化、更加重视加强基础教学、适当增设选修课程的趋向。

高度综合的发展趋势，要求学生具有广博的知识，才能更好地成为某一方面的专家，从事开创性的工作。因此高等学校从课程体系上注意了综合性，实行理、工、文互相渗透。在教学计划中确定理工科课程和人文社会科学课程的比例，促进两者相互结合；创造条件逐渐开设综合课程和面向未来的课程。大学生在学习与选课中应该注意这一重要趋势。

3. 理论与实践的关系

高等学校的培养目标绝不是要把学生变成知识的容器，在校仅仅学习理论，而是要实现知行统一、掌握知识与发展能力的统一，是使学生获得专门人才的基本训练。这种基本训练包括理论与实践两个方面，相互依存，贯穿教学的全过程。因此大学生要重视实践性课程和教学环节，使理论学习与实际统一起来。

4. 必修课与选修课的关系

必修课是专业学习的脉络和骨架，它从主干上保证着专业方向和培养目标的质与量要求。选修课有灵活、短小、专一、崭新的特点，对必修课起着补充、深化、扩展的作用。选修课在教学计划中设置多少、内容深浅，是根据专业培养的整体规划和实际需要而定的。必修课和选修课的合理比例一般各校均有规定（如4:1或7:3）。大学生要根据教学计划的要求，首先学好必修课和限定选

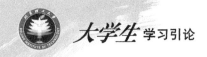

修课，任选课则可根据自己的实际情况和教学计划要求的限度选学。注意不要过分分散精力，形不成自己的知识主干。

二、教育者在教学计划实施中的工作

制订出教学计划，犹如完成了剧本的创作，但形成一台完美的戏剧，还需要舞台演出的再创造。特别是每一台演出之前，都需要编导、剧务、演员齐心协力的精心准备。然而教学过程中，学生却不应只是"听（观）众"，学生与教师缺一就构不成"教学"活动。因此教师、学生、教学管理者三方面的有机配合，才能保证教学计划的正确实施。下面我们按教学计划实施的一般程序，分别看一下教学管理者、教师的各项工作。

（一）教学管理者的主要工作

教学管理者包括从事本科教学管理的校（院）长、校系机关职能管理部门工作人员。为实施教学计划，他们要共同完成好以下工作：

（1）校（院）系协同制订教学计划。

（2）组织实施教学计划（教学运行管理）。主要有：

教务处以专业教学计划为依据，编制校历；同时与系教学管理部门协同制订课程计划（即学年教学进程计划），并以教学任务书形式向系、教研室下达课程安排计划，落实任课教师。

教务处编排课表（即学期教学进程安排），这是全校教学活动的总调度表。分课表要求下达到任课教师和学生班级。

（3）搞好教学过程的质量管理。包括检查教学准备；平时各教学环节的经常性检查（如检查性听课、查看学生作业、召开师生座谈会等）；定期教学检查（一般安排有期中教学检查、期末教学检查）；考试成绩与结果的状态分析及反馈；毕业生质量调查等。

（二）教研室在教学过程中的组织管理工作

（1）制订课程教学大纲。教学大纲是以教学计划规定的课程结构体系整体优化为前提，以连贯的形式，按章节、课题和条目，规定一门课程的教学目的和要求；教学内容的范围、深度、体系、重点和难点；教学时间和进度；教学形式和教学方法的教学指导文件，是教师授课和编写教材的主要依据。教学大

纲由教研室组织有教学经验、有学术造诣的教师集体研究制订，全教研室（课程组）都必须遵循的，以此来保证课程的教育目标和基本教学质量。

（2）编写或选用与课程教学大纲相适应的教材（教科书），同步编写可供学生选读的教学参考书。教材是阐述教学内容的专用书籍，是教学大纲的具体化和学生学习的主要依据，是教学过程中教师与学生的中介。教材既要便于教师讲授，也要便于学生独立学习钻研，引导学生去进一步探索未知。因此可以说教材是从一般书籍中分化出来专为教学服务的。高等学校的教材分统编和自编两类。从推广使用优秀教材，有利提高教学质量和经济效益的角度，国家教委支持基础课程的课程指导委员会，组织编写可供全国高校某一（些）学科教学使用的统编教材。高等学校还会根据本校教学的优势，编写出不同风格、特色，或介绍各种不同学派的见解，给学生以比较、思考余地的自编教材（讲义）。

教学参考书是与教材配套的辅助性教学用书。广义的参考书是指教材以外的一切适用的教学用书，包括学术专著、专论等。狭义的参考书包括三类：a. 指定教材以外的其他教材，但在学科内容和体系上，或在叙述方式、内容侧重点上与指定教材不同，学生可在比较中获得较宽厚的知识和新的思路。b. 与教材配套的习题集、思考题集等，供学生训练以加深对理论的理解和应用。c. 自学指导书、实验指导书、教学法参考书等，用以帮助学生逐渐摆脱对教师的依赖，自己去掌握本学科的知识体系，探索、领会重点与难点。

随着科学技术的发展，音像教材（幻灯、投影、录像、录音等）和计算机软（课）件教材，已逐渐成为教材不可缺少的组成部分。

（3）编制单项教学组织计划。如各种实习计划和要求；毕业论文（设计）的指导要求和安排计划等。

（4）准备好实验设备器材，确定教学大纲规定的必修或选修实验项目，组织实验的预作。

（5）制订各课程教学质量规范（标准要求），实验室管理规则等统一的制度要求。

（6）组织落实系主任交给的其他教学任务，如联系学生班、为学生开设辅修专业课程、高水平讲座等。

（三）教师要为同学们做的主要教学工作

（1）根据教学大纲要求，在开课前写出全课程授课讲稿。

（2）制订课程的教学进度表（又称教学日历），用以科学地控制自己的教学进度和安排学生的学习、作业。教学日历一般在开课前发给学生班，以便于学生自主地安排好自己的学习计划。

（3）认真写好每一堂课的教案（又称课时计划）。这是教师教学艺术和经验的结晶，是能否精彩演出全剧的"分镜头剧本"，是课堂教学质量的重要保证。

（4）精心备课并讲好每一堂课，做好辅导、答疑、批改作业等教学辅助性工作，并从中不断总结同学们对教学内容所反映出的共同性问题和最具典型性的深刻理解或错误理解，以便在下一堂课或习题课、讨论课中，引导同学加以分析、思考和解决。因此，教师是欢迎学生提问的。

（5）完成指导学生实验、实习、毕业论文（毕业设计）等实践性教学工作。

（6）担任学生班主任、导师，指导学生开展课外科技发明、知识竞赛、辩论会、研讨会、体育比赛、社会调查等第二课堂活动。

三、教学计划实施的配套制度

高等学校教学内容的实现，要靠教学计划的实施。教学计划实施过程是高校教学管理者与教师、学生协同努力的教学过程。为此，每个高等学校都根据国情和各自校情，制订了相应的教学管理制度，以组成高效的实施保证体系。

（一）两种教学管理制度——学年制和学分制

学年制和学分制是当前世界上实行的两种教学管理制度（或者说是两种教学管理体系）。不同的教学管理制度下就有不同的教学计划形式。

1. 学年制

学年制源于17世纪的班级上课制。我国从1952年起，为适应国家计划经济管理体制，而在高等学校开始实行的。

学年制是一种在规定的学制（学年）内，以读满规定的课程的学时数并考试合格为毕业标准的教学管理制度。它的特点是：从教学计划形式上是按学年、学期排定固定课程及进度进行教学；学生在校学习一律按年级、专业编班上课，所学课程除个别同学经批准加选的课程外全班一致。从教学管理制度上，以"学年"为单位，处理升、留级等学籍问题。

学年制的主要优点是：有严密的课程结构体系和要求，能保证计划要求培养的模式和专业教学质量；整齐划一，便于管理；适用于计划经济制度下学生按所需人才计划培养和毕业生统一分配。

学年制的缺点是：计划过死，不利于新的学科和成果较快进入高等学校；统得过死，不利于学生按其不同发展水平、兴趣和特长主动地进行学习；管理过死，既不易使优秀人才脱颖而出，早出快出人才，又使智商差一些的学生一留级就是一年，造成时间和精力上的浪费。

2. **学分制**

学分制源于德国的选课制和传到美国后逐渐发展起来的学分制。中国最早提倡学分制的是蔡元培先生，他在任北大校长时首先实行"选科制"，随后1922年当时的教育部公布了"新学制"，正式规定大学采用"选科制"和"学分制"，并一直实行到新中国成立后的1952年。1979年起，学分制在我国部分高等学校中再次试行。

学分制是一种以"学分"来计算学生学习分量的教学管理制度。

学分制的特点是：在教学计划形式上，按照专业培养目标，把课程分为必修课与选修课两大类，以"学分"作为计算学生学习量的单位，（考试合格）取得某门课程的学分就算通过一门课。从教学管理制度上，学生学习的自由度比较大，可以在允许的限度内自己决定学习一些课程并构成自己喜欢的知识与智能结构；它没有明确的学习年限的规定，学生可根据自己的学习能力、经济条件等，决定学习期间的长短，学校只把取得该专业应修满的（课程与各种规定教学环节）总学分，作为学生毕业并获得相应学位的业务标准。

学分的计算方法在各国是不同的。一种方法是以计算课内学时量为依据，如以每学期每周授课1小时或实验2小时的学习量为1学分。另一种方法是考虑学生学习的实际付出量，而把课内、课外学时量一起作为计算依据，如以每学期每周授课1小时及课外（复习、作业、预习、实验、上计算机等）1小时的学习量合计2学分。

为了综合反映学生学习的"质"与"量"，以区别学生学习成绩优劣的程度，还同时提出了"学分积"的计算方法：

    某课程的学分积＝该课程的学分数×成绩系数

    一个学期的总学分积＝∑课程的学分积

在国外也有把成绩系数称作"绩点"，故也称"绩点制"。请参见北京理工大学给出的成绩系数表（见表3-2）。

表 3－2　北京理工大学成绩系数表

课程成绩	优	良	中	及格	不及格
成绩系数	1.3	1.2	1.1	1.0	0
相当国外绩点	4	3	2	1	0

学生奖励、奖学金获得、优异生选拔培养、推荐免试攻读硕士学位研究生，以至教学管理上的中期分流（继续本科学习或转为大专）等均可以学分数或学分积的多少为依据。

学分制的 200 多年历史反复向人们说明：

（1）学分制教学管理制度也是有利有弊的。有利的方面主要是：

第一，承认学生间客观存在的个性差异，实施因材施教。学分制能使每个学生在达到教学计划基本要求的前提下，学习分量多少、进度快慢可有一定伸缩性，甚至在学习年限上也是弹性的；允许学生在一定范围内，根据各自基础、兴趣和特长选读不同课程，以求发展不同的专业方向，或者选学辅修专业，选读辅修课程组；优秀学生可以通过免修、多选而提前修完规定的总学分，提前毕业或报考研究生，或攻读第二学位（专业），因此可以快出优秀人才。这样就打破了培养人才上千孔一面的单一模式，并且由于获得学分途径的多样化，以及实行一套与学分数密切相关的优胜劣汰制度，从而能够在学主中正确引入适当的竞争观念和适度的竞争机制，把教学搞活，让学生主动的、生动活泼的学习，主动适应社会的需要。

第二，有利于发挥教师的专长，调动教师的积极性。学分制以选课制为基础，它要求教师们开出大量选修课、新课供学生选读；要求教师以较为灵活的教学方式开展因材施教；学生在选课程及选教师中，必然有所比较和评价，这就使教师增加了教学工作的荣誉感和责任心，会促进教师不断进取，不断钻研新的科学技术课题，并把成果及时转入教学，充实教学内容，改进教学方法，提高教学效果，从而使教师的潜力得以充分发挥。

第三，适应科学技术的发展。由于有了前两条优点，学生可以有较多的机会，接触多学科、新技术，使同一专业学生的知识结构趋于多样化，有利于学科之间的相互渗透和边缘学科、交叉学科的发展。

学分制之弊在于如果不加以适度的科学规划和限制，则由于学生任意的选修课程（刚刚步入高等学校缺乏对教学计划科学性的理解，或缺少教师的指导），从而在实际上构不成合理的、优化的知识与能力结构；在学生管理上的自由化，将导致思想、意志品质、严谨的科学作风等方面培养的削弱。

总之，学分制是一种具有弹性的教学计划形式，也是一种较为灵活的教学管理制度。

（2）学分制的实施一定要根据国情、结合校情来决定是否实行和如何实行。实施学分制是逐步完善的探索过程，没有一所大学与另一所大学的学分制实施办法是毫无差别的。同样，在教育改革过程中，我国高校也正在探求一种符合中国国情的学分制，以求更好地兴利防弊。

（二）教学管理的配套制度

制度是对前人经验的科学抽象总结，要求大家共同遵守的办事规程或行动准则。教学管理制度是学校各项管理制度的主体，对教育教学过程起着组织、计划、决策、协调、指挥、监督的多种作用；教学管理制度又是政策的体现，以形成教学计划实施的保证体系和激励机制。

1. **选课制**

选课制是指学校开设的课程允许学生有一定限制或完全没有限制的选择自由，学生可以根据自己的需要、兴趣、能力选择他所希望学习的一些课程。选课制反映了教学的灵活性，适应学生智力发展不平衡的规律，有利于学生形成自己知识结构中的学科互相结合、渗透和发展。实行学分制的学校必设选课制，但实行学年制的学校也一般允许学生加选课程。

2. **导师制**

导师制是贯彻因材施教原则，有效地实行学分制的重要保证。它规定由学生所在系聘任教书育人经验丰富的教师为学生导师，主要负责指导学生依据学校制订的指导性教学计划，制订自己的学习计划和进程，指导学生选择课程及学习方法，指导学生全面素质的培养和提高。

各校在实行导师制中，会根据自己的师资队伍情况而采取不同作法。如有的学校为学生班每10名学生配备1名导师；有的则采用低年级配班主任，以适应低年级学生共性问题较多的工作特点，高年级再配导师以利于学生专业学习的深入指导。

3. **选优制**

选优制是根据因材施教原则，对那些在学习上表现出有较大潜力和特殊才能的优异学生采取特殊培养措施，帮助他们在德智体全面发展的基础上，个性特长得到充分发展，早日成为有创造精神的优异人才，同时通过他们带动其他

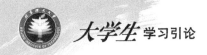

同学生动活泼地学习。各校根据自己的教育思想和条件，已创造出许多可供借鉴的成功经验。如为优异生配专门导师，提供借书、上机、实验、听音（外语）等优惠条件，提供奖学金，开办专题讲座等，有条件的高校还单独为优异生组成"实验班"进行教育实验与改革试点。对学有专成的优异生提供推荐免试攻读硕士研究生，甚至直读博士的机会。所以选优制会使学生正确地认识到自身价值，自觉地发奋为祖国而学习；在学习中易形成你追我赶、人人争先的竞争环境，有利于优秀人才及早脱颖而出。

4. 其他教学管理制度

其他教学管理制度一般在各校编印的学生手册中均有收集。这些制度可以概括为三类：

（1）保证教学过程科学实施的教学管理制度，如实验室管理制度、实习制度、毕业设计（毕业论文）制度等，是教师与学生必须共同遵守的制度。

（2）学籍管理制度，主要规定对学生入学资格、在校学习情况（注册考勤，升留级或试读，休学、复学、退学、转学、转专业，选修、免修、缓修）及毕业资格（毕业、结业、肄业、毕业证书、结业证书）的考核与管理。

（3）学生日常管理制度，主要规定对学生的奖学金、贷学金，社团协会，学生参与经济活动，学生自费出国，心理健康指导，违纪行政处分等的管理办法。

第四节　高等学校的教学过程和教学原则

教学，是学校教育最基本的活动形式。社会对教育的一切要求，最终都要落实到教学活动上，通过教学过程来实现。大学生在校期间的学习，绝大部分时间是通过各种教学形式进行的。大学生对高等学校的教学过程和教学遵循的基本原则的认识，是能否掌握教学规律，完成学习任务，取得好的学习效益的基本保证。

一、高等学校的教学过程

（一）教学过程的基本含义

教学是一个广泛的、综合的、动态的概念，教学活动是通过教学过程来进行的。教学过程是实施教育、实现培养目标的基本途径，是学校教育工作的中心环节。它最集中、最明显地反映了学校教育的特色。

从实质上说，教学过程是人类认识的一种特殊形式。它是在特定的认识主体（学生）的参与下，在特定的环境（学校）和特定的条件（教师的指导和教学组织）中进行的认识活动。它的基本内容和它所要完成的任务，主要是解决学生认识世界的问题，也就是教师有目的、有计划地将社会已有认识转化为学生的个体认识，培养学生认识能力和改造世界能力的过程；是师生共同努力，解决学生原有基础与培养人的要求之间的矛盾，实现培养目标的过程。

现代教学论认为，教学是一种教师与学生双方共同参与的活动（即教师的教学活动与学生的学习活动相互结合、共同参加的活动）；是在教师指导下的学生学习活动，是教师主导作用与学生主动性、积极性、创造性的统一。在教学过程中不仅使学习者掌握了知识、技能，发展了能力、智力，同时发展了身心形态，把他们塑造成为具有无穷的智慧、才能和良好的道德修养与个性完善的人。

从教学过程结构上说，学校教学过程是由学生、教师、教学内容、教学手段四个基本要素构成的。高等学校的教学过程是通过教学、科研与实践多方面活动形式完成的。其具体方式主要有课堂教学、自学、科学研究和社会实践。

高等学校教学过程中，大学生的自学活动占相当大的比例。各种自学活动既是课堂教学的准备或延伸，更是课堂知识的充实、扩大与增新，还是掌握独立获得知识的方法，发展独立吸收知识的能力，养成自主、顽强的学习态度和习惯的有效途径。同时，高等学校教学过程是为大学生进入社会以后既要探新创造，又要把专业理论知识应用于社会生产实践而进行准备的过程。

作为一个大学生，都应认识和了解高等学校教学过程及其突出学生的主体作用、教学过程结构的复杂性、从学习到实践的过渡性，以及由继承性走向创造性等这些特点。

（二）高等学校教学过程的基本特征

高等教育是在普通教育基础上进行的专门教育，既有与普通教育的共性，又有自身的特点，它是学校教学全部过程中的最高阶段，也是学生正式参加工作前的准备阶段。所以高等学校的教学过程具有以下突出特点：

1. 明确的专业目的性

高等学校教学过程是一个以专业理论知识教育为主要任务，围绕着具体专业而展开学习与活动的过程。它的任务是培养国家和社会需要的专门人才。

2. 鲜明的独立性

高等学校教学过程是学生独立地从事掌握专业有关理论知识、从事科学发现和实践的过程。全部教学活动都要努力提高学生的独立能力，而教学活动本身又培养学生独立学习、独立探索和独立工作的能力。教学在教学过程中更多的是起着指点和引导的作用。

3. 较强的创造性

高等学校是学校教育的最高层次。国家和社会要求它所培养出的人才不是一般的劳动者而是掌握现代文化科学技术，能够运用所学理论创造性的发展生产、发展科学技术的专门人才。这就决定了高等学校要把培养学生的创造精神与创造能力放在重要地位。因此在教学过程中强调教学与科研、实践相结合，强调教学的发现性。

4. 明显的实践倾向性

高等学校的学生毕业后将直接进入社会各生产实践部门，成为各方面的骨干以至专家。这就要求大学生不仅要掌握具有抽象性、间接性、一般性的专业理论知识，而且要具有直接现实性、个别性、特殊性特点的实践知识。因此，高等学校教学过程具有从理性认识转化为实践的作用，不仅要教给学生必要的、系统的基础理论和专业理论知识，而且还要指导学生将专业理论知识应用于具体实践。

大学生了解教学过程的本质和基本特征，将有助于确立自己学习的指导思想和学习目的，在全部学习过程中将起到方向性指导作用。

二、高等学校的教学原则

（一）教学原则的基本含义

教学原则是教学工作应该遵循的基本要求，是指导教学实践的基本原则。它是根据一定社会的教育目的和教学任务，在总结长期教学实践经验的基础上经过理论提高而制定的。

高等学校的教学原则是依据高等学校教学过程的本质、任务、特点及其规律，并考虑到大学生的身心发展及其认识活动的特点和规律而制定的。其目的在于使教师和教育工作者自觉地按照教学规律组织教学、进行教学，从而不断地提高教学质量。

在社会主义国家，教学原则是根据社会主义教育方针和目的，以辩证唯物主义的认识论和教学原理为理论基础而制定的，是为培养德智体全面发展的专门人才服务的。

教学原则来源于实践，对教学实践起指导作用，又受到实践的检验，因而具有实践性；由于人们对教学规律的认识，是一个循环往复不断提高的过程，因而它具有发展性；由于它受一定社会的教育目的、教学任务及科学技术发展水平制约，所以它又有一定的历史性、阶级性；由于它作为教学规律的反映，又具有客观性或科学性。

（二）教学原则的发展和我国高等学校的教学原则

教学原则是历来教育家和教育工作者十分关注和重点研究的问题。从古代教育家孔子、苏格拉底（古希腊），中世纪大教育家夸美纽斯（捷克），到19世纪的赫尔巴特（德）、杜威（美），以及20世纪的凯洛夫（苏联）都提出了许多教学应遵循的原则。

20世纪50年代以来，随着科学技术的发展，教育学家提出了"教学与发展"的概念，在教学中把发展智力提高到了应有的地位，使人们对教学过程的认识有了质的变化，对教学原则体系进行了新的探讨。如苏联教育家巴班斯基认为教学原则的排列和表述必须根据教学过程的规律，考虑社会对现代学校教学所提出的新的要求，要用活动的观点来看待教学过程。据此，他提出了九条原则：方向性原则；同共产主义建设的实践相联系原则；科学性原则；系统性原则；连贯性原则；可接受性原则；集体和个别教学相结合的原则；各种教学方法合理结合的原则；教学的教养效果和教育效果统一的原则。

苏联心理学家、教育家赞科夫在实验教学论体系的基本思想指导下提出了五项原则：以高难度进行教学的原则；以高速度进行教学的原则；理论知识起指导作用的原则；使学生理解学习过程的原则；使全班学生包括差生都得到发展的原则。

美国著名的心理学家布鲁纳提出了"知识结构"观点和"发现学习方法"，并主张下述四条教学原则：动机原则（心理倾向原则）；（知识）结构原则；程序原则（程序指学生学习某种知识所遇到的材料序列）；强化原则。

我国教育界在长期教学实践中，曾提出过理论联系实际、少而精、启发式等教学要求和原则。1983年以后，在国家教育部组织领导下，经过多次全国性学术讨论提出了八条原则：面向社会主义建设实际的原则；德智体美全面发展

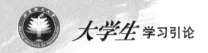

的原则；在教师指导下发挥学生的自觉性、创造性与独立性原则；理论联系实际的原则；专业性与综合性相结合的原则；教学与科研相结合的原则；统一要求与因材施教相结合的原则；教学过程整体优化的原则。

　　大学生了解这些教学原则，就比较理解教师在教学过程中所遵循的原则和所采用的教学方法，能够从心理上产生一种信任感，从而与教师从心灵上到做法上形成自然沟通，这就达到了教师与学生在教学过程这项共同活动中的科学配合，将大大有助于大学生提高学习效益，也有助于在教学原则指导下规划自己的学习。

三、高等学校教学的基本形式和环节

　　高等学校的教学是按照一定的教学内容，通过一定的教学形式与环节来进行的。高等学校教学形式和环节是受高等学校的教育目的、教学内容和教学对象所制约的。由于高等学校教育是专业教育，学科专业较多，课程类别多，教学对象差异很大，不同的学校和专业，不同的课程和教学对象，就有不同的教学形式和方法，并根据不同的教学要求安排不同的教学环节。通常高等学校的教学形式和环节有以下几种。

（一）课堂教学

　　我国全日制普通高等学校本科或专科一般实行班级教学制度。教师按固定的课程计划实施教学，学生按课程表，依照规定的时间集体上课。常用的形式与环节有课堂讲授、课堂讨论（讨论课）、实验课、习题课等。

　　1. **课堂讲授**

　　课堂讲授是指教师依据教学大纲要求，系统而重点地向学生讲授教学内容，指导学生遵照学科特点自学，并给学生以思想上的影响的一种教学基本形式。讲授目的在于使学生对学科中的本质问题，特别是理论的内在实质能深入领会，并使学生获得系统的知识，引起兴趣和探索的欲望。因此，讲授在课堂教学中起主导作用，是课堂教学的中心环节。教师讲授的水平，是影响教学质量的主要因素。大学的课堂讲授强调科学性、思想性、系统性，主要讲重点、讲难点、讲思路，引导学生进行学习。

　　2. **课堂讨论（讨论课）**

　　课堂讨论是高等学校加深、理解和运用理论知识，深入学习有关的学科，

发展学生思维和口头表达能力，强化学习效果的一种教学形式。它能够激发大学生的探索性、发现性的思维活动，是一种比较活跃的教学形式。

讨论课有三种基本类型：用于扩大或加深有关理论知识而组织的系统的专题课堂讨论；就某门学科中个别主要问题或疑难问题而组织的课堂讨论；日常教学中采用的带有研究性的课堂讨论。常采用的讨论形式有班级讨论和小组讨论，还可以采用分组辩论、专题报告等形式。课堂讨论是在教师指导下，以学生活动为主的教学形式，要达到预期的效果，师生均必须做好讨论前的准备工作。

课堂讨论一般为理论性课程，特别是社会科学理论课程的重要教学形式，但自然科学、应用科学课程等也在广泛采用。

3. 实验课

实验课是在教师指导下，大学生运用实验手段，观察自然现象的运动变化，获得感性认识，从而加深理解或扩大知识领域的教学形式。开设实验课的主要目的，是使学生加深理解和扩大知识领域，并通过实验过程，熟悉最基本的科学实验有关的仪器设备，培养实验操作、测试、观察与搜集处理实验数据，描述实验过程、绘制实物图像等能力，掌握实验技巧与方法，培养从事科学实验与科学研究的基本功；培养良好的劳动习惯，认真的工作态度，严谨的工作作风，爱护公物的品质。

实验课要求学生要做到：a. 课前要预习；b. 实验前要认真检查实验仪器、用品；c. 实验中要认真做好每一步骤；d. 独立完成实验报告。实验课在理工科专业的教学中，占有重要的地位。

4. 习题课

习题课是在教师直接指导下，通过演算培养学生运用知识于实际，并初步将知识转化为技能的一种课堂教学形式。广义的习题课，包括一切在教师指导下的课堂作用。如数理课程及技术基础课程在课堂上进行的习题演算、绘制图表、查阅文献资料、学习使用手册或计量仪器、整理数据。语言课程的口头或书面练习，文史课程在课堂上应用工具书，阅读古籍、分析或注解作品等书面作业。会计、统计课程编制报表，以及体育课程的体操练习等活动。

习题课的课堂结构与方法，根据课程性质不同而不同。习题课的内容侧重于新概念、新知识的理解和应用。而与之衔接的课外作业，则侧重于巩固知识，通过反复练习，锻炼技能技巧。

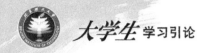

（二）课外指导

课外指导是指与课堂教学交相呼应的，以指导学生课外独立思考和研究活动的一种辅助教学形式。它包括课外作业、辅导答疑、小课题研究等等。

1. 课外作业

课外作业主要是以巩固所学知识，掌握课程要求的技能技巧，发展课堂教学效果为目的的一种教学形式，也是教师督促检查学生个体学习效果的一种形式。它经常以练习题、思考题形式出现，有时也是习题课的继续或讨论课的准备，也有的课外作业以指定阅读参考书、写读书笔记或报告、写小论文等形式出现。课外作业的着重点在于开发学生智力，培养学生自学能力和应用理论解决实际问题的能力。

2. 辅导

辅导是高等学校教师面对面帮助学生的一种方式。它有助于改进学生的思想方法和学习方法，培养学生自觉的学习态度和独立思考的能力。通过辅导，教师还可以了解教学的效果，及时改进教学。

辅导有集中辅导、个别辅导。通常采用答疑、质疑，阶段系统复习等形式进行。辅导的效果取决于教师、学生的双方主动，特别是学生能否对课程内容融会贯通提出问题。

（三）实践教学

实践教学是指通过实践性教学环节，使学生获得必要的感性知识，用以加深学生对理性知识的理解，扩大知识范围，掌握专业基本技能，并学会运用知识，解决实际问题的一种教学形式。实践教学过程是理论和实践结合的过程，实践教学不仅是学生感觉—思维—知识的认识过程，而且也是感受—情感—意志的行为过程。它能调动大学生的积极性，发展大学生的创造性能力，培养大学生的优秀品格。

实践教学的组织形式，在高等学校除了前述的实验课外，主要有实习、社会调查、课程设计、毕业设计（毕业论文）等。

1. 实习

实习是指通过组织学生到实践现场，从事一定的实际工作，进行有目的的调查研究，以获得有关的实际知识和技能，巩固和加深理论知识，学会运用知识解决实际问题，培养实际动手能力和独立工作能力的一种教学形式。

实习分教学实习和生产实习两大类：

教学实习是根据一门或几门性质相近的课程的教学大纲要求，以加深认识，促进理论与实际相结合；从事实际工作或操作，以培养锻炼基本技能为主要目的的教学过程。这种实习又称"课程实习"，或"认识实习"。如工科的教学实习主要有金属工艺学实习、电子技术实习等。一些以工程对象（产品）为主的专业，还包括装配实习、拆装实习、驾驶实习等。政法院校的学生学了民事诉讼法，按法庭的组织和诉讼程序，在实习法庭中进行模拟实习等。实习地点一般在校内进行。

生产实习是在生产过程中，按生产体系学习实际知识和技能，达到专业知识与生产实际相结合的综合性教学过程。这种实习的特点是将实习任务和生产任务统一于生产实习过程中。由于专业性质不同，生产实习的方式方法、次数、时间各不相同。生产实习包括一般生产实习和专业生产实习等。除工科的生产实习以外，师范的教育实习，医科院校的临床实习等，就其性质来说都属于生产实习。

2. 社会调查

社会调查是按照教学计划，组织学生到社会上进行理论联系实际，培养学生社会工作和科学研究能力的教学组织形式。它有利于大学生了解国情，正确认识自我，学会调查研究方法，提高实际工作能力。

不同专业，调查的目的要求不同，方式方法也各不相同。有以人为调查对象的个别访问、问卷、开调查会的方式；也有以物为主要调查对象的现场考察、查阅资料的方式。必要时还可以采取抽样检查、技术测验等方式。一般是多种方式综合使用，以人为主，以物为辅。调查对象，按其范围有全体调查、抽样调查、典型调查之分。限于时间和人力，通常高等学校教学采用的是抽样调查与典型调查。调查一般是在教师指导下，以学生为主的教学活动。调查完毕，要写调查报告。

3. 课程设计

课程设计是在教师指导下，学生运用一门或几门课程的知识来解决一些不太复杂，但却具有一定综合性的问题。课程设计的主要任务是应用有关的知识和技术，独立且创造性地完成符合生产实际要求的设计任务。

课程设计的题目每人是各不相同的。因此要求大学生：a. 能独立地运用理论知识和实际材料来解决问题；b. 对参考书、文献所提供的论点和所搜集的材料有较强的综合、组织能力；c. 能用通顺的文字、准确的图表、科学的实验，系统地完整地表达自己的成果。

一般工科各专业规定搞课程设计，其他有的专业是写学年论文。

4. **毕业设计（毕业论文）**

毕业设计或毕业论文，是大学生专业学习的综合运用和总结性作业，是从事实际工作之前的最后检验，也是作为独立的工程师或科学研究者的开始，是从学校学习过渡到实际独立工作的关键性环节。这个环节要求学生运用所学的全部专业知识和技术，解决较为复杂的实际问题，作出带有创造性的成果。

毕业设计（论文）是一项重要的教学活动，也是完成大学学习的最后一个教学环节。要求大学生首先要仔细研究毕业设计（论文）任务书提出的各项要求，而后在老师指导下，拟定完成毕业（论文）的工作计划；调研必要的资料，完成必要的科学实验，编制与课题有关的计算机程序；理论联系实际，正确运用科学研究方法和设计方法，按规定要求完成设计任务，并准备毕业设计（论文）答辩。工科各专业规定搞毕业设计，其他各科的专业一般写毕业论文。工科有的专业还规定在设计的基础上就设计课题再写论文。

高等学校教学的各种形式和环节是有内在联系的，在运用上是相互配合、相互补充的。教学效果的好坏同师生的共同努力分不开。同时教学的形式、环节与方法也不是一成不变的，随着科学技术的发展，教学形式、环节和方法要随着教学思想、教学内容的深入改革而改革和发展。

第四章　大学生身心发展特征

大学生是客观的人，是社会的人，也是生物的人。人的身心发展是有规律的，而且对人的学习生活有直接地重要作用和影响。大学生必须了解自己的身心发展特征，掌握身心发展的规律，使自身内部发展规律与外部客观规律有机地结合起来，才能真正学习好并取得成功。

第一节　中外心理发展理论

青年心理学产生于20世纪初，距今已有100多年的历史。在这段时间，力图揭开青年心理发展奥秘的专家学者，构想出了不少青年心理发展的理论模型。依据对制约青年心理发展过程的条件的不同理解，西方心理发展理论归结为三大流派，即生物发生论，社会发生论和心理发生论。我国关于青年心理发展理论研究较晚，在党的十一届三中全会之后，研究工作才有较快发展。

一、我国心理学家关于青年心理发展的理论

（一）潘菽的发展心理学观点

潘菽认为："儿童发展，尤其思维发展的科学研究，应当是一个必须采用唯物辩证法的观点来予以重视的部门。"在对中国发展心理思想的性善性恶观研究中，他把"性"分为"生性"和"习性"。"生性"主要是由于身体的生长发展而形成的；"习性"则主要是生活、实践中由于学习或受到社会的影响或其他的影响习染而成的。"生性"和"习性"具有这样的关系，即"所有的'习性'其实都是在一定的'生性'的前提下发展形成起来的。没有一定的'生性'作为内因，就不会有某种'习性'的发展"。而发展的性质和水平"主要取决于学习、教育或习染"。他认为："人们的思维，无论哪种形式，都

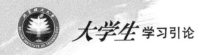

不是一生下来就有的，而是从无到有，经过一定的发展过程而形成的。"潘菽的发展心理学思想，是我国发展心理学理论的一大财富。

（二）张增杰关于大学生心理特点的论述

张增杰认为大学生主要处于青年中期，从心理发展水平来说，正在迅速走向成熟而又未真正完全成熟。处于过渡期的大学生，其心理成分充满着特殊的矛盾现象。他指出，最足以代表大学生心理发展正常水平的，只能以正处于青年中期者为主。他强调，所有大学生因为他们毕竟有着共同的客观生活与学习等外部条件，所以，他们之间的共同性仍然属于主要方面。他认为，大学生心理发展所达到的水平，必须从心理发展的阶段性和连续性相结合的角度去研究。阶段性体现其质的特征，连续性体现其量的变化。探讨大学生的心理问题，既要把握住他们心理中质的特点，又不忘其体现在连续性中量的变化。他认为，人的心理是不可分割的整体，只能在完整的意识活动中才能了解其真实面貌。从这一点出发，他全面分析了大学生成熟方面的积极特点，同时对发展过渡期的大学生未达到真正成熟期时若干消极特点也进行了全面分析。他还从大学生心理发展特征，论述了大学生的内心矛盾。

二、西方青年心理发展理论

（一）生物发生论

他们把青年心理发展过程，看成生物成熟过程，把青年生理发展看做是其心理发展的决定因素，以生物成熟去解释、推断青年心理发展的特点。具体表现形式是种族复演说、体质类型说和成熟优势说等。

1. 种族复演说

种族复演说由美国霍尔（G. S. Hall，1844—1924），于1904年提出，是一种用生物学的复演说来解释人类个体心理发展理论。认为人类个体发展完全重复着人类种族进化历程。个体从婴幼儿、童年、少年到青年的发展，就是重演着人类种族发展在时间上的压缩，在形式上的重演。个体的婴幼儿复演着动物时代，童年期复演着原始人的渔猎时代，少年期复演着人类的蒙昧时代末期和文明时代初期，青年期则复演着人类的浪漫主义时代。

2. 体质类型说

体质类型说由德国克雷奇梅尔（E. Kretschmer，1882—1962）提出，是一种用体质、体态等生理因素去解释人格及其类型的理论。认为个体的体质类型与其心理及人格之间存在着一定的因果联系。把人的体质、体态分为三种类型，即肥胖型、健壮型和瘦长型。与三种体型相应的三种人格类型为：体质肥胖型的人，属于循环型人格，具有活泼，开朗，天真，善交往，易激动，情绪不稳定等特点。体质健壮型的人，属于黏质型人格，具有认知和理解迟缓，冷静，刚毅，情绪不易外露等特点。体质瘦长型的人，属于分裂型人格，具有孤僻，拘谨，沉思，不善交往等特点。认为青年处于分裂期，趋向于分裂型人格。

3. 成熟优势说

成熟优势说由美国格赛尔（Arnold Gesell, 1880—1961）提出，认为发展是遵循一个规则有次序地进行的。指导并决定个体心理发展特殊顺序的是成熟机制，当然环境对于正常的成长也是必需的。格赛尔认为，胎儿期的发展，大部分是由基因控制的。基因引起并指导器官的形成与动作模式的有程序地扩展。他把通过基因来指导发展过程的机制称为成熟。成熟与胎内环境的作用不同。胎内环境因素仅供应正常生长，在结构与行为模式的连续扩展中不起直接作用，而成熟机制则起决定性的作用。他认为成熟支配着心理发展的各个方面。（儿童的）神经系统是按阶段和自然的程序成熟的。坐先于站；喃喃自语先于说话；先说假话，后说真话；先画圆圈，后画方形；先利己然后利他；先依靠别人然后依靠自己。所有其他的能力，包括道德都受成长规律支配。

（二）社会发生论

社会发生论是与生物发生论相对立的一种发展理论。该理论将青年期作为人的社会化过程的一个重要阶段，把青年心理发展过程归结为社会化过程。从社会环境与青年相互作用的角度去理解青年的种种心理现象，把青年心理的发展原因归结为社会结构、社会关系及青年社会化的方式。

1. 勒温的"场论"

勒温（Kurt Lewin, 1890—1947）是"场论"的代表人物。他借助物理学上的场论认为，个人的心理活动是在一种心理场或生活空间发生的。生活空间包括有可能影响着个人的过去、现在和将来的一切事件，这些事件的每一个方面都能决定任何情境下的行为。心理场中的任何事件都有诱发力。正诱发力"迫使我们接近当前的事物"；负诱发力"迫使我们从当前事物退却"。勒温认为，个体心理的发展在于其心理场或生活空间的分化程度。心理场或生活空间可以显示出不同的分化程度，而分化程度又决定于个体所积累的那些经验的数量和种类。

2. 行为主义的"社会学习论"

代表人物为班都拉（Albert Bandura，1925— ）和米希尔（Wolter Mischel，1930— ）。他们既反对人是由内在力量所驱使的理论，也反对人是由环境所决定的理论，认为"行为可以由个体与环境成因两者交互作用来解释"。认为人固然受环境影响，但人同时也可以选择如何行为。人既对情境作出反应，但同时也主动解释并影响情境。社会学习论区别于其他人格学习理论，在于它强调人的观察学习和自我调整。班都拉认为，习得的行为不仅受到行为结果的影响，无强化的行为被遗弃，有强化的行为被保持，而且习得行为的保持受着个体内部预感或预期结果的影响。

（三）心理发生论

1. 弗洛伊德的心理性欲发展论

弗洛伊德（Sigmund Freud，1856—1939）的发展理论称为心理性欲发展论。他将个人的心理生活分为三个层次：意识、前意识和无意识。意识是意识到的心理内容，前意识是容易忆起的心理内容，无意识是正在被压抑的或从未变成意识的本能驱动力。他把人格区分为三个系统，即本我、自我和超我。本我位于无意识之中，是生来就有的本能，弗洛伊德特别强调性欲，并将其定名为"里比多"（Libido）。本我遵循所谓避苦就乐的原则活动。然而"本我"无法满足自身的需要，必须通过"自我"才能获得满足。"自我"一部分位于意识，一部分位于无意识之中。它是现实化了的本能，是本我同外部世界，欲望与满足之间的中介。它不仅要满足"本我"的正当欲望，调节本我的原始欲望，以符合现实环境的要求，而且要调节本我与超我的矛盾冲突，压抑不为超我所允许的本我冲动。"超我"是从自我中分化出来，它的主要职能是指导自我，或直接干预；限制不符合社会道德的本能冲动；引导自我以社会规范为目标，代替较低级的现实目标；督促自我追求理想，以完善自我。

弗洛伊德认为，人格的发展就是人类满足性冲动的过程，他把心理性欲的发展表述为五个阶段。其一口腔期，为出生至1岁。婴儿通过口腔以吸、吮、舔、咬和吞咽等方式以获得快感。其二肛门期，为1~3岁。幼儿满足快乐的途径由口腔转至肛门，开始学习大小便。幼儿以随意排解大小便为乐事，他认为若幼儿大小便习惯受到父母赞赏，幼儿将成为富于创业的青年或成人。其三性器期，为3~6岁。逐渐从肛门转至以自己的性器以获得快感。男孩有恋母情结，女孩有恋父情结。其四潜伏期，为 6 岁至青春期（11～13 岁以上）。儿童期的性欲已被社会力量所压抑，性冲动升华为其他方面，爱的对象转为同龄同性别。其五生殖器期，为 11 岁以上。性冲动的方式改变，青年男女互相吸引，并打算成家立业。弗洛伊德的理论，列宁称之为"时髦的奇谈怪论"。但他的关于人类动机之研究，仍有其合理之处。

2. 艾里克森的心理社会发展论

艾里克森（H. Erikson，1963—　）继承和发展了弗洛伊德的理论。认为人类具有来自内部的欲求，但除了性的冲动外，个体还具有与外界环境相互作用的冲动。他的心理社会发展论，有不少合理的成分。他把人的发展理解为生理的、心理的和社会的三个过程的统一，把人的一生看作是一个统一发展过程，指出了发展的阶段性和连续性以及各阶段所面临的任务，对研究青年心理发展特点有重要意义。

3. 智力发生论

智力发生论的代表人物为皮亚杰（Jean Piaget，1896—1980），他对心理发展的实质、制约发展的条件以及发展的阶段，都有独特见解。他认为，智力发展的本质是一种适应。适应是一种过程、动作或活动，是主体与客体在相互作用过程中产生的，并通过主体不断自我调节而构筑起来的心理机能。他指出制约青少年心理发展的条件很多，有生物成熟、物理经验和社会经验等。但生物成熟、物理和社会环境都不是心理发展的决定条件，而是必要条件。起决定作用的是适应，即不断成熟的内部组织对环境的同化和顺应。他认为青少年的思维发展达到了形式运算水平，进入思维发展的最高阶段。青少年在情感方面的变化和他们在思维领域的发展是密切相关的。他认为青春期是青少年人格形成的重要时期。他按照思维发展水平所划分的发展阶段，以及按形式运算思维线索所揭示的青少年情感、道德判断和人格发展的特点，丰富了科学的青年心理发展理论。

第二节　大学生的身体和心理过程发展特征

生理学家和心理学家把人的一生分为乳儿、婴儿、幼儿、童年、少年、青年、中年、老年各个年龄阶段。他们对各个年龄阶段人的身体发展和心理发展进行研究，认为身心发展的特征对一个人的成长具有十分重要的作用。身体发

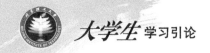

展为人的学习、生活提供前提，心理发展为人的学习、生活，特别是智力发展的水平提供了条件。

按照我国的学制，大学生一般年龄在 18～25 岁。这一时期是青年的中、晚期，处在人体发育生长的最后阶段。在生理发展方面，身体各器官系统的解剖生理已逐步达到成熟水平，为独立生活和学习提供了必要的生理前提。在此基础上，心理也得到迅速发展，智力发展达到最高水平，个性心理也出现了许多重要变化，达到了一定的水平。这一阶段是一个人身心发展的黄金时期。认识和把握这一时期的身心发展特征，抓住大好时机，努力提高身心发展的水平，对人一生的成长具有重要意义。

一、大学生身体发育特征

青年期是人一生中身体发育的转折期，是身体发育的定型阶段，它标志着人在生理上已经成人化了。大学生身体发育特征主要有以下几方面：

（一）身体形态从生长发育期进入生长稳定期

这一时期即形态发展生长缓慢，但基本趋向稳定；身体各部分长度、宽度、围度的生长发育基本完成；人体各部位的受力及运动负荷都接近或达到最佳水平，为身体的均衡发展提供了物质前提；随着骨化的完成，身高增长缓慢，肌肉纤维变粗，向横向发展，男女出现显著差别，男生日趋壮实，女生渐为丰满。

（二）身体机能发育趋于完善

脉搏、血压、肺活量是标志心脏、心血管和肺功能状况的重要生理指标。肺和气管、支气管是呼吸系统的主要部分；胃、肠是消化系统的主要部分。大学生由于身体发育和营养供给的需要，使循环系统、呼吸系统、消化系统发生了很大变化，发育均趋于完善，达到成熟和强壮水平，使其能进行激烈的活动。身体机能的新陈代谢特别旺盛，为运动能力的发展创造了有利条件。

（三）神经系统和大脑发育成熟和健全

脑的重量与容量均已达到成人水平，均重由初生时的 390 克增加到 1 420 克。标志大脑皮层成熟程度的脑电波的频率与波幅已与成人相同。大脑皮层的兴奋与抑制已具有较好的平衡。这些就使大学生能够在意识的控制和调节下坚持较长时间的脑力劳动，并且能够比较客观地分析和综合外界的刺激，为思维能力的发展创造了物质基础。

（四）身体素质的发展达到了高峰稳定阶段

体格发育成熟，运动能力显著增强，加之神经系统的成熟和体育训练的系统化，就使其具有较强的控制身体运动能力，动作的协调、速度、灵敏度得到发展，耐力、爆发力达到高峰区。力量素质、速度素质、耐力素质都达到了高峰区和稳定区，具备了从事较长的脑力劳动的物质基础，也是增强体质，提高运动成绩的黄金时期。

（五）性机能达到成熟

在性激素的作用下，第二性征出现，性器官发育成熟和性意识觉醒。性机能的成熟，一方面反映在大脑中枢会出现性的需求；另一方面心理、意识作为脑的机能和对客观现实的反映又可以控制这种需求。性机能成熟产生对异性的好奇、羡慕、关注、吸引等，这些是正常的生理现象，而又与社会需求、道德风尚的束缚产生一定的矛盾和冲突。这就要正确认识和处理好这些矛盾，讲究性心理卫生，正确对待和处理好男女交友、婚姻恋爱问题。

总之，由于身体发育的基本成熟，为大学生的学习、生活提供了良好的条件，也为增强体质，保持健康的体魄打下了基础。

二、大学生的心理过程发展特征

心理学家指出，一个人的心理是一个系统，它包括以相互联系的成分组成的心理过程、心理状态和心理特征与形成物。心理过程可分为认识过程、情感过程和意志过程。心理过程的发展最基本的是认识过程的发展，即认识能力的发展。智力是各种认识能力的总和，是个体在认识过程中各种能力的综合。因而，认识心理过程的发展特征也就是认识智力发展的特征，对人的成长十分重要。大学生的心理发展有以下主要特征：

（一）感、知觉能力和观察能力达到成熟和较高的水平

大学生在中学经过一定的训练，在空间知觉和时间知觉明显提高的基础上，知觉的整体性、选择性、理解性、常定性、统觉性等方面逐步达到了成熟的水

平，这就使全面正确、深入地认识事物的特点及其发展过程的能力，即观察力也达到了较高的水平。这些为学习提供了极为有利的条件。但在观察中，往往由于经验、个性特征及当时所处心理状态的影响，常常会对问题的认识带有一定程度的主观性，这是需要注意克服和矫正的。

（二）记忆发展处在黄金时期

记忆是学习和智力活动的基础，记忆力好坏的主要指标是记忆的敏捷性、保持性、正确性和备用性。国外学者研究表明，人的最佳学习记忆年龄是 20～24 岁。大学生的逻辑记忆连续发展，混合型记忆变得成熟，无意识记忆与有意识记忆、机械记忆与意义记忆趋于协调，这些都表明记忆力发展到成熟阶段。科学研究表明，人的记忆潜力很大，人的大脑皮层约有 140 亿个神经元，若人的一生按 60 年计算，可储藏 5 亿本书的全部信息，即使能背诵圆周率 π 值小数点后 2 万位的人也未达到人脑记忆潜力的 1%。可见如何开发记忆潜力是一项重要的任务。

（三）思维达到了较高和较成熟的程度

思维是人认识事物之间的联系，揭示事物的本质，对客观世界起着间接总结和概括的作用。苏联学者研究表明，思维的高峰点发生在 20 岁、23 岁、25 岁、32 岁。大学生的思维的主要特点是理论型逻辑思维占据了主导地位，思维的独立性和批判性大大增强，思维的独创性日益发展，思维的深度和广度以及灵活性和敏捷性显著提高等。这些都表明其思维达到了较高和较成熟的程度。但是就每个年级和每个人来说，思维的发展又不平衡，由于尚处求学阶段，知识还不够丰富，辩证逻辑思维的基础还不够深，社会经验还不丰富，因而识别能力还不够高，在观察、分析事物时，易带一定的主观片面性，易过分自信和固执己见。需要在学习过程中不断建立合理的思维能力结构，培养良好的思维品质。

（四）想象丰富

想象是逐步建立在探究心理和现实性基础之上的。想象是智力因素中的重要组成部分，是人进行创造性活动的必要因素。大学生由于心理社会性内容更加丰富，独立性、自尊心、自信心的发展，以及知识面的扩大和专业学习的训练，想象力呈现出许多新的特点：对未来充满着想往和希望；再造想象更加完整和精确；注意把对理想的憧憬与现实的努力结合起来等。这说明，其想象力的发展已经达到了较高的水平。但由于尚在学习阶段，社会实践与经验不足，在想象上仍不乏浪漫色彩，仍有许多不切实际的空想，以致在学习和行动上出现偏激或消极。在大学学习期间，培养良好的想象力仍然是一项重要任务。

（五）情绪和情感鲜明、激烈、丰富多彩，社会性情感得到充分的发展

情绪和情感对人的学习、工作、生活以及身心健康有重要影响，积极的情绪情感会促进成才，消极的情绪情感会起破坏作用。大学生的情绪情感一般具有较高的理智感、道德感和美感，但在许多方面也表现出具有两极性的特点。在对人处事上，常常表现出强烈性与不稳定性并存、外显性与内向性并存、未成熟心理与成熟心理并存、情感倾向的定型与情绪的心境化等等。这些情感上的不平衡与矛盾，与身体发育和心理因素有关。将会随年龄的增长而逐渐趋于平衡。大学生在校学习期间应特别注意良好情感品质的培养，努力使自己在情感的倾向、广度、深度、稳定性、效能等方面健康地发展，学会自我调节，努力使自己保持饱满而稳定的情绪。

（六）意志力不断发展，意志行动趋于成熟

意志是人在完成一种有目的的活动时，所选择、决定和执行的心理过程。意志在人的成长中十分重要，它是自我调节、自我控制行为进行顺利活动的心理前提。大学生随着年龄的增长和知识的增加、经验的丰富，意志力发展很快。但是，意志行动动机的主动性、原则性、稳定性、坚持性、自制力等方面表现得还较脆弱。这就需要树立正确的世界观，培养积极的感情，锻炼坚强的意志。

从以上看出，大学生的身体发育和心理发展过程都处在最佳时期，也可以说是人生的黄金时期，是人才成长的关键时期。这些，为大学生的学习提供了物质基础，每个同学都要珍惜这一宝贵时期。

第三节 大学生的个性心理发展特征

个性心理特征是心理特征的一部分，是指人在各种心理过程中经常地、稳定地表现出的心理特点。个性心理发展特征对人的健康成长有直接作用。

个性心理特征一般包括个性倾向性和个性静态特征。个性倾向性是一种深

刻的动机目的性，它的基础是兴趣、爱好、理想、信念和世界观。倾向性是人的积极活动的动力，制约着人的所有心理活动。个性静态特征包括性格、气质、能力等。性格是种种相对稳定的心理特点的总和，反映了个性心理气质的特点，影响着人的行为的各个方面，表现人对一切事物的态度。气质是个性心理活动的动力特征，它表现人的心理动态和影响到对外部环境的灵活性、灵敏性以及思维、记忆的敏捷性及对新条件的适应性。能力是人能够从事一种或几种活动的心理特征。

一、大学生的个性心理发展特征

个性是在遗传素质的基础上，社会环境和自然环境相互制约下形成的。高等教育的职业性特点与教育对象的机体、思想和精神上的成熟水平，决定了大学生有许多别于其他人的个性心理特征。其主要表现是：

（一）兴趣、理想和动机处在成长期和发展期

兴趣的范围继续扩大和加深，兴趣更加稳定和更有目的性。兴趣中的理智成分增大，特别是热衷于讨论和争辩。对于某一学科和某些专业的兴趣在明显形成。他们要求更好地认识自己，对未来充满憧憬，表现出要在社会中实现自我的强烈愿望。处在这一时期的大学生对于社会活动的兴趣也在增长，具有参加各种形式的社会活动的积极性。大学生的兴趣已开始具有广泛性、多样性和社会性，已进一步把个人的兴趣、理想、动机同人生观、价值观紧密结合起来，在内容和发展水平上逐步深化。但由于种种原因，大学生尚不成熟，如何树立正确的人生观、价值观，使个人的兴趣和动机与国家和社会发展的远景目标统一起来，仍然是要认真解决的课题。

（二）气质已基本稳定，调节控制气质的自觉性和能力进一步提高

气质是表现在心理活动的强度、均衡性和灵活性方面典型的、稳定的心理特征，是一个人表现在心理活动和动作方面的动力特征。它对人从事工作的性质和效率有一定的影响，随着年龄与经历的发展变化而发展变化。大学生的气质在逐步稳定，已不再是听其自然和"任性"，而是逐步能够随着社会的需要和教育的要求及自我意识的发展，有目的地、自觉地调节和控制，积极地、有选择地塑造和改变自己的气质特征，以后天的学习和修养完善自己的气质。但

是，大学生仍然存在经验不足和心理常易产生偏向及不稳定状态的问题，正确认识自己的气质特点，提高调节、控制气质的自觉性和能力，仍然是大学生要解决的问题。

（三）性格处在定型期和稳定期

性格是一个人在个体生活中所形成的对现实的比较稳定的态度和与之相应的行为方式，是人个性的集中表现。简单地说，性格就是一个人待人处事时所惯常采用的态度和方式。性格是在人的生理基础上，经过长期社会实践活动逐步形成的。科学研究表明，18~25岁的人的性格处于定型阶段。大学生的性格一方面在趋于相对稳定和成熟，另一方面又具有一定程度的可塑性。随着社会化过程的加速、个体知识的增加、心理过程与个性诸方面影响及自我意识的迅速发展，大学生对性格的自我认识和水平将大大提高，性格的外部表现将更为丰富和复杂。由于性格受世界观、理想、信念所制约，因而，要培养良好的性格品质，特别要树立正确的世界观，要在学习和社会实践中自我教育和锻炼，以促进良好性格的形成。

（四）自我意识急剧发展并趋向稳定

自我意识是意识发展的高级阶段，是人对自己以及自己与周围关系的一种认识。自我意识的能动作用，表现为主体对自己的思想行为能实行认识、评价、监督和控制。人根据自己的认识来控制、调节自己的行为，使个体与环境保持动态平衡的能力，就是自我意识能力。自我意识包括自我观察、自我评价、自我体验、自我监督、自我教育等，在个性构成中占重要地位，起重要作用。18~30岁是自我意识急剧发展并趋向稳定的关键时期。这时期正是理想中的"我"与现实中的"我"矛盾、分化，在新的水平上和方向上达到协调一致，获得统一的时期。大学生正处在自我意识急剧发展时期，明显表现出关心自己发展，自我评价能力不断提高，以及独立感、自由感、未来感、自信心、自尊心和好胜心明显增强等。这一方面会激发自我实现的愿望，鞭策自己不断纠正不良行为，形成一种激励进步的内驱力；另一方面由于经验和知识不足，处理不当会脱离实际，脱离群众，一旦遇到挫折会产生自卑、自疑、自贬，以至形成嫉妒、丧失信心等。如何认识自我意识的重要，把自己的进步与集体的进步结合起来，形成正确的自我意识，发挥自我意识在人的成长中的积极作用，克服不良的自我意识，是大学生成长中要处理和解决好的重要问题。

二、大学生个性心理特征现状分析

(一) 大学生的气质

气质是一个人天生的固有的心理活动的动力特征。就是指心理活动和状态的强度、速度、灵活性和稳定性。如有些人活泼好动，有些人安静、稳重，有些人直率、易冲动，有些人孤僻、内向等等。人的气质特征虽是稳定的，但通过人的主观能动性对它的表现加以控制、调节，甚至改造，也是完全可能的。

1. 大学生气质的类型

心理学家通常把人的气质分为四种类型：胆汁质、多血质、黏液质和抑郁质。研究表明，真正属于单一气质类型的人是少数，而大多数人主要是具有某一气质类型的特征，同时又具有别的气质类型的某些特点，即属于复合型。2010 年经专家小组对四川大学、复旦大学等五所院校二、三年级学生进行气质测定[①]，其结果为：我国大学生属于复合型气质的约占 65.93%，单一型的约占 34.07%。文科大学生属于胆汁质、胆汁—黏液质、多血质、多血—黏液质、抑郁—黏液质者，较多于理科大学生。理科大学生中属于胆汁—多血质、多血—胆汁质、黏液质、黏液—胆汁质者，较多于文科。男大学生中属于胆汁质、胆汁—多血质、多血质、多血—胆汁质、抑郁—多血质者，多于女大学生，但差异不明显。女大学生中属于胆汁—黏液质、多血—黏液质、黏液质、黏液—胆汁质、抑郁—黏液质者，多于男大学生，但差异甚小。

2. 大学生气质特点

胆汁质大学生是精力充沛，可接受强烈刺激，善交际能主动与他人交友；直率而急躁，情绪易激发，表情外显不易控制；思维、言语动作反应快，但欠准确，灵活性差。

多血质大学生活泼好动；善交际，有朝气，易适应新环境；注意不稳定，兴趣易转移，接受新事物快；情绪激发快、易变，表情外显且丰富，但体验不深刻；思维、言语、动作灵敏、灵活。

黏液质大学生内向稳重，少言寡语，交际适度；忍耐性强，善克制；注意稳定不易转移；情绪激发慢而弱，不易外显；语言、思维、动作反应慢，不够

---

① 《大学生心理健康教育》，黄希庭主编。2009 年华东师范大学出版社，第 234 页。

灵活。

抑郁质大学生好静，孤僻、喜独处，但在友爱的集体中是易相处的人；情绪高度易感但发生慢，体验丰富、深沉、持久而不外露；动作、语言反应慢，但准确性高；较多注意自己的内心世界。

大学生的气质类型，并不能决定一个人的品德、智力发展以及未来的成就贡献，因为每种类型气质都有积极方面和消极方面。气质的特性虽是天生的，但人是可以加以控制和调节的。人的主观能动性，完全可以自觉地改造或发展自身气质的某些特点。重要的是要加强自己的意志培养，不做自己气质的奴隶。

（二）大学生的性格

1. 大学生的性格特征

根据 2004 年，李德伟用修订过的"加利福尼亚心理测检表"，对清华、北大、北师大、中国政法大学等大学 1 100 人的测检结果分析，不同学科大学生的性格特征及性别差异为：

文科大学生中男女生性格特征为综合型，无论在支配、冲动、自信、外向等方面，还是谦让、克己、忍耐、谨慎等方面均兼而有之。相对而言男生前者较强，女生独立性、敏锐等方面弱。

理科大学生男生与文科男生相似，但女生在谦让、克己、忍耐、谨慎、内向等方面较突出。男女生在独立性、聪慧、敏锐等性格特征方面无显著差异。

工科大学生中男生在支配、冲动、自信、外向等性格特征方面较突出。女生在谦让、克己、忍耐、谨慎、内向方面占优势。但在独立性、聪慧、敏锐方面无明显差异。

农科大学生中男生性格特征在中庸、从众等方面突出，在支配、冲动、自信、外向等方面比女生强。女生则在谦让、克己等方面较突出，在聪慧、敏锐方面弱于男生。

师范大学生中男女生的性格特征显得比较消极，各方面均低于全国水平，且男生比女生稍弱。女生则在独立性上不足。

2. 大学生的性格类型

这是苏联列宁格勒大学大学生问题社会学研究实验室的研究结果。他们划分大学生类型以下列生活目标为依据：学习、科研、职业；社会政治活动（包括生活态度）；文明；集体（包括集体交往）。4 种生活目标为大学生 4 种基本类型，每类又分为 4 种类型，故构成 16 种类型。

（1）"未来理想专家"型：上述4个方面表现都积极主动，善于把各种活动方式都和谐地结合起来。

（2）"理想大学生"型：有明确的政治信仰，是社会活动的积极参加者。学习成绩优秀、科研出色，努力使自己成为有益于社会的人。特点是才能出众、兴趣广泛，热爱未来职业；积极探索追求，对学习中的问题必寻求答案；对疑难问题能请教教师、看参考书、寻找论据求得解决。能与同学互帮互学，为人诚恳、作风正派、修养好，喜欢文学艺术，积极锻炼身体。

（3）"职业家"型：有明确活动目标，为将来职业努力学习，成绩好。把上大学看作就是获取专业知识。不考研究生。把教科书奉为至宝，品行端正，办事可靠，能热爱集体，积极参加活动。

（4）"院士"型：学习成绩优秀，积极参加社会工作，兴趣的主要点是科研工作。待人诚恳，作风正派，喜欢文学艺术，喜看课外书。看电影、戏剧不为消遣，而为扩大视野、增长知识。参加集体、体育活动少，主要目标是进研究生院深造。

（5）"纯理性主义者"型：以从事科研工作为主要目标。时间抓得紧，不愿参加社会工作和集体活动，瞧不起周围同学，对文学艺术不感兴趣，轻视文明和情感，有可能成为追求个人名利地位者。目标是进研究生院深造，愿望落空，怨天尤人。

（6）"勤奋"型。智力中等：学习特别刻苦努力，遵守纪律，成绩优良。对别人成绩敏感，极力维护中学拔尖生地位。参加社会工作以有利自己为转移，不善交际，不参加体育活动，对文学艺术无兴趣，但喜欢看电影。期望考取研究生，成为一名学者。

（7）"平庸"型：学习认真、热爱劳动、遵守纪律，作风正派、待人诚恳，但学习成绩中下。不合群，缺乏主动性，全身心投入学习，很少看电影，不参加体育锻炼。但服从分配，才不出众，办事认真，工作上会成为勤奋可靠的专家。

（8）"懒汉"型：投机取巧，学习不刻苦认真，不参加科研工作，也不参加社会活动，是班集体的包袱。经常受老师、同学批评，但口头接受实际不改正，行动上我行我素。不喜欢读书，爱看惊险小说。与后进同学结伙、抽烟、喝酒，希望将来找个舒适工作。

（9）"社会活动家"型：参加社会活动胜过其他任何工作、学习，因此，学习成绩不佳，在及格线挣扎。作风正派，纪律、言行一致，受到教师、同学敬重，平易近人，同学关系好，爱打抱不平。工作去向能愉快服从分配。

（10）"博学者"型：能有选择性地博览群书，学习成绩好，珍视未来职业，但不愿参加科研工作。待人诚恳，作风正派，积极参加社会工作，热爱艺术，有丰富的审美感和宽广的视野，是文艺骨干人才。毕业后能很快适应新集体，逐渐成为好的组织者。

（11）"运动员"型：非常喜爱体育运动，具有优秀运动员素质，但学习不大用功，成绩低下。经常不参加班级活动。也有能将体育运动和学习、工作很好结合的。

（12）"消费者"型：政治和学习积极性表面上符合最低要求，实际上精神文明很差，常依靠亲戚和熟人庇护。特点是对专业没兴趣，经常缺课，吃、喝、玩、乐是爱好。评价工作职业的标准是工资高，条件好、舒适，提拔的机会多。不满足个人欲望就拒绝分配，很少参加集体活动。

（13）"假现代派"型：天资不凡，学习顺利，注意体育锻炼。注重个人成绩，对班集体不关心。社会工作还能完成，善交际，追求时髦。工作愿留城市，不愿去外地。

（14）"中心人物"型：学习顺利，衣着入时，自我评价高，瞧不起同学，认为是"土包子"。经常看电影、戏剧、听音乐会，常去酒吧、餐厅，喜欢与同伙消磨时光。人际关系淡漠，作风不正，参加社会活动不积极，善于装模作样。愿在城市不愿去外地。

（15）"机灵思"型：喜爱玩乐，自以为"天性机灵""有独立见解"，善耍小聪明。精神文明差，上大学是为高官厚禄、赶时髦。考试作弊，被人发现，巧辩是一时糊涂，或说作弊人多了，不止我一个，十足的不学无术者。待人不真诚，抱怨集体对他不了解。

（16）"极端消极"型：对待学习、职业、科研、政治活动等概不关心，有厌世思想。缺乏个性，常干出不道德的行为。

这16种类型，是在当时苏联条件下归纳、总结出来的，具有一定的局限性，并不是大学生学习、生活、科研、职业类型的规律，但具有一定参考价值，大学生不必去生搬硬套对号入座。我国大学生由于社会生活的巨大变化，民族文化的影响，因此类型特征也会与原苏联有一定差异，但总趋势还是相近的。

3. 大学生良好性格的自我锻炼

其一是树立辩证唯物主义的世界观，增强共产主义信念，把握社会发展规律，立志振兴中华、报效祖国，才能提高良好性格自我锻炼的积极性、自觉性，对性格特征起制约作用。

其二是自觉地模仿榜样，进行良好性格的自我锻炼。大学生必须与骄傲自满，缺乏信心，嫉贤妒能作斗争，勇于学习一切优秀人物的良好性格特征。同时要能对别人一分为二，学习他人比自己好的良好性格特征。榜样的力量是无穷的，通过比较能明确自己学习的方向。当前大学生一般都以成功的企业家、科学家、所学专业领域的杰出人物等为榜样。

其三是增强自我认识。曾子曰："吾日三省吾身。"大学生每天都应反省自己，应经常展开自我批评，严于解剖自己，做到自知之明。严于自剖，明于自知的好办法之一，是根据自己的实际，选择富有哲理性、指导性的座右铭。据调查76%的人写有自己喜爱的座右铭，其内容广泛，如待人处世、道德修养、积极进取、学习信条、热爱生活等。严于自剖的另一办法就是写日记，因为日记中的"我"，一般比现实生活中的我更清醒、更冷静、更高明，因此，写日记就是自我监督、自我评价、自我强化。

其四是勇于投身实践。积极投身实践才能接受实践的检验；才能在逆境和挫折中得到磨炼，才能不断纠正不良性格特征，发展良好性格特征；才能自我锻炼知与行的统一。

第五章　大学生成才

　　人是社会的人。人有其自然属性，也有其社会属性。人类在具备了区别于其他动物的直立行走、劳动、语言和意识等基本特征的同时，也就进入了社会。人与自然界和社会的关系始终是一个对立统一的关系。大学生一般是青年中的佼佼者，考进培养人才的基地——大学，其目的就是要成为人才，成为社会有用之才，成为国家栋梁之材。人的才能是通过长期的艰苦劳动形成的。人的才能必须通过社会实践才能获得，才能够发挥，也只有通过社会实践才能反映出来。同时，人只有在改造客观世界的同时，才能不断地改变。"自身的自然"使身体的机能更完善，体能得到增强，智力得到开发，心理得到发展，潜能得到发挥。大学生要成才，就必须了解自然，了解社会，掌握成才规律，才有可能顺利成才。

第一节　人才的概念与基本特征

一、人才的概念

　　什么是人才？学术界有过以下观点：
　　（1）以才能高下为标准，认为"人才是指有潜在才能的人"或"人才是指有超群才能的人"。
　　（2）以杰出程度为标准，认为"人才是指出类拔萃的人"或"人才是指人中之优秀者"。三是以贡献大小为标准，认为"人才是指智能较高、创造性强、对社会做出较大贡献的人"。被普遍接受的观点认为人才是指那些在各种社会实践活动中，具有一定的专门知识，较高的技能和能力，能够以创造性的劳动为社会发展和人类社会进步作出贡献的人。
　　在这里，需要指出，人才是在实践中产生，实践出人才。一个人才，除了他自身具有的渊博知识，较高技能和能力等条件之外，主要是他参加了各种社会实践活动，没有后一个条件，任何天才也是不能成功的。俄国十月革命造就了列宁，中国革命造就了毛泽东。另外，人才所做出的"创造性劳动"是一种创新性质的活动，是开拓性劳动，但它并不神秘，凡是前人没有做过或者没有做到的事情，后人做了，而且做好了，这就是一种创造。而且创造也是相对的，它既有层次、大小之分，也有不同类型、不同性质之分。爱因斯坦是人才，因为他为人类自然科学的进步做出了卓越贡献。雷锋也是人才，因为他以其高尚的共产主义风格影响了整个一代青年，把中国人民的精神境界提高到一个崭新的水平。同样，对于"贡献"的理解也应全面。贡献既表现在物质领域，如科学发明、技术革新，又表现在精神领域，如艺术构思、理论建树、道德修养等等。创造物质财富是贡献，创造精神文明也同样是贡献。生前显示出的创造成效，被人们承认是贡献，死后才显示出的成效，被后人承认也是贡献。因此，过去时代只把少数杰出人物作为"人才"是一种狭隘的观点，就人才的总体而言，人才是一个多序列、多层次、动态的有机结构。人才既有不同的类型，又有不同的水平层次，他们在社会的生产和生活中，都有各自不同的作用，并且相互补充。

二、人才的本质属性

人才的本质属性是创造性、进步性与社会性的统一。

人才的创造性体现在与一般人相比，人才具有更多的专门知识和较强的能力，特别是有创造能力，能进行创造性劳动，在创造物质文明和精神文明的某一方面起较大的作用。牛顿从苹果落地发现了万有引力定律，阿基米德从浴缸的水中发现了比重原理。正是由于对所关心的问题的好奇与迷恋，并通过顽强的、精细的、孜孜不倦的劳动，甚至把创造作为生活目的，才使人类中的一部分优秀分子脱颖而出，被称为人才。

人才的进步性体现在人才是人群中比较精华和先进的部分、对社会发展和人类进步起某种积极的进步的作用。这种进步性甚至在某些情况下要经过几十年的考验才被验证是代表了社会的发展方向并显示出它在推动人类进步中的作用。而虽有才能，也有创造能力，但代表腐朽没落的社会力量、逆历史潮流而动的人称不上人才。

人才的社会性是指人才是一个历史的范畴，不同的历史时期、不同的社会形态、不同的阶级，人才的特征及其对人才的要求各不相同，人才受到时代和社会的制约，人才的内涵随着社会的变迁而发展。

创造性、进步性、社会性作为人才的本质属性，它们缺一不可，相互制约、相辅相成。进步性是创造性的方向，创造性体现进步性。社会性制约着创造性、进步性，创造性和进步性又反映了社会性，三者统一于人才之中。

三、人才的基本要素和类型

人才学研究认为，人才成长有五个内在的要素，即德、识、才、学、体。德，是指政治思想和立场。包含政治品德、伦理道德和个人心理品质三个层次。政治品德主要作用于社会，伦理道德主要作用于交往对象，个人心理品质主要作用于立志成才者个人。三者是互相联系，互相作用的，其中政治品德最为重要。识，是指见识。观察问题、分析问题、解决问题有见解，有见地，表现出与众不同的见识能力。才是指才能、才干优异，主要是创造才能和创新能力。学，指知识，博学精深。体，指体魄，健康，精力充沛。

五大要素中，德是人才的根本，是人才的识、才、学、体发展的内部动力；识、才、学是人才发展和成功的基本条件；体是识、才、学的物质基础。因此，诸要素是不可分割的有机结合体，它们之间相互促进、相互制约、相辅相成。

我国人才学研究者梁宏将人才的基本要素具体化后总结出人才与非人才的区别。他从"对待现实的态度""意志特征""情绪特征""理智特征"四个方面将人才与一般人进行了对比，总结出以下几点：

（一）在对待现实的态度方面

（1）对整个人类具有强烈的热爱与同情心，富有献身精神和崇高的国际主义情感。

（2）对人生的态度是积极的、奋发向上的。

（3）对社会比一般人有更强的责任感。

（4）对个人事业，表现出早熟的自信。

（5）对学习、工作、有更强的求知欲，成就欲。

（6）对他人，情操高洁、更易于合作。

（二）意志特征方面

（1）比一般人更具有目的性和高度自觉的行动能力。

（2）具有自制力。强烈的自我意识，促使其能严格地控制自己，很少勃然大怒，失去理智或喋喋不休。

（3）在困难面前具有开拓者的精神状态和"冒险精神"。

（4）具有百折不回的毅力。

（三）情绪特征方面

（1）科学人才一般情绪稳定性强，艺术人才一般情绪波动性大。

（2）科学人才一般受情绪支配时间较短，而艺术人才受情绪支配时间较长。

（3）在抓住灵感、获得突破时的情绪兴奋程度是极其强烈的。

正是在这一点上，不管是科学人才还是艺术人才，远非常人所可比拟。

（四）理智特征方面

（1）在感知方面，属于主动观察型，对事物体验和问题理解较常人深刻。

（2）想象力比一般人更活跃、广阔。

（3）思维敏捷，富有多维性、新颖性与独创性。

人才的类型问题，因划分的方法不同而异。

日本宫城音弥提出的人的才能类型图式，将才能作了如下分类：以凡才为中心；凡可塑性、适应性优异者为能才，凡创造性优异者为天才，具有特异能力者为异才，才能低劣者为无才。在能才与无才之间，有一个所谓"平衡痴呆"，这指一些似乎本事非凡，但实际无能的人。在异才与无才之间，有一个叫"特异精薄"，这指一种智力低劣，但有特殊能力的人。

法国思想家锹德罗认为：知道事物应该是什么样，是一个聪明的人；知道事物实际上是什么样，是一个有经验的人；知道怎样使事物变得更好，是一个有才能的人。

以人的职业特征划分，可有工程人才，政治人才，经营管理人才，军事人才，艺术表演人才，科学人才和领导人才。

从人格类型上划分，可有理论型人才，经济型人才，美术型人才，社会型人才，权力型人才和宗教型人才。

从智能结构上分类，人才可划分为：

再现型人才：其特点是记忆力强。这种人才很善于积累知识，并在实践活动中有效地再现。

发现型人才：其特点是综合能力强。这种人才能够在前人和别人的基础上进行有效的综合，在综合基础上有所发现。

创造型人才：其特点是认识力、实践力和创造力都很强。这种人才善于在探索客观规律的基础上，产生和探索原来没有的事物和理论。

推理型人才：其特点是逻辑思维能力强。这种人才善于提出假设和大胆的猜测，然后通过观察、实验进行验证。

条理型人才：其特点是归纳和综合能力强。这种人才善于积累资料与事实，从中得出结论。

古典型人才：其特点是思维深刻，工作方法有条理。这种人才一般在某一学科领域造诣很深。

浪漫型人才：其特点是思维灵活、富于想象，知识面广。这种人才往往是通才。

灵活性人才：其特点是思维敏锐，这种人才善于组织多方面的知识用以解决问题，善接受先进思想与新鲜事物。这种人才中领导者居多。

判断型人才：其特点是分析问题能力较强，善于进行辩证思维和表述明确的判断。

博学型人才：其特点是博闻强记，知识丰富，喜欢涉猎各种学科。

第二节　人才成长规律

要成为优秀人才，是与个人的努力奋斗直接相连的，同时必须遵循人才成长规律，适应外界的影响和作用。

人才学研究表明，人才的成长和发展是多因素的综合效应，成才是内因和外因的有效结合。探讨成才规律，不能仅从单因素、单方面考虑，而应从主观和客观的统一来认识。成才的规律可列举下面几种：

一、顺势成才律

顺势成才律即顺应社会发展趋势，满足社会需要，在社会实践中顺势成才。

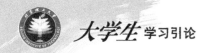

一般说来，任何一个人所处的现实环境，都存在对于事业发展的有利因素和不利因素。顺势成才告诉我们优秀人才往往比一般人更善于发掘和利用身边环境中的有利因素，更善于根据自己的情况进行设计。李政道上西南联大时，学校仪器极少，他还弄坏了一台，由此，他看清了在旧中国要做实验科学家是不行的，于是决定搞理论物理学，并以卓越的贡献摘取了诺贝尔物理学奖桂冠。叶永烈是学化学的，毕业后从事科教电影制作工作，他利用工作优势，积累资料、勤于笔耕，成为一个著名的科普作家。京剧演员周信芳嗓子不好，有些沙哑，他顺势设计，创造了独特的"沙"派唱腔。

顺势成才，这是各个社会形态成才的一般规律。我们目前所处的社会是一个改革开放的社会，为各种类型的人才成功提供了更广阔的舞台，利用时代为我们提供的实践机会，一定会从眼前踩出一条成功的路。

二、曲折成才律

曲折成才律即人才成长的道路是曲折的，是在逆境中发愤，经过奋斗、失败，再奋斗、再失败，再奋斗……直至成功。在我国古代，屈原屡遭谗诬，乃赋《离骚》；孙膑受膑刑，仍治《兵法》；司马迁惨遭酷刑，不忘著书。被人誉为乐圣的德国作曲家贝多芬，面对听力完全丧失的打击，咬住一根木棒顶端，将另一端插在钢琴的共鸣箱内借以听音，创造了流芳百世的交响乐。伽罗华在群论上的创见，被法兰西科学院视为"完全不能理解"，三失其稿，死后十四年才被世界承认。历史上几乎所有成才者，都是多磨多难的。英国著名动物病理学教授贝弗里奇说："几乎所有有成就的科学家都具有一种百折不回的精神，因为大凡有价值的成就，在面临反复挫折的时候，都需要毅力和勇气。"

三、智能结构合理配置成才律

智能结构合理配置成才律即在学习中注意构造最佳的知识、能力结构，在实际工作中运用最佳的智能结构从事创造性的工作而成才。

实验研究证明，在一种活动中所需要的多种能力，其中所需要的多数能力得到了充分的发展，而某一种能力发展较差，那么只要勤奋地从事这种活动，这些发展起来的能力就可以代替或补偿那些没有发展起来的能力，保证人在这种活动中取得成绩。天津市科学学研究会的研究者们认为科学人才的智能结构呈现以下四个特征：专业科学知识丰富而坚实；科学研究方法严谨；坚持探索性劳动；注重在科学技术的某个环节上从事创造性研究。

四、协调成才律

协调成才律即在社会实践中，不断地分析客观环境的利弊和主观条件的长短，不断地加以反馈调节，以达到主客观协调一致进行创造性的工作而成才。孙中山、毛泽东、周恩来就是认清了时代的要求和历史发展方向，顺应时代潮流，成了一代伟人。分析主观条件长短就是正确认识自己。文学家必须具备深刻的洞察力，运动员必须有健康的体质，舞蹈家必须有匀称健美的体形，趋长避短是人才成功的共同门径。只有这样，才能最大限度地发掘出一个人的价值，为社会做出贡献。

五、自学成才律

自学成才律即在校内外的学习中，依靠自学、独立探索知识的宝库，在发现和创造新知中成才。古今中外，在思想、文化、科学技术等各个领域为人类做出卓越贡献的人才之中，受过高深教育而成才者不少，但自学成功者也大有人在。世界闻名的大发明家爱迪生只读过三个月的小学；著名的大文豪高尔基只读过几年小学；电磁学家法拉第没有受过正规教育，从小卖报，后来是个钉书匠。我国著名数学家华罗庚自学成才，25岁便成为世界闻名的数学家。大画家齐白石没有进过美术院校，通过刻苦自励，成为图画界的一代宗师。据统计，在我国近几年写出有较大影响的文学作品的95名作家中，没上过大学的占52.6%。

特别值得注意的是，当代世界科学技术飞速发展，新的知识不断出现，受过正规、系统的教育，只不过是给成才打下基础，如果不再学习，也很难取得伟大成就。

第三节　成才的心理与品格

人才的成长固然需要智力水平，但也需要优良的个性心理品质。在人才成功的道路上，智力因素和个性心理品质是相辅相成，缺一不可的。心理学对人才问题的研究成果表明，良好的个性心理品质对人才的成功起着不可忽视的重要作用。

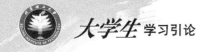

一、精神与成才

所谓精神指的是人的一般思想状态和他所表现出来的活力。

毛泽东同志说："人是要有一点精神的。"作为一个人才，更需要有人才所应有的精神，这主要包括：

（1）积极主动的精神。主动地思考、主动地成才，主动地进取、主动地行动。一个人才在日常工作和生活中，不仅要看而且要做，不仅要读而且要写，不仅要听而且要讲，不仅要"奉命而行"而且要主动承担责任，多做工作。对人生只有自觉地逐步进入主动状态，才能有所建树。

（2）争创一流的精神。要敢于去做第一流的工作，创第一流的成绩，成为第一流的高手。只要具有争创一流的精神，沿着既定的目标去努力，第一流是完全能够做到的。

（3）无私奉献的精神。现代化社会的分工越来越细，一个人所从事的工作与个人生活的直接关系已经很小了。社会的发展越来越依赖于每个人对社会的奉献，越来越依赖于组织作用的发挥。以集体的利益为重，无条件的奉献，立足于本职做贡献，在为人类、社会进步奉献的同时，取得个人的成功。只有具备无私奉献的精神，一个人才能处理好社会、集体、个人之间的辩证关系，加快成才步伐。

（4）博爱助人的精神。一个人才首先要爱人类、爱祖国、爱家乡、爱工作、爱他人，以谋取人类共同利益为己任，并首先竭尽全力为祖国、为人民、为事业而奉献。"为中华之崛起而读书"，这是周恩来同志爱国主义精神力量的集中体现，也是任何人才成功的重要品格。

（5）奋进不息的精神。任一个人才面前，永远不会有"终极的目标"。一个目标达成了他又会去寻找另一个目标。他永远都在奋进不息，都在不停顿地学习，学习新的知识，充实新的思想，接受新的事物。对所从事的工作始终保持满腔热情，对前途充满希望，对待人生抱着乐观态度，这种奋进的精神伴随他取得一次又一次的成功。

二、兴趣与成才

兴趣是人们对于现实客观世界所持的特殊态度和认识倾向。

兴趣是人才成长的起点。达尔文在自传中说："就我记得的我在学校时期的性格来说，其中对我后来发生影响的，就是我有强烈的多样的趣味、沉溺于自我感兴趣的东西、深喜了解任何复杂的问题和事物。"兴趣使达尔文成为了伟大的科学家。此外，兴趣比较广泛的人，眼界比较宽广，比较容易从多方面得到启发而促使创造性活动取得成功。

人的兴趣特点对人才成功有着重要的意义。人的兴趣特点主要有以下四个方面：

（1）兴趣的广度。这是指兴趣范围的大小而言。有的人兴趣广泛，有的人兴趣狭窄。历史上许多卓越人物，例如马克思、恩格斯、列宁、毛泽东、周恩来、牛顿、爱因斯坦、托尔斯泰、鲁迅等都有广泛的兴趣。广泛的兴趣促使人去接触和注意多方面的事物，获得广博的知识，促进智力多方面的发展，为成才创造有利的条件。

（2）兴趣的中心。这是指在广泛兴趣的基础上要有一个中心兴趣。中心兴趣使人获得深远的知识，发展某个方面的特殊才能，使活动富有创造性。历史上不少有成就的人，都既有多方面的兴趣，又有中心兴趣。德国杰出诗人歌德，对感觉生理学和生物学都有兴趣，并且作出了贡献，但是他的中心兴趣却是诗歌，这使得他在诗歌领域取得卓越的成就。

（3）兴趣的稳定性。这是指兴趣持续的时间。稳定的兴趣取决于正确的世界观和远大的理想。有的人见异思迁，常常是一种兴趣迅速被另一种兴趣所代替，这种人在事业上很难有所成就。

（4）兴趣的效能。这是指兴趣对活动能够产生的效果大小而言。有的人只把兴趣停留在期望和等待状态，这种兴趣缺乏推动力量，对人才成长没有什么实际效果。推动人积极活动的兴趣，才能对人才成长产生实际效果。

既有广泛的兴趣又有中心兴趣，保持兴趣的稳定性和发挥兴趣的效能，这是人才成功的必要条件。

三、意志与成才

意志是人自觉地确定目的，并支配与调节自己的行动，克服各种困难，从而达到预定目的的心理活动。

我们应该着重培养哪些意志品质呢？主要有以下四个：

1. **自觉性**

这是指一个人在行动中具有明确的目的性。这种品质反映一个人的坚定立场和信仰，它贯穿于意志行动的始终，也是产生坚强意志的源泉。只有充分认识行动的社会意义，使自己的行动服从于社会的要求，才能在行动中一方面不轻易接受外界影响，另一方面也不拒绝一切有益的意见，提高行动的自觉性。

2. **果断性**

这是一种明辨是非，迅速而合理地采取有充分根据的决定，并实现所作决定的品质。具备这一品质，才能全面而又深刻地考虑行动的目的及其达到的方法，懂得所作决定的重要性，清醒地了解可能的结果。才能做到作出决定时没有多余的疑虑，需要行动时能当机立断，遇到困难时能知难而上。

3. **坚韧性**

这是指在执行决定时能坚持到底、并顽强地克服重重困难达到目的品质。这种品质反映在一方面善于抵抗不符合行动目的的主客观诱因素的干扰，做到面临千纷百扰，不为所动。一方面善于长久地维持业已开始的符合目的的行动，做到锲而不舍，有始有终。"绳锯木断、水滴石穿"的精神，就是坚韧性的表现。

4. **自制力**

这是指一个人在意志行动中善于控制自己的情绪、约束自己的行动。自制力强的人一是善于迫使自己采取行动去执行已作出的决定，能克制自己的恐惧、懒惰、害羞等消极情绪的影响，克服困难完成既定的目标；二是善于抑制自己的感情冲动、通常表现为忍耐、克制。自制力的培养要从小事做起。遇事不轻举妄动，对选择的目标不半途而废，对胜利或困难都能泰然处之，才能取得更大的成功。

四、情感与成才

情绪和情感是人对客观事物的态度的一种反映。

情绪和情感在人才的成才中起着重要的作用，积极的情绪激励着人们创造性地进行探索和大胆地独创。列宁在强调情感的意义时指出："没有'人的感情'，就从来没有也不可能有人对于真理的追求。"

情绪状态包括心境、激情、热情等。

心境对成才有很大的影响。良好的心境促使人的积极性、主动性、创造性的发挥，提高学习和工作的效率。积极的、健康的激情能使人在冷静的理智和坚强的意志力的控制调节下，调动出身心的巨大潜力，成为正确行动的重大动力。而热情是一种具有巨大推动力的情感，只有有了热情，才能热爱事业，迷恋工作，去最大限度地开发智力和创造力。业绩、成熟、贡献都是热情的结晶。对事业没有热情的人，是无法成才的。

保持乐观，开朗的心境，才能培养健康的情感。善于摆脱心理矛盾和冲突、甩掉精神包袱，才能保持持续、稳定的愉快心情；热爱生活、热爱大自然，才能以愉快的心情体验生活中的事件；乐于进取，不断地学习，陶冶高尚的情绪都是培养健康情感的途径。

五、性格与成才

性格影响人的成败。无数事实证明，有些人虽知识渊博、智慧过人，能力高超，但都由于存在严重的性格缺陷，结果不仅没有获得预想的成功，反而遭到了失败。与此相对照，有些人的才能并不比别人高超，但因他具有有助于成功的性格，反而获得了成功。

对待他人是同情还是冷淡，是诚恳还是虚伪，是亲切有理还是粗暴专横直接关系到是否能够得到别人的支持和赞助；对待工作是锲而不舍还是朝三暮四，是勤勉还是懒惰，直接影响事业的成功；对待事物是乐观还是悲观，是反复无常还是较有理智，决定了能否把握成功的机遇。

有益于成才的性格很多，注意从以下方面陶冶和培养自己的性格，将会对成才产生较大的促进作用。

1. 乐观

"志大而量小，才有余而识不足"的人很难实现远大抱负。理智清明、性情活泼、通情达理、心地善良、内心充实，是乐观的基础。培养乐观的性格要认识忧虑或是乐观不是一种必然的结果，而只是一种因人而异的心理行为。任何人或事物都有好的一面和不好的一面，多看好的一面，而不要只关注它们消极的一面。当问题不可避免到来的时候，坦然处之，多看有利的条件，多看未来的希望，这就会减少忧愁，而保持乐观的态度。

2. 热忱

热忱是一种可贵的品质，热忱可改变一个人对他人，对工作以及对世界的态度。一个人几乎可在任何他怀有无限热忱的事情上成功。

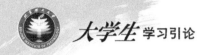

要培养对人对事的高度热忱，首先要发掘所从事工作的价值，认识到它的重要，增强对它的信心和兴趣。当内心里充满对那件事情的热爱，就会表现出对它的关怀和热忱。

产生热忱的另一个方法是设法多接收积极的信息，受到积极信息的鼓舞，就会情不自禁地变成热忱的人。

3. 幽默

幽默是一种优美的、健康的品质。古今中外，大凡在事业上有所成就者，幽默感往往起了一种"催化剂"的作用。

培养幽默感首先要从自己的思想上下工夫。要有积极乐观的心情，还要有与人为善、乐于助人的感情，具有讲究语言的艺术。钢琴家波奇在一次演奏时发现全场有一半座位空着，他很失望，然而他说："朋友们，我发现福特这个城市的人都很有钱，我看到你们每个人都买了二三个座位的票。"于是听众放声大笑，此后再也忘不了他了。还有亚伯，在他当选美国钢铁工会主席演说时，全场哗然，要他下台，亚伯微笑着说："谢谢各位，我等一会儿就下台，因为我刚上台呀。"那些听众出乎意料地笑了。

4. 豁达

胸怀坦荡、豁达大度、严于律己、宽以待人是成功者的一项优良的品质。俗话说："比陆地宽广的是海洋，比海洋宽广的是天空，比天空宽广的是人的胸怀。"心胸宽广的人才能正确地待人处事，增进友谊，团结他人，共成大业。

豁达大度，就要消除恼怒、嫉妒、代之以宽容、体谅、友爱的心情。在精神境界上，要顾大局，识整体；在考虑问题的方法上，要站在他人的立场上想想；要把眼光放远点，看问题全面、辩证，通过长期的学习锻炼和修养才能培养豁达大度的性格。

第四节　成才基本因素及成才公式

一、影响人才成长的基本因素

影响人身心发展的基本因素是遗传素质、环境和教育。一个人要想成才，就必须正视遗传、环境和教育的影响，并且要利用其中的有利因素，克服不利因素的影响。

遗传因素是指人们从先代继承下来的生物特征。它对个体发展提供了物质前提，是心理发展的必要物质基础。对人的发展有直接的影响。但是遗传因素对人的身心发展不起决定性的作用。

环境和教育对人的身心发展起决定性的作用。人的心理是客观世界在人脑中的反映，没有后天生活条件和教育的影响，人的知识，才能、思想、品德都不可能形成和得到发展。环境促成人的心理的形成与发展，构成了人的心理发展的源泉，决定了人的心理发展的内容和水平。环境因素对人的影响具有广泛性和经常性，既有积极的方面又有消极的方面。对一个大学生来说，已经进入青年期，正在向成人转化，具有了一定的知识水平，对环境既应有适应的一面，又应有批判、改造的一面。即在学习、生活与社会交往中，要提高辨别是非的能力，适应好的环境，抵制坏的环境，并积极地发挥集体作用改变环境和条件。

教育在人的身心发展中起着主导作用。教育是开化人类所特有的一种社会实践活动，它的特点在于具有明确的目的性和方向性，具有高度的系统性和全面性，具有严密的计划性和组织性。学校教育则是由专职的教育者按照一定的教育目的，对环境的影响加以选择，组成一定的教育内容，采取一定的教育方法，有目的、有计划、系统地对教育对象的身心发展施加影响，促使其心理向积极方向发展。大学教育的目的是为国家培养高级专门人才，大学的各个专业按专门人才的目标和规格，编制了教学计划，精心设计了课程和各个教学环节，精选了教育内容，为大学生的成长提供了良好的条件。大学生在校期间所上的每一门课程和参加的每个教育环节及实践活动，以及学校组织的教育和活动都对人才成长有直接的作用。随着教育改革的深入，大学教育强调对学生能力的培养，在有计划安排组织教学的同时，强调增强学生学习的灵活性和自主性，拓宽学生的知识面，增加社会和生产实践，这些都是为了更好地促进人才的成长。对于每个大学生来说，要提高学习的积极性、主动性、对学校教育的安排要主动地理解和积极地实现。切不可以为强调能力培养就忽视知识学习，强调灵活性就"来去自由"，强调发挥学生的主动性就忽视教师的主导作用。特别是千万不能一入大学，认为入了"保险箱"就失去学习的动力，或对大学学习、生活环境一时的不适应，就产生厌学情绪，或是看到社会某些方面的不公正就对学习采取应付态度。教育在人的身心发展中起决定性作用，但教育的作用必须通过调动受教育者的内因才能实现。大凡能积极、主动学习者，成才之

路才是畅通无阻的。

二、成才的动力公式和事业成功公式

成才是每个大学生的愿望,也是每个教育工作者的期望。高等学校是培养人才的地方,但高等学校培养出的毕业生并不等于就是人才。学校只能是通过教育培养预备人才,为成为人才打好必要的基础。那么如何才能打好人才成长的基础,从而使毕业生能够成才呢?下面介绍两个有关成才的公式。

(一) 成才的动力公式和阶梯原则

我国人才学研究者王通讯提出了一个成才的动力公式,其表述如下:

$$成才动力 = 目标期望值 \times 实现概率$$

以上公式说明,一个人成才动力之大小,受两种因素制约:一是目标期望值;二是实现概率。目标期望值很高,实现概率很低,成长动力不会大;同样,目标期望值很低,实现概率很高,成才的动力亦不会大。

目标期望值是指希望达到成才目标的高度,对人成才极为重要。正如高尔基说的:"一个人追求的目标越高,他的才力就发挥得越快,对社会就越有益。"远大的志向,较高的目标,反映了一个人的进取精神和胸怀眼界。但目标期望过高,则反映一个人好高骛远,不实事求是,会造成降低实现概率的结果。

实现概率是指成才目标变为现实可能性的大小。这其中包含一个人的知识、能力水平及环境、条件许可达到的程度以及本人的努力。

如何解决目标期望值过高,而带来实现概率低的问题呢?这就提出了"阶梯原则",即将目标分解为若干阶段性目标,缩小立志成才者与近期目标之间的距离,从而提高阶段性目标实现的概率。实施阶梯原则,需要坚强的意志,要一步一步地向着既定目标前进,特别是需要花大的气力在最初的阶段打好基础。

大学阶段的学习正是成才中的基础阶段。成才动力公式和阶梯原则亦可在学习之中贯彻。把大学阶段的学习分成若干小的目标阶段,以坚实的步伐,花力气去攻克一个一个目标期望值,以不断提高成才动力,不断向培养目标靠近。

(二) 人才成功公式与途径

伟大的科学家爱因斯坦列出人才成功的公式如下:

$$W = X + Y + Z$$

即：成功 = 刻苦劳动 + 正确方法 + 不说废话

这个公式表明了一个人要取得成功必须少说多做埋头苦干，必须要学会用正确的方法分析和解决问题。

"天才就是勤奋"这是无数科学家总结出的成才之路。爱迪生说他的"发明是1%的灵感加上99%的血汗"。道尔顿说："如果我有什么贡献的话，那不是我的才能的结果，完全是勤勉和毅力的结果。"达尔文说他所完成的任何科研工作，都是通过长期的考虑、忍耐和勤奋得来的。郭沫若说："形成天才的决定因素应该是勤奋。"从以上可以看出，人才，从某种意义上说，就是勤奋之才。

大学生期望成才，就应该把期望变成行动，就应当勤奋。所谓勤，就是同时间作斗争，紧紧抓住一分一秒毫不放松；奋，就是同困难作斗争，不畏艰难险阻，奋然而行。所谓勤奋，就是要用这种精神，去读书，去研究，去工作，找准目标，持之以恒，努力奋斗。如何做到勤奋？最主要的有两条：第一，要善于运筹时间。时间对每个人都是一样的，运筹得当可以事半功倍，运用不当则事倍功半。运用时间一要抓紧，二要用精力最好的时间干最重要的事情，三要有张有弛，转换兴奋中心，四要按照大脑活动规律，提高记忆效率。人脑是用则进，废则退，勤能生巧。恩格斯指出："利用时间是一个极其高级的规律，浪费时间等于浪费生命。"第二，要披荆斩棘，不断奋进。勤奋不是一时一事，而是一辈子的事情。人的生活和学习的途径都不会是平坦、笔直的，经常会遇到困难、挫折、逆境，这就要求要发奋图强，在任何困难、挫折、逆境中不低头，而是迎着困难上，在战胜困难中不断奋进。

大学的条件和环境为每个同学提供了同样的成才之路，要想取得成功，但不想付出艰苦的劳动是不可能达到的。要想达到光辉的顶点，而不想作任何努力，那只能是幻想。马克思有句名言："在科学上面是没有平坦的大路可走的，只有那在崎岖小路上攀登不畏劳苦的人，才有希望达到光辉的顶点。"同样，大学的学习也没有平坦的大道，只有不畏艰险，勤奋努力埋头苦干的人才能取得优异成绩，也才能为成为优秀人才打好基础。

第六章　学习理论与大学学习过程

进入大学，首先面临的就是学习问题。很多初进校门的大学生开始大学生活后，就会感到大学学习的不适应。实际上，学习是一门科学。它的很多规律不管你认识不认识，承认不承认，无时无刻不在影响人们的实践活动，特别是学习活动。只有掌握了学习的规律和特点，学习者才能真正成为学习的主人，才能开发和强化自主学习的能力。

第一节　学习理论综述

学习理论是研究人类学习过程的心理机制的一门学问。人的心理过程，包括学习过程，是一个非常复杂的现象。因此，学习理论至今还是一个庞杂的，各种流派纷呈的学科体系，但无论哪个学派体系，对学习者的学习都具有一定的理论指导作用和应用价值。下面，我们对在国内外有重要影响的几种学习理论做一介绍。

一、我国学习理论的发展

我国早在先秦时期，对学习问题就有很多重要研究。儒家文化的先祖孔子早就提出好学多思，学习做人。说"学而不思则罔，思而不学则殆"（《为政》），主张学习与思考结合。"君子食无求饱，居无求安，敏于事而慎于言，就有道而正焉，可谓好学也已"（《学而》），指出了不仅要学知识而且要学做人。孔子、孟子及荀子等人还提出要重视感性学习，见多识广。孟子说："孔子登东而小鲁，登泰山而小天下。"（《尽心上》），还说"尽信书，则不如无书。"（《尽心下》），指出了迷信书本的人将一事无成，实践增长见识。先秦时期还提出学习要博采百家精华。老子曰："江海，所以能为百谷王者，以其善下之也，故能为百谷王。"要成为精华，必须吸收天下之精华。孔子还指出了兴趣在学习中的作用。他说

"知之者不如好之者，好之者不如乐之者。"（《雍也》），我国汉代的大学者董仲舒对学习也颇有研究，他认为学习必须要有主观的努力。他说："事在强勉而已矣。强勉学问，则闻见博而知益明。强勉行道，则德日起而大有功"（《对策一》）。王充在学习方面也有许多论述，他强调实践出真知，"订其真伪，辩其虚实"的标准是什么呢？他说："事莫明于有效，论莫定于有证"（《论衡·薄葬篇》）。宋代大教育家朱熹在学习理论研究上也有很大贡献，关于读书方法，后来由他的学生归纳为六条：循序渐进；熟读精思；虚心涵泳；切己体察；着紧用力；居敬持志。明代大教育家李贽对学习问题也颇有研究，提出学习要知疑善解，"所言梦中作主不得，此疑甚好。学者但恨不能疑耳，疑即无有不破者。可喜！可喜！"（《续焚书》卷六（读书乐）引》）。清代教育家颜元说："心中醒，口中说，纸上作，不从身上习过，皆无用也"（《存学编》卷二《性理平》）。事实说明，我国从远古到近现代，对学习的各个方面理论都有研究，只是挖掘整理不够。新中国建立后，学习问题相关的研究论文就层出不穷，但由于对"心理学"学科的某些偏见，使学习理论的深入研究受到一定阻碍。党的十一届三中全会后，学习理论研究受到充分重视，从组织结构到队伍，都是蓬勃发展的局面。

二、国外学习理论综述

（一）刺激—反应理论

刺激—反应理论是一种客观的机械的学习理论。其基本观点是，有机体的行为是刺激与反应的结果，凭借刺激与反应，就能够预测和控制行为的发生和变化。这种理论是在现代心理学主要流派行为主义理论的基础上发展起来的。下面介绍两种学说。

1. 尝试与错误的学习说

尝试与错误的学习说又称学习联结说，其创始人是美国哥伦比亚大学教授、心理学家桑代克（Thorndlko, F. L, 1874—1949）。他采取动物实验的方法研究学习的机理，其中，迷箱实验是他奠定尝试与错误学习说最经典的一个实验。他将一只饥饿的猫关在一个箱子里，箱子内设有一种开门闩的装置，箱子外，有一条鱼，这条鱼便成了这只饿猫的刺激物。关在箱内的饿猫对刺激情境使出浑身的解数，开始几分钟内，饿猫多次抓、咬、擦、叫，以及用鼻、爪撞门。这些大量无关的无效动作持续了几分钟后，饿猫偶然触动门闩，门闩打开了，饿猫把鱼吃了。相同的实验重复了30～70次，桑代克记录了每次猫打开门所需的时间。他发现随着饿猫被关进箱内的次数增多，它打开门闩的时间明显缩短了，最后饿猫几乎在几秒钟内就完成了开门的动作。这表明，通过不断地实践，饿猫学会了打开箱门。

对这样一个实验桑代克是怎样解释的呢？他认为，有机体（猫）的学习即是受情境（鱼）的刺激，有机体引起反应（抓、咬、擦、叫），通过不断的试误，获得成功（打开箱门），使刺激和反应之间形成了一种联结（吃到了鱼），也就是产生了学习（学会了开门）。所以桑代克的学习理论称为刺激—反应理论。

桑代克根据迷箱实验中动物试误过程的步骤，提出了三条有名的学习定律：

1）练习律

练习律在积极意义上称为应用律。其意指"某一情境与某一反应间，倘已成为一个可改变之联结，如果其他条件相等，则加以练习，就会使这个联结增强"。例如学生认字，黑板上的字是情境，学生识字形和读字音是反应，假如学生的健康、兴趣、疲劳的程度以及教师的教学方法等条件相同时，经过多次练习后，见了字形便会读出字音来。换言之，这个情境与反应间的联结，也因练习变得牢固。练习律在消极意义上则为失用律，指"某一情境和某一反应间的联结，如果在若干时间内不加练习，则联结的力量，便因之减弱。"例如学习外语单词，有一段时间不去练习，便会遗忘。

2）效果律

效果律意指"在情境与反应间建立可以改变的联结，并发或伴随着满意的情况时，联结力量就增强，并发或伴随着烦恼的情况时，联结为量就削弱。"这就是说，凡是一种刺激反应的联结，在反应方面，若是满意的，则反应者乐于重复其反应；若是烦恼的，则反应者力求避免此反应。一个对弹奏钢琴入迷的人，可以坐在钢琴前把一个练习曲反复弹上几十乃至上百遍。相反，对弹奏钢琴无兴趣的人，则会拒绝去反复弹奏同一支曲子。

3）准备律

准备律意指"某项刺激正准备反应，使其反应则感满足；某项刺激不准备反应，强使之反应，则产生苦恼；某项刺激正准备反应，因受外界阻挠，不能反应时，也感苦恼。"如某学生长期用功已感疲惫，此时若进行一些娱乐活动，则感愉快。如仍使其继续用功，则得不偿失，学习效率也会下降。

桑代克的学说创立早，风行很久。作为先驱者，他对学习心理学的研究使其在心理学史上属于最伟大的研究者之列。特别是他的三条学习定律，至今还具有一定的借鉴意义。但是，需要指出的是，桑代克的学习理论的研究出发点到他的终点，是把学习停留在对动物和人的外显行为的改变上。在他的情境和反应之间不存在心理内部的任何状态，认为人的学习只是量的复杂化，从而抹杀了学习者的能动作用和主观意识。在这一点上，桑代克的学习理论存在无法弥补的弊端。

另外，后来的许多实验及研究证明，桑代克提出的效果律和练习律只在有限范围内有效，而不能无条件的适用。这造成了桑代克刺激—反应理论的局限性。

2. 操作条件反射学说

操作条件反射学说亦称工具制约反应学说，此学说的理论阐释与桑代克为代表的行为主义心理学派一脉相承。其创始人是美国印第安大学和哈佛大学教授、心理学家斯金纳（Skinner B. F, 1904— ）。

斯金纳根据一系列操作条件反射实验结果提出：人类的思维最终必须用行为来解释。而且一切行为都是外界所引起和受外界控制的。通过对环境的"操作"和对某些行为的"积极强化"，任何行为都能够随意创造、设计、塑造和改变。例如，小孩哭闹时，母亲立即去抱抱，经过几次之后，小孩就学会了以哭闹作为母亲来抱的手段。

斯金纳指出："学习是强化。"由此建立的学习理论认为：人类行为是一个有次序的过程，这一过程可以借助自然科学的方法来进行研究。学习是二次增强的结果。可以设计一个完整的学习环境在其中通过一系列层次性的阶段，可以将行为引导到预期的最后状态。学习的复合体可以分为最小的成分，可以根据学习者对连续呈现的步骤所作的反应的正误给予强化或不强化，就能教会他掌握所有的教材。在学习过程中，除了形成学习者的行为之外，也使他了解到在学习和学什么，使学习成为一种享受，从而积极参与进一步的学习活动。

斯金纳的实验还表明，部分增强比百分之百的增强能产生较大的抵抗消失的力量。也就是说部分增强使反应消失较为困难。过于频繁的增强，易于将增强淡化。人类在大多数场合，未获得任何有形的增强，而仍能坚持其行为，就是部分增强的结果。然而，部分增强并非不予增强，不予增强同样导致反应消失。

斯金纳的强化学说为20世纪20年代初的机器教学研究者提供了理论依据，在他的理论指导下，把机器教学发展为程序教学，在计算机出现之后，世界上许多国家把程序教学广泛地应用于学校教学和军队训练。程序教学方法具有向学生提供有充分准备的教材，使学生生动活泼地进行学习并能随时获得学习效果。程序教学使上课方式发生了变化，能代替教师一部分工作，这样教师就有可能加强对个别学生的指导。这种程序学习在学习的个别化、最优化上比班级

上课优越，但对培养学生建立良好的人际关系不利。随着电子技术的迅猛发展，电子计算机辅助教学（CAI）取代了最初的教学机器和程序课本。由于可以采用多媒体，所以教学不仅能灵活地顺应学生的个别差异和教材差异，而且利用图形、形象直观，便于学习。因此，当前在高校计算机辅助教学发展很快，使大学生有可能根据自己的要求和能力进行个别学习。

（二）认知理论

当以桑代克为代表的行为主义学习理论在20世纪初开始形成并在20世纪里得到发展并日臻完善的过程中，另一种学习理论的流派——认知理论也在生长发展起来，并同行为主义的各种观点相对峙。认知理论认为动物和人的学习过程是领会其情景的智慧活动，是不断顿悟的过程，学习的结果是认知结构的改变。学习者通过学习解决新问题，是他在新的情境中产生的顿悟，并不是行为主义学习理论所阐述的简单的刺激——反应的机械联络。

1. 领悟学习说

领悟学习说的提出者之一是德国的心理学家苛勒（Wolfgang Kohler，1887—1967）。苛勒等人认为学习要以整个情境和机体的整个活动做出发点。因为整体先于部分而存在，并制约着部分的性质和意义，对局部的反应或特征起决定作用。学习是在整个生活情境中遇到困难或问题，从而导致由不完全而趋于完全的心理活动。为证明这一理论，苛勒在非洲唐纳雷群岛设立实验室来观察黑猩猩的学习情况。苛勒先后设计了17个实验。其中之一是黑猩猩吃香蕉的实验，苛勒在黑猩猩的笼内放一根够不到笼外香蕉的短竿，在短竿能够到的笼外的位置上又放上一根长竿，然后观察黑猩猩怎样解决吃香蕉的难题。黑猩猩先拿短竿去够笼外的香蕉，可够不着，又试图拆笼子上的铁丝以达到目的，也未获成功。于是，它安静下来，似乎若有所思，经过一段时间的困窘之后，它突然拿短竿去够长竿，得到长竿后，用长竿取到了笼外香蕉。就这样，它似乎突然之间领悟到了解决问题的"诀窍"。苛勒从实验中得到结论：学习是学习者对整个问题情境的知觉，是对以前的知觉经验的重组，填补了问题的缺口，最终出现顿悟达到完形的过程。

有人将顿悟学习又称为"啊哈"学习或"哎呀"学习。我们常会遇到这种情形：本来苦思冥想，一直未能解决的问题，突然，茅塞顿开，豁然开朗，于是一拍前额道："啊哈，有方法了！"这就是"啊哈"顿悟的闪光，也是前段学习与思维的高潮。

学习顿悟说认为在解决问题的过程中存在着"完形趋向律"，即脑的组织作用在一定条件下总是趋于完善。如某一图形画得不够完备，留下了一个小缺口，那么观察者倾向于弥合这个缺口，完善图形。"完形趋向律"主要有以下几条组织原则：

1）接近性原则

接近性原则是指距离相近的部分容易组成整体，构成良好的知觉群。图6-1中知觉为四组双线外加一条单线。

图6-1

2）闭合性原则

闭合性原则是指封闭的结构比开放的结构更容易被知觉和记忆，倾向于完形而尚未闭合的图形易被看作或记作完整的图形。图6-2中的直线部分虽与图6-1排列相似，但我们不会把距离较近的两根竖线看成一个整体，而是把距离稍远，被四条横线包围的两根竖线看成一个整体。

图6-2

3）相似性原则

相似性原则是指相类似的部分，容易组成整体。例如，将有相同词根的外语单词放在一起有利于快速记忆。

4）连续性原则

连续性原则是指分布的部分若有良好连续的结构，即使有所断离和缺口，也会视为同一整体。如图6-3中的曲线虽有断离之处，因为它是一个平滑的连续曲线，所以还是容易被知觉为一段起伏的曲线。在学习中，某些学习材料必须连续学习到一定程度（中间可有适当的间隔），才能告一段落，否则效果不佳，不易形成完整的知识结构。认知学习理论主张学习的本质是学习者的知觉世界或心理世界的改组。当一个人知觉他的世界的时候，他并未对具体存在的事物产生逼真的映象。相反，他却观察、选择、简化、比较、完善、组合、区分，并把他经验中的事物纳入前后的关系中去。而且，只有通过把他的经验的形式看作是整体,他才能产生理解,因而也才能解释他所经验到的东西。因而,人的学习不是一种机械的反映,而是有目的、特定的、富于想象力和创造力的过程。从这个意义上说,认知理论比刺激—反应理论更有积极意义。

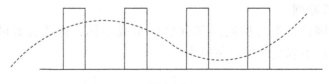

图6-3

2. 符号学习说

美国加利福尼亚大学教授,心理学家托尔曼是这一学说的创导者。他认为学习就是期待的获得。学习者有一种"期待"的内在状态,推动着学习者对达到目的的环境条件的认知。符号学习可以用方法学习来说明。当人们给问路人指路时,通常是告诉他往前走多远,看到什么标志(如红绿灯),然后转弯,继续往前走多远,再看到什么标志,再转弯等。这样,问路者则可以以标志、广告、十字路口等符号为线索,在对下一个符号的期待中逐次达到目标,完成他的符号学习。这种学习就是借助符号在脑中建立的"认知地图",并根据符号的指引,完成学习任务。根据这一学说,学习者在学习中,只有对学习材料进行一番深入的分析与思考,弄清材料中所提供的信息的系统和脉络,才能灵活地掌握和运用所学到的知识。

托尔曼认为,外在强化不是进行学习的必要因素。他和他的学生亨戴克用三组老鼠每天走一个迷津进行了一个实验。A、B两组为控制组,C组为实验组。A组每次通过后都给予食物增强,结果有稳定的进步;B组通过后不给食物,只是让老鼠在一定时间内,在迷津里游逛而已;C组在最初十天与B组同样待遇,从第十一天通过后开始给食物。实验结果表明:A、B两组(控制组)由于练习,错误日渐减少;C组在十一天之前因无增强,没什么进步。但到第十一天接到增强(食物)后,其错误即骤然减到与A相等。托尔曼认为这个实验说明:不强化也会出现学习,只是当时没有表现出来而已,这是一种潜伏的学习,只有当学习者对目标期待,为追求目标而运用知识或经验时才表现出来。依据这种理论,大学阶段的学习就常常是潜伏学习。学习者对未来的期待越高,对学习的长远利益认识得越深刻,就越容易取得良好的学习效果。

(三) 当代学习理论

回顾刺激—反应理论和认知理论，可以看出他们对学习机理的解释各执一端，各自走向了极端。实际上，一般的学习，包括人类的学习，都是含有尝试过程的，而且往往是在经过尝试错误后得到顿悟。这揭示出各种学习理论并不是互不相容，而是可以融合和互补的。正是在综合前人各种学习理论基础上，并借助信息论、控制论和系统论的研究方法，产生了当代学习理论。当代比较著名的学习理论有信息加工理论和社会学习理论。

1. 信息加工理论

信息加工理论认为，人的大脑是一台类似计算机的信息处理装置。人类的学习就如同一台计算机，是接收信息、加工处理信息，作出反应的过程。美国著名的教育心理学家罗伯特·加涅（Robert M. Gagne，1916— ）根据这一思想提出了信息加工学习的典型模式，认为学习过程就是以下流程图所表示的循环反复和加工（见图6-4）。

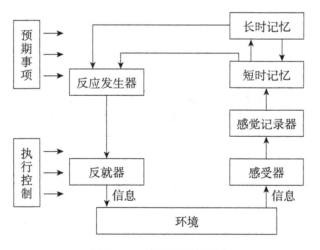

图6-4　学习过程流程图

罗伯特·加涅的信息加工学习模式中有"预期事项"和"执行控制"两个重要的内部结构。"预期事项"相当于学习者事先订立的学习目标以及学习的态度等，其作用是保证学习活动的目的性和方向性。"执行控制"相当于学习者的认知策略，是在过去学习中形成的。其作用是控制整个学习过程，包括注意、知觉、编码、提取、组织和进行思维等内部活动，这两种内部结构能够对信息进行定向、调节和控制。在加涅的信息加工学习模式下，学习就是形成一个在意义、态度、动机和技能上相互联系起来抽象的认知结构（模式体系），这种认知结构是个体与环境相互作用的结果。并且，这种认知结构具有循环往复的特性，说明学习者可以不断地将新的经验纳入现存结构中，并依次建立高一层的认知结构，使学习进入更高阶段。从这个意义上说，罗伯特·加涅的学习理论是一种循序渐进的理论。加涅在研究学习问题时，强调既要注意外部过程和外在条件，又要注意内部过程和内在条件，对学习心理的研究具有积极的作用。但是，学习者在学习过程中的心理活动绝不是一种单纯的认知结构，人的感情、意志兴趣，价值观念等都可能对学习心理产生影响，这是信息加工学习理论所无法解释的。因此，信息加工的学习理论仍未摆脱学习的刺激反应理论的机械色彩和认知理论的主观唯心主义倾向，实际上是一种折中的学习理论。

2. 社会学习理论

社会学习理论认为，人类的学习并非都是个体式的学习，还包括群体性的相互影响，因此，人的学习并不都是通过其行为的直接后果即直接经验获得的，而往往通过借鉴其他学习者的行为进行学习。

美国心理学家班杜拉（Albent Badnra）做过一个典型的社会学习的实验。他把一群五岁的儿童分成三个组，先给三组儿童参观许多非常吸引人的玩具，并告诫他们，"不许玩这些玩具"。然后分别给以三种不同的实验情境：

第一组是榜样—鼓励组，给他们看一部电影短片，讲一个小男孩正在玩被成人规定不许玩的令人喜爱的玩具，后来孩子的母亲看到这一情景，非但不阻止，反而大加赞扬，而且与孩子一起玩。

第二组是榜样—批评组，也看类似电影，所不同的是孩子母亲看见孩子正在玩被规定不准玩的可爱的玩具时，对孩子进行了严厉批评。

第三组是控制组，不给看电影。

最后进行一次检查，让每一组孩子单独在房间里逗留十五分钟，房间里放很多规定是不准玩的玩具，结果发现：第一组儿童平均只克制八十秒钟，就不顾禁令而去抓取那些玩具；第二组儿童平均克制七分钟后去拿那些玩具，有的孩子在十五分钟内一直未动那些玩具；第三组儿童平均有五分钟克制时间。

班图拉解释这种学习现象说，社会学习（观察学习）是由于信息的机能而产生的，通过社会学习学会的不是特定的刺激—反应的联结（例如电影中反映儿童玩玩具的具体动作），而是一种带有示范性的"象征性表象"。以往的行为主义学习理论（如刺激—反应理论）强调的是学习者本身的行为操作所具有的学习作用，而社会学习理论强调的是替代性的、符号的和自我调节过程所起的重要作用。所谓替代性的学习，就是通过观察人的机体反应，然后再通过模仿原型的反应而完成的。有很多行为，其本身并没有受到强化，例如观看玩玩具受表扬的电影，这本身对学习者提供了参照榜样，在以后儿童的行为中起到一种暗示的、榜样性的作用。

显然，"榜样示范""榜样开路"是社会学习理论的典型。在实验教学、劳动技术教学中，社会学习理论具有较好的指导作用。如能善于应用这种理论，就会大大提高这类技能教学活动的效率。

第二节　大学生学习的原动力——动机

个性、积极性的源泉是各种不同的需要，而与满足某些需要有关的活动动力就是个性的动机。研究人的行为和分析人的举止时必需揭示行为举止的动机。学习是人在生活过程中获得个体经验的过程，学习能否取得最大效益，取决于个体的动机。因而研究学习的理论，必须研究学习的原动力——动机。

一、动机概述

（一）什么是动机

在心理学上关于动机的定义众说不一，有人说动机是人类一切活动的驱策力，促使人类需要发生有效的反应；有人则说动机是指心理空间的不稳定状态。形式心理学者勒温（K. Lewin）称动机是对目标的迎拒力。这些说法概括性都太强，不利于了解动机的具体含义。为此，我们利用下面这个定义来阐明动机的意义。"动机是引起有机体行为活动，而且将这种行为活动连续地维持下去，并且是引导着向一定方向的过程的总称。"可见，动机是一个过程，包含着引起行为、连续维持和导向三个内容。这一过程取决于有机体内驱力和作为外在条件的行为目标的诱因。

（二）动机与教育

一个学生的学习成绩由两种因素来决定：一是智力；二是动机。学习是自动地吸收和积极地反应，不是被动的行为。教师不会给学生智力，更不能代替

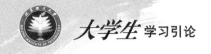

学生学习。教师最大的任务是引起学生的学习动机，给予内在激励和驱策。动机是学习过程的核心。动机在学习过程中起三种作用：

（1）引起学习兴趣与需求。

（2）引起学习的目标，并激发学习者实现目标的愿望。

（3）引起学生领悟学科的意义与价值，使之能专心致志于该学科。

动机是一切学习的原动力，每一个成功的学习都伴有强烈的动机。没有动机的学习，多是敷衍了事，一无所成。从动机的来源远近和起作用的久暂来看，学习动机可分为两类：

（1）间接性的远景性学习动机。这类动机与社会意义相联系，是社会要求在学生学习上的反映。比如，在我国，多数同学能把个人学习与祖国的社会主义改革事业相联系，将振兴中华的远大理想作为自己的远景动机。这类动机一旦形成，就具有较大的稳定性和持久性，不易被生活中的偶然因素所改变，能在较长时间内起作用。

（2）直接性的近景性学习动机。这类动机与学习活动直接联系，是对学习的直接兴趣，是由对学习活动的直接结果的追求所引起的。如为了获得好分数，为了考大学，以及为了获得赞许，为了自尊心的满足等等。这类动机比较具体，且有实际效能，但作用较为短暂，而且不稳定，容易随情境的变化而改变。

上述两种动机是相互联系且互为补充的，两者的有机结合，才能成为推动学习者努力学习的巨大动力。

二、动机的培养与自我激发

（一）动机的培养

1. 远大的理想和抱负，会使学习具有稳定和持久的动力

远大的理想和抱负，是我们在人生道路上的坚定信念。不管是为了社会主义建设乃至崇高的共产主义事业献身而学习，还是为了今后能够成名成家而学习，或为了最终的自我实现而学习，都具有长远的、持久性质的学习动机，由此而产生的学习态度和热情将是巨大的。因此，每个大学生应该给自己树立一个高标准、大目标，把眼光放远一些，视线更开阔一些，当我们对未来愈怀有持久的、执著的渴望的时候，我们的学习动机也就愈来愈巩固了。

2. 强烈的求知欲和浓厚的认识兴趣，会产生对学习的不断追求

培养自己的求知欲，不仅意味着使自己认识到知识对社会和自己的意义而产生学习的需要，还意味着在从事学习活动的过程中产生愉快的情绪体验，从而产生进一步的学习需要。

为了使自己产生求知欲和认识兴趣，必须创造一系列的外部条件和内部条件。

（1）明确知识对社会主义社会的意义是形成认识兴趣的重要条件。研究表明，在一定条件下，具有明显的社会意义的知识对于自己的兴趣和兴趣倾向有着特殊的影响。

（2）某一领域实际知识的积累是产生对该领域的认识兴趣的基本条件。研究证明，只有当某种知识领域中的实际知识的积累达到了一定水平时，才能产生对这一领域的兴趣。

（3）实践活动能够不断地满足和不断地引起学习的需要和学习的兴趣。经常地参加生产劳动、科学研究以及各种课外活动小组，会加深对知识的再认识，会体验到知识的实践意义。也会使我们感到知识的不足，从而引起新的学习需要和动机。例如参加无线电爱好者小组、数学小组等，或运用所学的知识进行科技咨询服务、勤工俭学等。既有利于锻炼自己的实践能力，培养了求知欲，又发展了学习的兴趣，何乐而不为！

（二）学习动机的自我激发

在自己已经产生了学习的需要之后，要使它真正变成学习中经常起作用的、有效的动力，还必须采取相应的措施，把学习动机激发起来。也就是说，要利用一定的诱因使已经形成的学习动机由潜伏状态转入活动状态。使之成为起推动作用的内部诱因，从而调动起学习的积极性以解决当前的任务。并使已形成的学习动机强度不断地得到巩固和提高。

激发的途径可以根据具体情况从以下几种中选择：

1. 在学习之前，明确所要学习的每一章、每一节的具体目的和知识的具体含义

教学是教师与学生的双边活动过程，只教而不学，只学而不教，都会事倍功半。教与学只有相互配合，彼此镶嵌，才能使学习的效率达到最高，学习过程缩至最短。所以在教师授课之前，需要学生有预习的学的环节与教相配合。在预习中，只有通读教材内容，找出疑难点，明确这些知识在生活中的具体意义以及在知识体系中的地位和与其他知识的相互关系，才能引起自己对学习这些知识的关注，激发学习动机。

2. 创设"问题的情境",启发自己积极思维

在学习中我们遇到的问题,如果只单纯地利用已有的知识和习惯的方法就能解决,往往使我们感到学习的机械和乏味。因而,为了提高学习兴趣,就必须自己给自己创设"问题的情境"。这种"问题的情境"可以通过实验、现象、广泛的联想和迁移等来创设。例如对实验可以进行探索性的尝试,对现象可以转换不同的角度去观察,对问题可以颠倒想象,对难题可以多开辟几条思路或将其他学科的知识方法迁移过来应用等。这样的学习带有创造性的意义,将使学习热情不断高涨。

3. 提倡自我竞赛,不断超越自我

竞赛是激发学习积极性的有效手段。许多实验研究表明,在竞赛中学习兴趣和克服困难的毅力大增,威信性动机或获得自尊和自我求成的需要更强烈。但相互之间的个人竞赛,容易激化矛盾,在心理和人际关系上有一定的影响。当然,只要竞赛者有较好的素质和修养,并注意处理好人际关系,适当运用竞赛手段是有好处的。

这里想特别提倡自我竞赛,即今日之我与昨日之我之间的比赛。在自我竞赛中,自己打破自己的纪录,既获得了成功的满足,又在一定程度上实现了自我的超越。

4. 加强与同学间的讨论和交流

心理学家华森曾把大学教育系 68 名学生作为实验对象,令其从事需要思考与想象的作业,一部分学生单独工作,其余的学生则共同讨论。结果发现,共同讨论的学生其思考能力与想象的成绩均较独自工作者为优。同学的出席与活动是提高成绩的刺激。敏捷与创造性的思想,可由此激发。由此可见,加强同学间的讨论交流是自我激发学习动机的好办法。

5. 明确的目标,能激发实现目标的动机

没有目标,就没有追求,学习若有了标准,且可望而可即,可以激发追求目标的动机,促进学习的进步。心理学家雷特曾用工作测量器研究两种态度对于工作的影响。第一种态度是不提出目标,使劳动者尽力工作至疲劳为止,第二种态度是将重要目标确定在某一固定位置。在一定时间内,计算劳动者运动的次数。经过半年之久研究发现,采取第二种态度时,劳动者工作的总数量较多。这一事实表明,"标准"能引起学习的动机,使学习的效果增加。

6. 限制时间会提高学习效率

限制时间,可以激发学习者好胜和求成动机,集中注意力,而加速学习。

实验结果与经验都证明了这一点。

第三节 大学的学习过程

学习过程是一个认识过程，也是人的心理活动过程。大学的学习过程由于学习对象具有的知识能力水平和身心发展所特有的条件，使它具有与一般人的学习，特别是与普通教育的学习有所不同的特点。了解大学学习过程的特点，正确处理学习中的各种关系，组织好自己的学习过程，对提高学习效率具有重要的作用。

一、学习过程概述

学习过程是一个特殊的认识过程。学习者的认识过程都受到在学习者以外的事件的影响，所以必须依照人类心理发生的过程来组织学习。

美国心理学家罗伯特·加涅提出学习过程按层次可以分成八个阶段。图6-5就是对学习过程层次结构的描述。

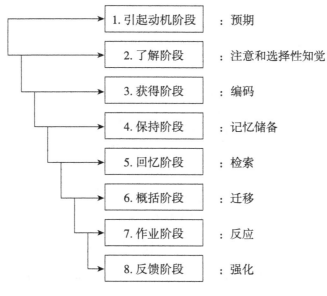

图6-5 学习过程层次结构示意图

其中每个阶段都是以心理活动为依据的。参考以上提出的学习过程层次结构,我们提出了一个学习过程简化图6-6。

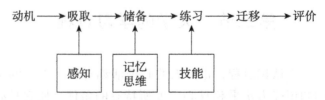

图6-6 学习过程简化图

动机是指推动学习的内部动力。这种动力主要来自需要,这种需要又主要是来自社会与教育对学生的要求。所以,它是受社会与教育条件所制约的,具有明显的社会性。只有这种需要能变成为学习者的理想、信念或奋斗目标,才会产生推动学习的动力,促进学习者积极主动地去学习。实践证明学习动机对学习具有明显的增强与促进作用。洛厄尔(E. L. Lowell)选择两组成就动机强弱不同、其他条件相同的大学生进行试验,让他们将一些打乱了的字母构成普通的词,比较他们学习效果的差异。得出的结果可以描绘成下列曲线(图6-7):

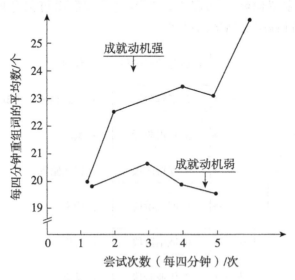

图6-7 学习过程简化曲线

上述结果,使人一目了然地看到动机强弱不同,对学习效率和效果的影响也不同。

吸取是指吸取知识。吸取阶段强调主动性和吸取的量，只有主动地，多多吸取知识，用时才能得心应手。吸取知识，从心理学的角度讲，基本还是处于直接感知认识的初级阶段。

储备知识则与"吸取"有很大的不同，它包含有记忆、思维活动。毛泽东同志说过："感觉到了的东西，我们不能立刻理解它，只有理解了的东西才能更深刻地感觉它。"吸取来的大量知识需要记忆、储备，而只有在理解的基础上，记忆的效率才高，储备的效果才好。理解是通过思维过程实现的。即通过对不同知识（如对语言、对事物类型性质、对因果关系、对逻辑关系等）的分析、综合、比较、抽象和概括，使知识系统化、典型化，使某些感性认识上升为理性认识，而将其在头脑中记忆、储备起来。

有了一定量的知识储备后，思维得到发展，学生进入从吸取知识转化为能力的阶段。这将依赖于联系过程加以完成。学习者通过联系获得的技能形成能力，创造灵活运动知识的条件。

迁移是一种学习对另一种学习的影响。我们从练习中获得知识并能够灵活运用，这是一种水平迁移。我们将已掌握的低层次的概念，影响高层次的新概念、原理等的学习和应用，这是一种垂直迁移。水平迁移体现了学习者在学习过程中举一反三的能力，没有一定量的水平迁移，很难实现从低层次到高层次的垂直迁移。可见，水平迁移和垂直迁移都是反映学习者知识变为能力的重要参数，而且两者是相互影响相互联系的。

学习迁移是思维进行创造性活动的过程，因此，它是学习过程中的重要阶段。"为迁移而教，为迁移而学"是当今教育界流行的很有吸引力的口号。在学习过程中要想取得更多的迁移量，需注意掌握各类学科的基本结构、基本原理和基本概念，主动地将新学的知识与已掌握的知识建立联系，并关心和提高思维方法的水平。

总结评价是学习过程的最后阶段，也是检验学习效果的阶段。学习的评价可以通过考试成绩，作业完成情况等来进行，评价的内容包括知识掌握的程度、能力转化的效果、智能发展的情况。学习者通过自我评价，不断调整与改进自己的学习过程，使学习进入更高的层次。

二、大学学习过程应处理的几个关系

大学的学习是大学生做合格社会人的准备。社会对高级专门人才的要求是

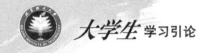

多方面的，不仅有知识、能力，而且有思想品德、道德修养；不仅要求掌握方法，而且要提高思维水平。大学生具有面对社会要求，抓住问题本质，处理好学习过程中的各种关系的能力，才能取得良好的学习效果。

（一）理论与实际的统一

大学的学习主要是接受间接经验和理论知识。如何认识和处理理论与实际的关系，是关系到以何种认识路线进行学习的基本问题。从目前国内大学生对大学学习的认识看，普遍存在重视理论知识的学习而忽视理论与实际的联系，忽视或轻视运用理论知识解决实际问题，未能在学习中做到将理论和实际统一起来。

理论学习是大学学习中一个非常重要的方面。大学所传授的理论知识都是反映特定运动形式的最基本、最普遍的规律，重视和加强理论知识的学习有利于在比较宽广、比较扎实的知识基础上去适应实践的需要；有利于在已经形成概念的基础上去认识新的事物，汲取新的知识和新的理论，以适应不断提高实际能力的需要。

但是，大学的教育是一种专业教育。除基本知识的传输外，实践教学是大学教育的重要组成部分，专业基本技能训练是大学教育的重要特征。大学理论教育的目的是把学生培养成为适应经济和社会发展需要的高级专门人才。理论与实际的有机结合，是贯穿大学教育的基本原则。在大学学习中，只有理论联系实际，才能学好书本知识并与实际相统一，从而掌握完全的知识。只有理论联系实际，才能更深刻地了解理论知识与客观实际的具体联系，从而提高学习的自觉性，培养运用知识与实践的能力和方法。

这里特别要强调重视实践教学活动。大学生要积极参加实验、实习、设计等实践教学活动。通过实践教学活动，直接或间接地了解社会和生产中复杂而生动活泼的内容；了解生产生活对知识的需要；掌握如何运用理论去解决实际问题的途径。

（二）学习知识与发展智能的统一

大学的培养目标、教学对象、教学内容和教学要求与基础教育不同，高等教育是为国家培养掌握现代科学理论知识、有高智力水平和较强能力的高级专门人才。在大学里，学生不仅要学习前人总结出来的知识，而且要探索未知的理论和知识，所要求掌握的知识量大、面广、有较深的理论背景。同时，大学的教学还要促进学生智能的进一步发展，培养学生观察、想象、思考、判断、记忆、动手的综合能力，为将来在社会、生产实践中应用知识和创造知识打下扎实的基础。所谓智能，实际上就是知识、智力和能力的总称。因此，学习知识与发展智能是大学教学必须完成的两项基本任务。

在当前，既要学习知识，也要发展智能的观念已被普遍接受，但不少学生对如何处理好知识和智能的关系，尚缺乏正确的认识。

实际上，知识与智能，既不等同又紧密联系，相互作用，互为条件，相辅相成。知识是人们认识客观世界的经验总结，智能则是人们在认识客观世界过程中表现出来的心理能力和个性心理条件。没有学习知识的认识活动，智能便得不到很好的发展；不以智能为条件，学习知识的认识活动也不会取得好的效果。智能并不能自然而然地发展，而是需要通过知识的学习和知识的掌握；反之，智能的发展如有长足的进步，可以加速掌握知识的速度，提高学习的质量。学习知识和发展智能不是割裂开来的两个任务，而是密不可分，紧密结合的。

近几十年的实验研究证明：一个人的知识多，其智能水平不一定高，而且可能是低的。这就是说并非任何知识的学习都能促进智能的发展。但是智能发展得很好对促进知识的学习有明显的积极作用。从这个意义上看，发展智能是大学学习的重点，在大学学习期间应在发展智能上多下工夫。把学习知识与发展智能结合起来，在结合中更重视发挥智能对学习知识的促进作用。

（三）博与专的统一

现代科学发展的趋势，是高度分化与高度综合。因此，处于社会主义初级阶段的我国，现代化人才的培养，应当是通才教育与专才教育相结合，在通才的基础上培养专才。这就要求高等学校培养的人才，必须具有比较宽厚的基础知识和专业知识，掌握专业的主干学科和相邻学科的前沿知识，以及必要的横向学科（包括社会科学知识），知识结构趋向基础化和综合化。许多人成才的实践也证明这一点。伟大的化学家罗蒙诺夫不仅钻研化学、还钻研文学、矿物学、写诗、历史。今天，我们强调博专统一，是因为：第一，以博为基础，由博而专，以博育专才能使专、深有坚实的基础；第二，具有广博知识才能适应现代科学高度分化又高度综合发展的趋势；第三，博能促进思维的灵活性，有助于创造力的培养；第四，具有相邻学科、横向学科的知识，有利于在开展边缘学科研究中与各学科专家的合作；第五，有利于克服我国教育中专业设置过窄的弊端，以及传统教育中的某些不良倾向，适应社会对人才的需要。

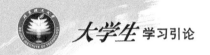

（四）抽象思维与形象思维的统一

我国著名科学家钱学森在思维科学的研究中指出：抽象思维和形象思维都是科学研究和人们日常交往不可缺少的思维手段。所谓抽象思维是对事物间接的、概括的认识，它是以概念、判断和推理的形式进行的。而形象思维是指对直观的形象进行思维，主要是凭借事物的具体形象和表象联想进行的。在科学技术研究领域和学习活动中，抽象思维和形象思维都很重要。许多科学技术的发明创造都是通过模仿和模拟生物及自然现象而得到的。许多科学家的创造性思维首先也来自他们对许多事物具体形象和表象的联系与想象。实际上没有形象思维的发展，就谈不到观察力、想象力和创造能力的培养。形象思维是普遍存在的，它与抽象思维互相渗透、相辅相成。牛顿在回答人们提出的他何以能成为一个学者时说，我只是思考、思考、再思考。在学习中要培养自己的形象思维和抽象思维能力，就应当有意识地锻炼自己的观察力和想象力，在生活和学习实践中，敢思敢想，多思善想，挖掘创造性思维的潜力。

（五）第一课堂和第二课堂的统一

第一课堂指学校教学计划以内安排的教学活动，第二课堂是指教学计划以外的学习活动。对高等学校来说，如果只有课堂教学，缺少多种多样的课外活动，那将是一种不完全的死气沉沉的片面教育，是很难全面实现高等学校教育的任务和目标的。对一个大学生来说，要实现德、智、体全面发展的总要求，也必须把课内学习与课外学习结合起来。在大学学习期间，第一课堂的学习是主要的，要首先努力把教学计划安排的学习内容掌握好。丰富多彩的第二课堂活动，是第一课堂的重要补充，它的主要作用是：

第一，在第二课堂活动中，学生可以参加广泛的社会实践活动，包括科技服务、勤工助学、社会调查等，能够亲身到社会实践中去，到基层接触社会、接触群众、亲身体验改革的艰辛与社会对大学生所寄予的厚望，从而增加社会责任感和学习动力。同时，在第二课堂中，通过参加一些具有探索性、创造性的小科技开发项目，开展科技社会服务、科技社团活动等，使教学、科研、生产相结合，培养实际工作的能力。

第二，第二课堂的活动具有自愿性、独立性、广泛性、灵活性的特点。例如，有各种学科的讲座、外语之角、书画社以及校外的社会实践。这些都能为个性差异、学习能力与方法本不相同的大学生们发展他们的各种兴趣和特长提供广阔的天地，有利于因材施教。

第三，第二课堂是第一课堂的发展与延伸。在科技知识增长速度迅猛的今天，第二课堂的开展，可以使学生学到比第一课堂更广泛的知识，扩展、延伸了第一课堂所学的基本知识与技能，特别是能够获得更新的信息，有助于培养适应社会未来发展需要的人才。

（六）劳逸结合

要提高学习效果，必须提高学习效率。有人提出如下效益公式：

$$有用功 = 时间 \times 效率系数$$

从公式中可以看出要取得高效益的最主要条件是科学地运筹时间。经验表明，弹性原则是运筹时间的一条重要原则。即在学习中要使每一天每一段时间都既要有紧张，又要有松弛；既要有计划，又要有调剂。这种方法也叫交叉轮作的时间运筹法。马克思研究问题，就从来不是无休止地持续下去的，而是过上几个钟头停下来散散步，活动一下身体。有时他还穿插着读莎士比亚、巴尔扎克的名著，或和孩子们玩一会儿。随后，他又精力饱满地投入到研究工作中去。这样，使学习、工作、休息相间进行，并加上适当的体育锻炼能使头脑保持清醒，思维敏捷，以充沛的精力进行高效率的学习。

合理运筹时间就要有劳有逸。劳需要有逸，"逸"中既有生理的需要，也有丰富生活的需要，又有全面发展的需要。合理的休息绝不是时间的浪费，而是精力的补充。在学习中要做到有劳有逸，就要交叉轮作地对时间进行弹性安排。每个人要根据自己的实际情况，科学地运筹时间，保证把学习主要课程放在思维能力、活动能力最旺盛的高效时间内，并努力给每件要做的事情分配最佳的时间数量，真正实现理想的劳逸结合。

三、学习心理卫生

在大学的学习过程中，学习效率的提高，不仅仅取决于正确的认识、科学的方法和强劲的身体与生理上的健康，还与心理健康息息相关。情绪的干扰、内心的苦闷，或者学习规律与人体的调节规律不相适应，都会损害身心发展，影响知识的学习和智能的发展。养成良好的学习心理卫生习惯在学习过程中十分重要。学习过程是一个复杂的心理过程，既含有智力因素的作用，更受非智力因素影响。学习心理卫生是一个包括范围很广而又复杂的问题，在此，我们仅就疲劳与生物钟的有关问题作一简单的介绍。

（一）疲劳与疲劳的消除

1. 疲劳的一般概念

疲劳，是工作或学习效率降低的现象。当疲劳发生时，常伴有渴望停止活动的心理倾向。此时不仅工作效率降低，错误及其意外事件的或然率也增加，生理失去平衡。

疲劳有一种困累的感觉，表现为肌肉紧张，精神涣散，是长时间紧张学习的结果。

疲劳主要有生理疲劳和心理疲劳。

生理疲劳，包括肌肉疲劳和神经系统的疲劳。肌肉疲劳是肌肉在持续和重复伸缩之后能量减少，使工作效率逐渐降低的一种现象。如打球过久，胳膊上的肌肉酸疼无力。神经系统、大脑的活动也是一种生理过程，不过神经系统存储较多，消耗却少，所以比较不易疲劳。

心理疲劳，不是由于身体能量的消耗引起的，而是由心理原因所致的疲劳。这种疲劳又称假疲劳或主观疲劳。例如工作者学习不久，还没有达到应该疲劳的程度，就产生厌恶或烦闷的情绪。而急欲放下学习与工作，就是心理疲劳。心理疲劳的主要原因是对学习不感兴趣，或对同一性质的学习感到单调、刻板。心理疲劳的主要表现是情绪烦躁、焦虑、厌烦，注意力不集中等。

生理疲劳与心理疲劳既有区别又有联系。生理疲劳是为工作所倦，心理疲劳是倦于工作。生理疲劳影响心理疲劳，心理疲劳也影响生理疲劳，它们之间是相互作用。

2. 疲劳的消除

无论何种疲劳，都会降低学习效率。为了将各种疲劳对学习的影响减至最低限度，在学习过程中，我们必须注意防止疲劳和消除疲劳。下面是几个比较有效地消除与预防疲劳的办法。

1）充足的睡眠

充足的睡眠是消除疲劳的最佳方法，亦是工作精力之源泉。有一位青年认为，睡觉是一种恶习，不睡觉同样可以工作。为了证明他的观点，他坐在一台打印机旁边，每10分钟打印一次，至第七天，他已精神恍惚，近于癫狂状态。实验证明，充足的睡眠对于从事脑力劳动的人十分重要。按照大学生身心发展的需要，每天应该保证有八小时的睡眠，才能保证高效率的学习。

2）适当的休息

进行一段时间的学习或工作之后，要有适当的休息时间。尽管有时你还未感到疲劳，但休息使疲劳在到来之前得到了解除。就像400米接力跑省略了三个起跑时间因而速度快一样，在疲劳之前进行休息，就等于避免了疲劳，即省略了由疲劳到消除疲劳的过程。

3）改变活动方式

各种活动方式、学习方式的兴奋中心不同。一种活动方式的疲劳，仅导致某一兴奋中心的疲劳。适当的改变活动方式，可以使不同的兴奋中心轮换工作与休息，有利于学习效率的提高。

4）激发学习兴趣

学习者有了明确的学习动机，浓厚的学习兴趣，则学习就有了动力。人们为了达到自己的目标，往往可以废寝忘食，将身心全部沉浸在学习中，而如果没有学习兴趣，纵有卓越的智力，也未必能保持或增进学习效率。

（二）生物钟与学习

生物钟是有机体的一种生物机制，是部分控制或维持自体的某一种有节律的活动。所有有生命的东西都有周期性循环或节律性活动的表现。人体由一系列复杂的体内时钟支配着，这些时钟控制着数百个生理机能。我们有时欢欣鼓舞，有时神情沮丧，有时细心之至，有时粗心大意。所有这一切，在一定程度上说，都是由我们体内"时钟"所支配的。

这些时钟究竟是什么？它们应怎么与人的日常程序相"匹配"，这是生物学家一直在探讨的问题。苏联学者根据科学家的设想，分列出一天24小时的生物钟表现。这虽然是一般人的平均状态，不是所有人的普遍规律，但是对大多数人是有参考价值的。所分列出的部分生物钟如下：

9时精神活性提高，疼感降低，心脏开足马力工作。

10时精力充沛，处于最佳运动状态，是最好的工作时间。

11时心脏照样努力的工作，人体不易感到疲劳。

12时到了全身总动员的时刻，此时最好不要马上吃午饭，而是把吃饭推迟到1时。

13时肝腑休息。上半天的最佳工作时间即将过去。感到疲倦，需要休息。

14时是一天24小时的最低点。反应迟钝。

15时情况开始好转。人体器官此时最为敏感，特别是嗅觉和味觉。工作能

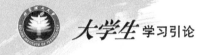

力逐渐恢复。

17时工作效率很高,运动员的训练量可以加倍。

18时疼感下降。希望增加活动量。

19时血压增高,精神最不稳定,任何小事都能引起口角。

20时体重最重,反应异常迅速。

21时神经活动正常。此时最适于学生背书。晚间记忆力增强,可以记住不少白天没有记住的东西。

22时体温下降。

23时人体准备休息。

从以上可以看出,人体的各种机能,各有其波峰与波谷,周期长短也各不相同。在正常情况下,所有这些周期都能协调一致,从而使人具有最大的生存能力。但是,一旦有某件与这种节律格格不入的事情发生,例如在周末或节假日熬了点夜稍微晚睡了一些,这时你的各个不同的生物钟就会失去原有的协调而出现紊乱,有的节律要恢复正常需要一天时间,而有的需要两三个星期。在这段时间里,你会有不适之感。

因此,建立适合于自己的学习作息习惯并把它固定下来,使学习和生活规律化,可以使人体各种机能彼此协调工作,提高学习效果。不规律的学习,会造成生物钟紊乱,影响身体健康和工作效率。

第七章　大学生的学习认知过程

大学生在校学习的主要任务是学习系统的科学知识和各种生产生活技能，把人类社会历史的经验转化为个人的精神财富。他主要是以间接经验方式去获取他人的经验。从广义的学习过程来看，学习大体可分为刺激—反应性学习和认知性学习。认知性学习过程，是意义的获得和改造，是在已有知识结构（认知结构）的基础上赋予外部刺激一定的意义并加以组织的过程。大学生的学习过程，正是这种认知性学习过程的体现。它是含有概念学习、原理学习、解决问题学习及顿悟性学习，并含有推理的学习等认知性学习。所以，学校的学习基本上是认知性的，而且主要是靠语言进行的。

第一节　大学生学习认知过程

大学生的学习认知过程，就是大脑对外来信息的选取、加工和组织。人并不是被动地接受外界的刺激，而是信息的主动选择者和加工者。外界的刺激一旦被人接受，就部分地改变了人的心智体系，反过来也就转化为对外来信息的新的选择能力和加工能力，作出不同于以前的新的反应。这说明了人在认识世界中的主观能动作用，说明人对客观世界的反应是一种能动的反映。因而进入人脑的知识，不仅是量的积累，而且要经历质的变化。例如，知识的贮存与提取决定于对外信息的编码操作，而编码又离不开对记忆结构中原有贮存信息的提取。

一、学习认知过程的一般模式

一个完整的学习认知过程，不仅有刺激（C）和反应（F）两个因素，而且，必须包含主体（ZT）这个因素。刺激和反应都要经过与主体的交互作用，构成一系列的反馈动态过程。其信息来源于环境，经过主体对外部刺激赋予一定的意义，并加以改造与原有知识组合又作用于环境。因此，主体就是学习者对外来信息的加工、改造、组合成新的知识网络阶段，也就是大学生学习认知的思维过程。平衡模式见图7-1。

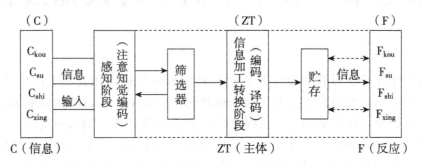

图7-1　学习认知过程动态平衡模式

C_{kou}：口头语言信息　　　　　　　　F_{kou}：口头语言反应

C_{su}：书面语言信息　　　　　　　　F_{su}：书面语言反应

C_{shi}：实物形象信息　　　　　　　　F_{shi}：实物形象反应

C_{xing}：行为表现信息　　　　　　　　F_{xing}：行为表现反应

（一）图示说明

（1）根据现代社会学习理论，C_{kou}、C_{su}、C_{sh}和C_{xing}等信息，是行为、人主体内部因素和环境三者交互作用的结果。同样，F_{kou}、F_{su}、F_{shi}和F_{xing}也是如此，但他们都是通过与主体（ZT）的相互作用进行信息交换，因此，（ZT）是研究学习过程的重要组成部分。

（2）C_{kou}、C_{su}、C_{shi}和C_{xing}等，只有纳入（ZT）的认知结构系统，学习才能有成效，但（ZT）是否接受，则与学习动机、态度、情感等因素有关。也只有信息改变了（ZT）的知识状态，使认识结构发生变化，才表明学习过程的进行，并取得了效果。

（3）这个模式图反映了教师授课、学习材料和环境刺激物信息的输入和学生学习行为信息输出的全部过程。说明研究学习认知过程，必须对信息源、信息输入、信息输出进行全面研究，也就是从学习认知的整个系统出发进行研究。

（4）从整个模式图还可以看出，就学习认知整个过程而言，学习主要是由学生的活动实现的。从信息输入和输出这两部分来看，它既包含了学生的感知、思维、记忆和想象等心理过程，又包含了思维的分析、综合、抽象、概括、分类、比较及系统化、具体化等过程。通过学生的思维力、记忆力、想象力对输入的信息进行加工处理，以使贮存和提取，其中关键是信息的转换。模式图的前期，与主体的动机有关，而后期编码、译码，则与主体的高级机理活动直接发生关系。

（5）主体（ZT）接收信息，学生的个别差异起着关键作用。若主体的需要和求知欲未被激发起来或不够强烈，则输入的信息将被大量筛选掉。只有（ZT）认为需要的信息才能被吸收，并进而改变认知结构知识体系。这是造成学习效果差异的重要原因。

（二）学习认知过程分析

从学习认知过程模式图和学习过程分析，学习认知过程大体可分为四个阶段，其一为信息选择阶段；其二为信息转换阶段；其三为信息贮存阶段；其四为信息反馈输出阶段。现分别叙述于后。

1. 信息选择阶段

大学生获取的主要是口头语言和书面语言信息，如教师课堂授课、听学术报告、讲演会、形势报告、人际交往谈话等是口头语言信息；看教材、参考书、报刊杂志、小说等是书面语言信息。通过金工实习、生产实习，模型、教具，参观、社会实践等活动，大学生将获取大量的实物形象信息。教师的身教，英雄模范事迹，优秀大学生的模范行动，电影、电视，法庭审判，打击假、冒、伪、劣产品等，都将使大学生获得行为表现信息。所有这些信息，都将引起大学生的注意，将有意识、有选择地通过自身的感受器官进行感知。作用于感官的一切外在事物，将转化为信息而输入大学生大脑，这就是获得大量信息的过程。这些信息有具体和直观材料的感性认识，也有抽象概念和象征意义的认识，但获取的所有认识还未得到真正理解。

2. 信息转换阶段

该阶段是在感知的基础上，对已获取的信息进行理解、领会。领会知识的来源、内容、作用意义及结构；并对获取的信息进行加工，理解其事物的本质，进行概括、综合使其系统化、规范化，成为规律性的知识，并将其编入主体（ZT）的知识体系。该阶段大学生的核心心理因素是思维。外来信息进行内化需要思维；使知识概括化、系统化、认识事物的本质规律需要思维；将外来信息纳入原有知识体系进行编码加工需要思维。获取信息主要靠感知，而加工、

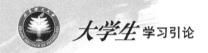

处理信息主要靠思维，是对知识、现象进行的消化吸收。信息转换阶段，就像工业生产的加工过程一样，原材料固然十分重要，但加工的水平、精度、产品的高新技术含量等都对产品的市场竞争能力有重要作用。因此，信息转换阶段，对大学生的学习过程至关重要，是体现学习效益的重要阶段。有的同学学习很刻苦，但是缺乏理解，死记硬背不能消化吸收；有的同学书看得很多，但加工肤浅、不精细，概括、综合不好，未能转化进主体知识体系，结果学习成效很差、使用价值低。

3. 信息贮存阶段

信息贮存就是把所获得的信息，经过编码，将其贮存起来，为信息的检索和提取提供方便条件。信息贮存阶段大学生的核心心理因素是记忆。认知心理学认为，记忆是对信息的编码、贮存和提取的过程。编码在这里是指把信息纳入一种系统，即改变信息，使它成为适于人记忆的形式。在短时记忆中，人们可以根据输入信息的声音特点、视觉特点或其含义对信息进行编码组织。在长时记忆中，编码情况就更加复杂，例如可以用替换、内部添加、删除、想象、重组等使难以记住的信息便于存贮与提取。有人认为，对输入信息的编码是有效地记忆的必要环节。工科大学生需要良好的信息存贮。不仅要存贮经过编码的口头和书面语言信息，而且要重视实物、形象信息和行为表现信息的贮存。工科大学生不仅要用已有知识探求新的知识，用综合性知识解决工程实际问题，而且要利用所学知识和实物形象信息，根据社会需要，再造、构思新的产品，进行新的创造活动。

4. 信息反馈输出阶段

信息反馈输出，就是将大脑贮存的信息进行检索和提取的过程。它的核心心理因素是对感知、思维、记忆的强化，其主导因素还是思维。提取过程和编码加工过程非常相似，也可以用深度和精密程度来描述它们的特征。提取过程和原来加工编码过程越相近，记忆保持得也就越好。同样，提取线索引起的操作过程和编码时进行的操作过程越相近，提取也越有效。所以，记忆效果不仅取决于编码加工的深度，也取决于编码加工与提取之间的相互作用。

信息反馈输出阶段，是学习过程的巩固阶段。大学生通过复习和做练习题，加深、充实、巩固、提高了所学知识；通过综合练习、课程设计、毕业设计及参加科研活动，检查了学习的成果，提供了学习反馈的信息，将把学习活动推向更高水平。大学生通过提取信息，进行工程基本训练，解决工程实际问题，从而对贮存的信息，通过反馈和评价，判断信息的正确性，并进行修正、充实与提高。

第二节 感觉与知觉过程

感觉与知觉人们有时统称为感知。

一、感觉

(一) 感觉的含义

感觉是人脑对当前直接作用于感觉器官的客观事物的个别属性的反映。

感觉是日常生活中最常见的心理现象。客观世界是一个内容丰富、多彩多姿、不断变化着的信息源,它们无时无刻不在作用于人体。人们眼睛会看到五颜六色、千姿百态的花草树木,形形色色的交通工具和各种机电设备;耳朵听到嘈杂喧闹声、雷声;天气变化身体感到的冷热,身体碰到坚硬东西的疼痛感;手摸东西感到的光滑或粗糙;舌头尝到酸、辣、苦、甜,鼻子闻到的香、臭味等等,所有这些心理现象,都是大脑对感观事物个别属性的反映。虽然它是简单的心理现象,但它是各种高级、复杂心理现象的基础。

(二) 感觉的作用和意义

1. 感觉是一切比较高级、复杂心理活动的基础。

从生物进化到人类出现的整个过程来看,感觉是动物心理发展最早出现的心理现象。随着动物的不断进化,才在感觉的基础上出现了知觉和具体思维。

2. 感觉是人认识客观世界的开端,是一切知识的源泉。

人的认识也是首先从感觉开始。对一个人未进行接触前,只能说出外型感觉,经过多次接触,听其言、观其行之后,才有可能说出该人的全面印象,但首先是从个别印象开始的。

3. 感觉是人正常活动的必要条件。

因为有机体对周围环境的适应,是以经常的信息平衡为前提的,否则会造成有机体的严重心理障碍。加拿大心理学家赫布和贝克斯顿进行过"感觉剥夺实验",在隔音室被蒙上眼、堵住耳、套上手套,剥夺听觉、视觉和触觉,结果被试人产生难以忍受的痛苦,只能坚持三天。而且人心理产生异常,注意力

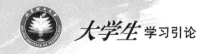

不集中，不能进行连续清晰的思考，甚至产生幻觉、神经质，产生恐怖症。被试人走出实验室后，注意力和思维力都受到严重影响。这就是说人要没有刺激、没有感觉，不仅不能进行正常的认识活动，而且心理机能也会遭到破坏。由此看出，大学生主动的接受各种信息，对心理健康、认识能力的提高都有重要作用。

二、知觉

（一）知觉的含义

知觉是人脑对当前直接作用于感觉器官的客观事物的整体及其外部相互关系的反映。它是多种感觉器官联合活动的结果，是大脑对不同感受通道信息综合加工的反映。

知觉是在感觉的基础上形成的，是多种感觉器官联合活动的结果。如对一个苹果的知觉是由视觉分析器反映苹果的颜色、形状、大小等属性，由触觉分析器反映苹果的软硬、滑涩等属性，由味觉分析器反映苹果的酸甜等属性，由嗅觉分析器反映苹果的清香等属性。因此，对苹果这个刺激物的知觉是各种器官联合活动的结果。

（二）知觉与感觉的异同点

知觉与感觉的共同点：它们都是当前的具体事物在人脑中的直接反映，离开具体事物的直接作用，便不能产生感觉或知觉。

知觉与感觉的不同点：感觉是对事物个别属性的反映，知觉是对事物的各种不同属性、不同部分及其相互关系的综合反映，即整体性反映；感觉一般是个别感觉器官活动的结果，知觉是多种感觉器官联合活动的结果；知觉不仅是器官活动的结果，还有兴趣、需要、动机、记忆、言语、思维等参与活动并且极大地依赖于一个人过去的知识经验。

由此看出，大学生学习认知过程信息的接收效果，不仅与刺激物有关，而且与大学生主体的心理素质、非智力因素和知识经验也有密切的关系，说明了接收信息前准备工作的重要作用。

（三）知觉的基本特征

1. 知觉的选择性

人的知觉的对象，往往是存在于复杂的环境之中，所以人的知觉有一种特性，即优先的知觉物，形成清晰的映象，对其周围事物，只当成暗衬和背景形成模糊感觉，这种特性叫做知觉的选择性。

影响知觉选择性的因素：

其一，对象和背景的差别性。差别性越大，越易选。教材、参考书中加黑体字、注加重号、或由文字转化成简图、图形，加强信息的刺激性，有助于大学生主体的选择。

其二，对象的活动性。具有运动的对象易被人知觉。在学习过程中活动教具、电影、电视等提供的信息易被主体接收。

其三，刺激物的新颖性。学习过程中活跃的教学方式（如讨论课），新奇的内容，典型、吸引人的案例等信息，易被主体接收。

2. 知觉的整体性

客观事物的个别属性作用于人的感官时，人能够根据知识经验把它感受为一个整体，这就是知觉的整体性。

知觉整体性对于人们快速识别客观事物有重要意义。因为世间的事物都在千变万化之中，大学生如果因为客观事物发生了一定变化就不能识别，就会给生活、学习带来很大困难。但只要在认识客观事物时抓住了主要特征，就自然会做出整体性反映。

3. 知觉的理解性

人们在识别事物过程中，不仅知觉到对象的某些外部特征，而且还可以用自己的知识经验，对知觉对象按自己的意图做出解释，知觉的这种特性称为知觉的理解性。

知觉理解性对大学生接收信息和加工信息、编码都有重要影响。因此，提高知觉的理解性就要加强知识经验的积累，增进对知觉对象的主动性、积极性。

4. 知觉的恒常性

恒常性是指在知识经验的参与下，当知觉条件在一定范围内发生了变化，被感知对象的映象仍保持相对不变的特性。

恒常性对认识客观事物有重要意义，它能在客观条件改变时，仍按事物的实际面貌在头脑中反映事物。因为人们有"头发是黑的"经验，在太阳下观看头发不管迎光面、背光面都认为是黑的。晚上看花草，脑子里反映的还是粉红的花、绿的叶。高山上看山腰的汽车，虽形似火柴盒，但在人的头脑中仍是大汽车。

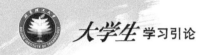

三、大学生观察力培养

观察是一种有目的、有计划、有组织的知觉,是一种主动的知觉,也称为思维的知觉。观察力是指人们对客观事物知觉过程中所取得效果水平的评定,它是构成智力的重要因素之一。

一个具有良好观察力的人,不仅勤于观察,而且善于观察,能够发现容易被别人忽略的细微而有价值的事实,或能敏锐地发现事物隐蔽的重要特征。这一点已被国内外许多发现、发明的事实所证实。观察力对人们的各种实践活动有重要意义。对大学生学习活动的重要作用更不例外。它是工程实践、工程训练的基础,它是工程应用的前提,是创造性学习的必备条件。观察力不是单一的知觉能力,而是要受到注意力、思维力等因素影响,同时还要受意志、性格、兴趣、爱好等非智力因素的制约。

(1) 提高培养观察能力自觉性,养成良好的观察习惯。这就需要明确观察力的重要作用、意义,特别是对未来工程技术人员的特殊意义及特殊要求,进行有的放矢的培养。

(2) 学习观察方法。大学生应根据专业学习和科学研究的需要明确观察的目的任务,拟订可行的观察计划,以使自己能够按合理的顺序周密细致地进行观察。如实习观察方法、实验观察方法、社会实践观察方法等。

(3) 多想、多思。观察与思维密切相关,紧密结合,故也叫"思维的知觉"。观察过程中,积极地思维活动,能使在纷乱繁杂的现象中,排除事物的偶然、次要成分,抓住事物的主要特点,从转瞬即逝的现象中,发现重要的线索。

(4) 养成优良的意志品质。观察是一种艰巨复杂,有时甚至是枯燥无味的活动,坚持观察需要坚强的意志力,需要坚韧性、耐性等优良的意志品质。

第三节 思维过程

思维是信息转换阶段的核心心理因素,同时对信息接收、贮存、输出、反馈也具有一定的意义。因此,研究思维过程对大学生学习认知过程有重要意义。但由于本书第八章将对思维做专门论述,这里就不详加说明,只从思维基本过程角度，联系大学生学习认知过程的实际，加以叙述。从感性到理性认识信息的转换过程，都是通过一系列的思维过程实现的。思维过程主要有分析、综合、比较、抽象和概括、具体化和系统化。其中分析和综合是思维的基本过程。

一、分析和综合

分析是在头脑里把事物的整体分解为各个部分、个别方面或个别特征进行认识的过程。综合则是把事物的各个部分、个别方面或个别特征结合起来进行认识的过程。分析与综合既是彼此相反而又是密切联系的过程。分析总是从整体中分解各个部分或特征，它总是为最初的综合所指引，而又是认识整体的途径和方法。在分析的基础上再次进行综合，就能更充分深入地认识整体。人对客观事物的认识总是在不断地分析和综合过程中循环上升的。分析和综合可以在不同水平上进行，可以有不同的阶段：如知觉水平上的分析综合，表象水平上的分析综合，概念水平上的分析综合。形成由低级到高级，由感性到理性的认识过程。

教学过程是师生在共同实现教学任务中的活动变换及其时间流程，是教和学的双边活动，自始至终存在着分析与综合的过程。一些同学在重理论轻实践思想的影响下，形成了重分析轻综合的偏向，理论上可以说得条条是道，但应用起来无从下手，综合不起来。大学生在学习过程中，既要重视分析，更要重视综合。有人这样说"综合就是创造"，这是毫不夸大的。工程技术人员的任务是将技术物化为产品，这本身就是技术的综合过程。因此大学生在学习过程中不仅要掌握分析的方法，也要掌握综合的方法，完成思维的全部过程，形成优良的信息转化过程。

二、比较

比较是研究事物异同点的过程。

比较总是在事物的一定方面进行的，是在分析与综合的基础上进行的。为了认识事物的异同点，首先要对被比较事物进行全面分析，找出它们相应方面的特征，然后依次进行比较，确定事物这些相应方面的异或同，也就是从分析到综合。因此，比较是分析与综合的表现。人们常说："有比较，才能有鉴别。"人认识客观事物都是通过比较实现的。比较可以是横向的、纵向的、时

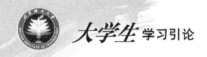

间的、空间的，也可以是物质的或精神的。

比较是大学生认识事物的重要方法，也是掌握知识、培养能力的重要方法。要通过比较使自己能在不同事物中看出共同点，从相似事物中看出差异。在学习过程中，要尽量避免单打一，要充分利用综合比较的方法。例如做习题要进行不同方法的比较；实习要多进行加工方法、机器设备的性能比较；课程设计、毕业设计多做方案论证比较；就是在群体生活中，也应利用比较发现别人的长处，取人之长补己之短。在信息转化过程中，只有充分比较，才能更好地掌握事物的本质特征，进行编码译码，做到更好地贮存。

三、抽象和概括

抽象是指区分出事物共同的、本质的特征，而舍弃其他次要特征的过程。概括是将抽象出来的事物的共同的、本质的特征结合起来，推广应用到其他同类事物上去的过程。例如我们对各种鸟进行分析、比较之后，可抽出"有羽毛"和"是动物"这些共同的、本质的特征，舍弃了翅膀长短、体形大小、羽毛的颜色等，这就是抽象。在抽象的基础上把"有羽毛"和"动物"等共同的本质的特征联系起来，从而综合出"鸟是有羽毛的动物"，这个思维过程就是概括。

大学生在学习过程中，要充分利用抽象和概括的思维方法，使由感性到理性，由具体到一般所认识的客观事物，形成概念，这是思维最基本的单位。大学生的学习，主要是人类间接经验的学习，因此，掌握的知识主要是抽象概括后的基本概念。大学生在学习中，不仅要掌握概念，而且应学会形成概念的基本思维方法。

四、具体化和系统化

具体化是把概括的知识用于具体的、个别的场合。学就是为了用，只有具体化使一般的抽象的原理，与直观的感性的或熟悉的东西联系起来，才能使概念容易理解和掌握，才能使大学生认识不断深化、扩大和丰富起来。系统化是把已经理解的知识归入某种一定的序列（归类），使知识构成一个统一的整体。就是说大学生应把所学习的知识，和原有的知识联系起来，使其系统化、结构化，形成知识网络，这就是所谓的"书越读越薄"。只有网络化的知识才便于编码贮存，便于输出提取。

第四节 记忆过程

记忆是对信息的编码、贮存和提取的过程。它是信息贮存阶段大学生的核心心理因素。

一、记忆的概述

（一）记忆的含义

记忆是过去经历过的事物在人脑中的反映。就是人们在实践过程中，对感知过的事物、思考过的问题、学习过的知识、体验过的情感、练习过的动作、经历过的事物等，都会在头脑中留下不同程度的印象，其中有一部分能在头脑中保持相当的时间，并且能在一定条件下得到恢复，这就是记忆。用信息论的观点来说，记忆是指人脑对从外界接收的信息进行加工、编码、贮存和提取的过程。

（二）记忆的环节

记忆是一个复杂的心理过程，它主要包括识记、保持、回忆及再认几个环节。识记是识别和记住事物，从而积累知识经验的过程。按信息论说法是信息输入和编码的过程。保持是巩固已获得知识经验的过程，实际上就是避免遗忘的问题。回忆是过去经历过的事物在头脑中重新呈现出来的过程。再认则是过去经历过的事物再次出现时能够辨认出来的状况。回忆和再认的区别在于再认是在感知过程中进行的；回忆是在感知之外，通过一定思维活动进行的。

（三）记忆的作用

记忆是一个基本的心理过程，没有记忆就不能进行活动。

大学生在学习过程中，没有原有知识经验的记忆，就不能辨认周围的事物；不能理解、认识新的事物。没有记忆，人的动作经验不能保持，不仅人的正常行为不能进行，新的动作技能也不能发展。没有记忆，就不能保持词语和概念，当然知识的学习也就难以进行。因此，没有记忆，人们的心理发展将受到很大

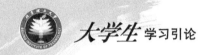

影响，大学生的学习活动，也将被抑制。

二、记忆的种类

（一）根据记忆的内容来划分

1. 形象记忆

形象记忆是指以过去感知过事物的具体形象为内容的记忆。它保持有事物的感性特征，具有显著的直观性，既可以是视觉形象，也可以是听觉的、触觉的或味觉的形象等，但一般以视觉和听觉记忆为主。

形象记忆与人的形象思维密切相关，形象一般生动、具体、直观，记忆效果较好，在信息接收、转化、贮存、提取上均具有优越性，而且形象思维又是创造思维的核心，灵感、直觉、想象无一不是以形象思维为基础。因此，大学生重视利用形象记忆，对学习认知过程有着重要意义。

2. 语词逻辑记忆

语词逻辑记忆是指用词的形式，在头脑中以概念、判断以及事物本身的意义或命题等为内容的记忆。它具有概括性、理解性和逻辑性等特点。

语词逻辑记忆与人的抽象思维密切相关，它是随着抽象思维能力的发展而发展的。它是大学生记忆的主要形式，也是最简便、最经济的记忆形式，它也是人类特有的记忆形式。

3. 情绪记忆

情绪记忆是指以个体体验过的某种情绪或情感为内容的记忆。人们的记忆状况与很多因素有关，刺激物对大脑皮层的刺激反应有重要影响，情绪、感情是反应结果。因此，情绪记忆一般比较牢固长久。大脑贮存的信息，最易提取的也是情绪记忆的内容。

4. 运动记忆

运动记忆是指以人们操作过的动作为内容的记忆。有些人对各种动作记忆较快、较牢固，而且准确。人们初学动作较难，但学会后记下来较牢固。如学会骑自行车后，长期不骑，当你拿到自行车再骑照样可以运行。

（二）根据输入信息的编码方式和贮存时间长短不同来划分

20世纪60年代认知心理学关于记忆存贮的流行看法是，记忆中的信息以不同类型的方式存贮。不同存贮方式的记忆编码形式，保持时间以及容量都各不相同。其中最有代表性的是阿特金森（R. C. Atinson）和希弗林（R. M. Shiffrin）1968年提出的多存贮模型（见图7-2）。该理论认为记忆有三种不同的信息存贮系统，即感觉登记（感觉贮存）、短时贮存和长时存贮。

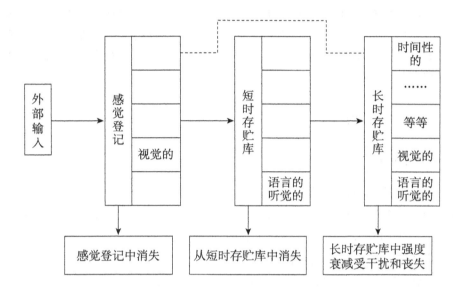

图7-2 记忆存贮库理论示意

1. 瞬时记忆

瞬时记忆（感觉登记或感觉记忆）是指感觉信息在人脑中还能继续保持一个很短的时间的记忆。它是记忆系统的开始阶段。该段最多的是视觉记忆和听觉记忆。特点是保存的信息量大，但时间短，信息未经过复杂加工，但是进一步加工（知觉、记忆、思维）的基础。信息具有鲜明的形象性，保存时间在0.25~2秒。

2. 短时记忆

短时记忆（或操作记忆）是瞬时记忆和长时记忆的中间阶段，信息保留时间大约在一分钟。短时记忆对大学生的生活、学习和工作都是不可缺少的。例如打电话时记电话号码，做练习时各种公式、数据，听课时既听又记笔记。短时记忆的主要成分有二：其一为直接记忆。输入的信息未经过进一步加工，容量有限，编码方式以言语和听觉形式为主，也有视觉和语义编码。存贮的信息，会随时间自动消失。其二为工作记忆。即输入的信息经过再编码容量扩大，由于部分信息进行了意义编码，而进入了长时记忆。

3. 长时记忆

长时记忆指信息经过充分的和有一定深度的加工后，在头脑中长时间保留的记忆。信息保存时间长，从一分钟以上到终身。长时记忆的信息，来自短时记忆阶段的内容加工。长时记忆主要以意义的方式进行编码，加以整理、归类贮存和提取。这种信息是有组织、系统化、结构化的，这对大学生的学习和行为决策都有重要意义。

三、保持与遗忘

（一）保持

保持意指感知过的事物、体验过的情感、做过的动作、思考过的问题等在头脑中的编码和贮存的过程。它对记忆过程有重要作用，没有保持就没有记忆。但保持是一个动态过程，记忆内容的保持是发展变化的。

1. 记忆中保持内容的变化

在记忆的保持过程中，由于主体对输入的信息进行加工、改组、编码，利用旧经验对新知识进行整合，使识记过的材料与内容，在量和质上都要发生一系列变化。保持变化的结果是：其一，简略与概括。原来记忆图形中某些细节和不太重要的环节逐渐消失，重要部分以简略和概括方式保持下来。其二，完整和合理。回忆的内容，重要的图形，比当初识记的原图形及内容，更趋完整、合理、有意义。其三，详细与具体。回忆的映象更加详细而具体，更接近具体生动的形象。其四，夸张与突出。回忆比识记的原图形，更鲜明、形象、夸张、突出，更具特色。

2. 记忆保持内容变化的恢复现象

记忆保持内容的变化，还表现为记忆恢复现象。所谓记忆恢复是指学习某材料后相隔2～3日后再进行测量所得到的保持量比学习后立即测量到的保持量要高。经研究，这种现象在学习较难的材料比学习较容易的材料更容易出现；学习程度较低者比学习纯熟的更容易发生。记忆恢复现象（见图7-3），所以发生，是由于识记时持续学习产生了积累的抑制，影响识记后的记忆成绩，等过一段时间，抑制被解除后，记忆成绩可能恢复提高。

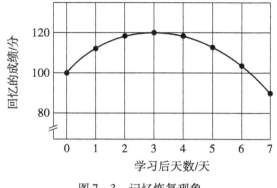

图 7-3 记忆恢复现象

（二）遗忘

1. 什么是遗忘

遗忘是对曾经感知过、体验过、动作过的对象和现象不能回忆或再认，或者是错误的回忆和再认，也就是记忆信息提取不出来或者提错。

遗忘分为暂时性遗忘和永久性遗忘两种。永久性遗忘是短时记忆的遗忘，是未转入长时记忆信息就消失。暂时性遗忘是长时记忆的遗忘，是由于长时记忆的内容受干扰，临时不能被提取，但在适宜条件还可能恢复起来。

2. 遗忘的特点

从图7-4提供的遗忘曲线可以看出遗忘的特点是先快后慢，识记后最初遗忘较快，后来就逐渐变慢，这种不平衡的发展就是遗忘规律。一般不重要和未复习的内容易遗忘；抽象内容比形象内容易遗忘；无意义材料比有意义材料易遗忘。

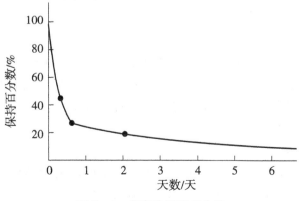

图 7-4 艾宾浩斯遗忘曲线

3. 影响遗忘进程的因素

（1）学习态度。学习者对识记材料的需要、兴趣等对遗忘快慢有一定影响。例如爱唱歌的人，好歌听几遍就会唱且不遗忘。

（2）识记材料的性质和数量。一般熟练动作遗忘得慢，形象性材料不易遗忘；有意义材料比无意义材料遗忘慢；学习材料超过记忆数量，同样认识水平，识记材料多，则遗忘得也较快。

（3）学习程度。研究证明，低度学习的材料易遗忘，过度学习的材料要比能成诵的材料记忆效果保持得好一些。

（4）材料在序列中的位置。一般是排列在序列首末两端部位的材料容易记忆，不易遗忘，排列在中间部位的较易遗忘。

四、大学生记忆能力培养

记忆能力培养，实质上就是记忆品质的培养。

（一）大学生的记忆品质

1. 识记的敏捷性

敏捷性就是记得快，但单纯的快并不说明记忆品质好。如有的人记得虽快，忘得也快。有的人记得快，但记不准确。所以评价记忆敏捷性品质，必须和其他记忆品质相结合。提高记忆敏捷性，在识记时必须注意力集中，专心致志。

2. 保持的持久性

记忆的重要品质，就是看是否记得牢，记过的事物经久不忘。保持记忆持久的重要方法就是组织合理的复习和经常应用。

3. 记忆的精确性

记忆不仅要记得牢，而且要记得准确、不失真，否则"牢"就失去意义。为了提高记忆精确性，除专心识记和复习外，还要经常把类似的材料加以比较，区别异同，掌握其本质特点。在回忆时，要实事求是，要严格区分记得准确和含混不清的部分，然后多进行核对复习。

4. 记忆的准备性

记是为了用，贮存的信息在使用时能迅速提取出来的品质，就是记忆的准备性。要使存贮的信息能够有效、及时地为实践服务，提高记忆的准备性，首先必须使存贮的知识经验系统化、结构化；其次是要通过理解识记，使知识间彼此相通；第三是熟练地掌握回忆的技能和方法。

（二）大学生怎样培养记忆品质

（1）明确培养提高记忆品质的目标，要结合专业特点，未来工程师职业对记忆的特殊的、具体的要求去努力培养。

（2）要根据增强保持、减少遗忘的规律，掌握科学的记忆方法，如理解记忆，联系记忆，多次重复记忆，抓住突出记忆，以积极地学习态度记忆，增强自信心记忆，通过经常应用记忆，理解实际意义记忆，把所学知识系统化结构化记忆，手、耳、眼并用记忆等。

（3）努力丰富、充实自己的知识经验，养成对学习材料进行逻辑加工的习惯，使知识系统化、概括化。

（4）学习过程中要重视知识的应用，包括练习、大作业、课程设计、毕业设计等。同时，要多参加各种相关实践活动，特别是科研和工程实践活动，培养适合职业要求的记忆能力。

（5）充分认识自己记忆品质的优缺点，在学习的各个环节中，改进记忆的不足之处。经常为自己提记忆的各项要求、经常锻炼。

第八章　大学生思维的发展

随着科学技术的发展，人们对自身的研究日益深入，思维科学已引起人们的普遍重视。思维对于知识的发展，对智力和智慧的形成起着关键性作用。大学生学习思维科学，目的就在于掌握思维规律，提高学习效率。

第一节　思维概述

著名科普作家、科学家高士其曾说："思维的科学是培养人才的科学，人才培养成人的关键在于思维，在于科学的思维。"因此，大学生思维能力的培养，是大学教学过程的一项重要任务。

关于思维科学，作为一个科学门类，还在构建之中。在自然科学、社会科学从哲学体系中分离出去以后，哲学"只留下一个纯粹思想的领域：关于思维过程本身的规律的学说，即逻辑和辩证法。"作为本体论世界观的哲学，为人类的思维活动提供一系列方法论的根本指导原则，而逻辑学则是人类思维经验的概括和总结。属于思维科学门类的具体科学，包括思维的生理科学，诸如心理学、神经生理学等；还包括思维科学的技术科学，诸如系统科学、数学、语言学、符号学及思维应用科学等。

一、思维的含义

在现代汉语里，"思维"是一个多义词，不同的语境，具有不同的含义，有的指思想，有的指精神，有的指意识，有的指认识活动。我们这里所说的思维，是指人的认识活动。这种认识活动，是人类所具有的、有意识的、能控制的认识活动。

思维是客观事物在人脑中概括和间接的反映。思维是借助言语实现人的理性认识过程，揭露事物的本质和规律。人们经常所说的"让我想一想""让我考虑一下"，或说"我预计""我们这样来设想一下""眉头一皱，计上心来"等，都是思维活动的表现形式。

二、思维活动的主要特点

（一）思维是人脑对客观现实的概括反映

概括反映，就是反映一类事物共同的本质属性，反映事物的内在规律。对事物本质特征的概括是人类思维活动的基本特征之一。我们在大学所学的许多课程，都是各种事物的不同概括反映，数学中的微积分、概率统计；物理中的运动学、电学；哲学中的各种概念、定理；化学中的各种反应定律等等，都是人类思维的概括反映的结果。由于是本质属性的反映，所以，这些基础理论所得出的结论，可以在各类事物中得到广泛的应用。这也就是加强基础理论学习的可贵之处。

（二）思维是人脑对客观现实的间接反映形式

思维不是直接的，而是通过其他事物为媒介反映客观事物。它是借助已有的知识经验，来理解或把握那些未直接感知过的，或根本不可以感知过的事物，或预见和推知事物发展的进程。人们早晨起来发现路面潮湿，就认为昨晚下过小雨；中医通过号脉、看某些器官，可以判断你有什么病；我国气象专家根据收集到的资料，可以预报一周的天气状况。这些间接反映的结果，可能正确，也可能错误，关键在于知识经验是否丰富，是否具有应用的广泛性，只有符合了客观事物的规律，这种间接反映结果才能正确。人们的假设、想象、联想、理想等都是以思维的间接性为基础的。

三、思维与语言、知识、实践的关系

（一）思维与语言的关系

思维与语言互为依存，相互促进共同发展。语言本身是人类交际的工具，同时在一定条件下也是思维的工具。语言本身具有概括性，是人们共同理解的符号，因此，用语言可以表征出思维的特点，概括性和间接性。语言的概括性

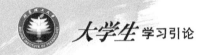

促进了抽象思维的发展。如圆形可代表圆桌、圆盘、圆杯等；水果代表了梨、杏、苹果、柑等；灯代表了电灯、油灯、汽灯等。语言的简洁性简化了思维过程，促进了对事物本质属性的抽象。如思考问题的过程，不需要事事都经过感知，只需用语言符号代替就可表述。由此可见，语言是思维的最重要的载体，是思想的直接表现者。人类的思维在语言形式的基础上才能进行高度抽象的思维活动。

语言与思维联系的主要表现：

1. 语言代表事物成为思维活动的刺激物

语言的概括性特点，可以代表事物的具体形象，用词表示概念进行思维。只用事物具体形象作刺激物，人的思维就只能停留在形象的反映上，不易抽象、概括出事物的本质规律。研究证明，语言对思维过程的发展有着明显的促进作用。

2. 思维是靠语言、词来表现的

用语言表达思想是任何其他方式所不能比拟的。手势固然也能表达，但动作有限，会表达的不完善、不准确，而且含义不会很丰富，特别是抽象的概念，必须用语言表达。

3. 语言、词的意义靠思维不断充实

语言是由词汇和语法规则构成的符号系统，而词汇和语法规则都是思维的成果。就是说人类语言、词的发展也是靠思维进行的。

（二）思维与知识的关系

思维与知识密切相关。知识是思维的基本要素，是思维存在的基础。人类的思维活动，就是在一定的知识基础上进行的。知识既是思维的内容，又是思维的产物，而思维则是运用已有的知识去分析，思考解决问题并获得新知识的过程。

1. 知识是构成思维方式的基础内容

只有具备一定的知识，人们才能构筑思维的框架，进行正常的思维活动。试想爱因斯坦没有一定的力学知识，不熟知牛顿的三大定律，就不可能在力学领域进行"相对论"的研究，获得"相对论"的思维成果。一介对数学一无所知的人，不可能研究出哥德巴赫猜想精神产品。可见，知识是构成思维方式的基础内容，并通过它揭示、探索未知事物。

2. 知识是产生思维形式和思维方法的土壤

一种思维方式的形成，总是以一定的知识、知识结构及其产生的思维形式和方法为其条件的。古代科学不发达，人们的知识水平主要是经验知识，所以当时人的思维属于经验思维。随着社会的发展，人们知识的不断丰富和系统化、结构化，遵循特有的逻辑程序进行思维活动，运用概念、推理、判断等思维形式，超越具体事物进行抽象思维，形成了科学的理论思维。可以预见，随着科学知识的不断发展，思维方式的科学化程度将越来越高。

3. 知识的迅猛发展，必然引起思维方式的革命性变革，促使思维方式进一步科学化

原始时代的原始思维是一种非概念推理的直观象征思维，是低级阶段的形象思维。原因何在，就因为当时没有文字、缺少科学知识。当人类出现了文字、进入文明时代之后，人们就能以混沌的、模糊的整体性认识去把握世界总体上的粗犷轮廓；产生了科学知识，人类的思维方式也随之变革，产生了朴素的辩证思维方式。近代，随着自然科学的发展，以进化论为特点的形而上学思维方式跟着兴起。当科学知识得到了飞速发展之后，今天自觉的辩证思维也成为当代的基本思维方式。可以断言，随着科学技术突飞猛进的发展，人类的思维方式还会发生新的变革。

思维离不开知识，同样知识也离不开思维。没有思维，就不会有人类，更谈不上产生人类的知识。没有思维，就不能出现文字，更不可能产生科学。同样，没有思维，人类的知识不仅不能创造，而且也不能被个人所获取。大学生提高思维水平需要科学知识，要想获取知识，也需要积极地思考积极地实践、积极地学习。大学生学习知识不是为贮存，而是为了探究未来，这就更需要积极地思维。

（三）思维与实践的关系

劳动创造了人类，也创造了人的思维机能。人们所从事的物质生产、精神生产、社会工作，都是社会实践，人的思维活动就是在这些活动中产生、发展。所以，实践是思维的生命源泉。

1. 人的实践活动是产生思维的原动力

人具有思维能力，就能进行思维活动，但并不等于就一定会进行思维活动。只有在实践中认为实践需要才进行思维活动。

实践活动是产生思维的原动力。当课堂上老师提出讨论题，你就会查询资

料，开动脑筋，寻求答案，开始了紧张的思维活动，此时思维的原动力来源于学习目的；在战场上，战斗在紧张的进行，由于敌人火力凶猛，强攻难以取胜，此时战地指挥员要想按时完成任务，就要开动脑筋想办法，以智谋取得胜利，此时思维的原动力来源于战地命令。

   2. 实践活动决定思维活动的类型

　　大学生完成数学运算解题，除了经验之外，主要是运用已掌握的数学概念、定义、定理、公理进行抽象逻辑思维。大学生进行金工实习时操作机床、完成钳工作件，就要运用经验思维。大学生完成制图作业，画结构图，就需要有丰富的形象思维能力。大学生在学习过程中，会碰到许多难以解决的问题，按常规逻辑思维则百思不得其解，搞得人精疲力竭，只有稍事休息避开问题思考，超越原有的思考逻辑，答案会在头脑里突然出现，这就是灵感思维的结果。事实说明，实践要求各种类型的思维活动，因此，大学生必须有计划、有目的地训练各种类型思维能力。

   3. 实践活动为思维提供素材和经验

　　思维实际上就是对信息的加工，信息是来源于实践。离开实践思维就是无源之水、无本之木。只有在实践活动中对感性材料的多次大量感知，才有可能概括抽象出事物共同的本质特征。一个出色的画家，如果没有对各种雪景的大量多次感知、观察，就画不出优美的雪景画。毛主席如果没有深入农村对井冈山、才溪乡的深入调查，对各阶层生活状况的统计分析，就很难写出《中国社会各阶层的分析》的著名论断。著名音乐家聂耳如果没有对中国抗日人民大众的深刻体察，没有对日本帝国主义侵华罪行亲眼目睹，没有对敌人的极大仇恨、对人民的无限热爱，也写不出《义勇军进行曲》这样名垂千秋的著名歌曲。

　　通过实践活动才能使思维活动取得经验。经验是思维的重要基础。大学生学习的科学知识，都是前人通过实践、感知，经过加工的思维产品，一般讲这些知识既是客观规律的总结，又是一定环境条件下的客观规律。大学生走向社会运用这些知识，既要对复杂的社会实践做深入细致地了解，又要不断掌握知识的发展变化。要在运用知识的过程中不断总结经验，丰富和发展原有的知识，只有这样才能适应不断变化的社会。

   4. 实践是检验思维正确与否的标准

　　思维的素材源于实践，思维的产品要应用于实践，检查思维产品正确与否的标准，就是看它是否符合实践要求。人民公社"一大二公"不适应生产力发展，而"联产承包责任制"在现阶段广大农村却调动了农民积极性，发展了生产，因此，它就是正确的。李四光提出的"板壳理论"经过各地区地震的预报分析证明是可信的。实践是检验真理的唯一标准。

第二节 大学生思维状况分析

大学生的学习，不仅是知识的学习、能力的培养和心理素质的培养，而更重要的是思维水平的提高。因此，对大学生思维发展的研究，大学生对思维方法的掌握，都是高等教育的重要任务。

一、思维的分类

思维是一个复杂的高级的心理现象，是大脑对感受器获取各种信息的加工，由于人类对自身研究的不足，至今还没有一个完整的、科学的思维分类系统，我们仅从各种不同角度作下分析。

（一）从思维的发展过程和抽象程度来划分

1. 行动思维

行动思维是依靠感知和动作进行的思维，是在具体事物的直接刺激下反映事物，依靠动作开展思维。思维的这种直觉性和行动性，表现出了动作在思维发展中的意义。3岁以前的儿童，只有感觉运动思维，思维是在感知和动作中进行，不是大脑思考。它的概括性主要表现在遇到类似的情境能以同样动作进行反应。而且，儿童的概括仅限于事物的外部属性，常依据事物之间的外部相似点进行判断。

成人的动作思维与儿童不同，它是高度发展的、与抽象思维相联系的。例如开车床的工人加工圆柱件出现了锥度问题，技术员既要分析人操作可能产生的因素，也要动手检查机床自身的精度，最后找出原因，排除故障。

2. 形象思维

形象思维是依靠直观形象进行的思维。幼儿时期的思维，正处于具体形象思维的发展阶段。他们是凭借事物的具体形象或表象及具体的语言符号来思维。能凭借具体形象的联想来进行。由于运用表象思维，幼儿只是根据表面现象来进行思考，而不是靠抽象概念和判断推理来进行思考。他们所思考、理解的客

观世界被局限在事物表面现象及这些现象之间的偶然关系上。

成人的形象思维与幼儿不同,已达到了高度的发展,并与抽象思维相联系。如布置房间,头脑中就会呈现出若干个陈设方案,经分析比较最后确定一种最好的。这种陈设方案的设想就是形象思维。形象思维的特点就是以表象或形象为思维的重要材料,借助于鲜明生动的语言作为物质外壳,在认识中带有强烈的情绪色彩,如文艺创作中对人物和自然景象的描述就是这样。

3. 抽象思维

抽象思维是依靠概念进行的思维,也就是词的思维。它是以概念、判断和推理的形式来反映事物的本质和规律。抽象思维也称抽象逻辑思维或理论思维,是思维发展的高级形式。抽象思维是人的本质的典型的思维,但它也离不了直观形象或实际操作。

抽象思维一般可分为经验型和理论型两种类型。前者是实践活动的基础上,以实际经验为依据形成的概念、判断和推理,如老工人、老农民、老干部对生产、工作中出现的问题多是以经验来解决。后者是以理论为依据,运用科学的概念、原理、定理、公式等进行判断和推理,教学工作者、理论工作者就是此类。

(二) 根据思维探索答案的方式来划分

1. 集中思维

集中思维又称求同思维或聚合思维。这种思维是把问题所提供的各种信息集中起来寻求一个正确的答案或一个最好的解决方案。它的思维方向是集中于同一方面,即从同一方面去思考;它是以问题的某一条件与某一答案的联系为基础的,因而是目标集中的逻辑式推理思维。也只有问题存在一个正确的或最好的方案时,才会有这种思维。例如从云南到北京有空路、公路、铁路,但路途最短,耗时最少,只能有一种。集中思维与发散思维在创造过程中往往是交替使用,但往往多用于过程的后一阶段。

2. 发散思维

发散思维又称求异思维或辐射思维。这种思维是根据问题所提供的信息,沿着各种不同的方向去思考,去寻求新的方法和途径,获得多种答案的一种思维方式。只有当问题存在多种答案可能性时,才需要发散思维。例如要求提出一种机构将回转运动转变为直线运动的技术方案,人们就可提出齿轮齿条机构、丝杠螺母机构、凸轮顶杆机构和曲柄连杆机构等多种办法。在创造过程中,运用发散思维进行思考，能够找出多种可能的设想方案，因而具有较强的思维选择性，选择对发明来说是不可缺少的。运用发散思维还能帮助发明者多角度、多层次、多结构地思考，因而有可能跳出常规思维方法束缚，朝别出心裁的方向开拓。这种思维多运用于创造过程的开始阶段。

（三）根据思维的主动性和独创性划分

1. 常规思维

常规思维又称习惯思维或再造思维（再生思维）。它是用常规的方法来解决问题的一种思维，缺乏主动性、独创性，就是按照已有的规范化的模式进行思维。如老师讲完一个定理、公式、让学生照葫芦画瓢做习题。

2. 创造性思维

创造性思维是创造活动中的一种思维。它是用新的方案或程序、创造新的思维产品的思维活动。创造性思维是一种综合性思维形式，是逻辑的与非逻辑的思维形式和心理活动的集合。在这个集合中，逻辑思维是发明过程的基本成分，而以形象思维为存在基础的直觉、想象、灵感等，在创造思维中具有核心的地位，是引起思维突变和连接逻辑中断的关键所在。而辩证逻辑思维则是整个思维过程的指挥者。

（四）根据思维过程是否有明确步骤和清晰的意识来划分

1. 直觉思维

直觉思维是在个人已有知识和经验的基础上，对面临的新问题、新事物或现象进行迅速地识别、直接地理解和整体地判断的过程。具有直接性、具体性和非分析性。"直觉思维模式是跳跃式的，没有明显的中间推理过程，也难以用言语表达过程和得出结论的原因，往往是知其然，不知其所以然。"实际上直觉思维的中间过程还是存在的，只是推理过程被压缩到了最低限度而不被思维者意识到。

爱因斯坦根据自己亲身的科学创造实践体会说："我相信直觉或灵感。"他强调，在科学创造过程中，从经验材料到提出新思想之间，没有"逻辑的桥梁"，必须诉诸灵感或直觉。

2. 分析思维

分析思维是按步骤进行的逻辑思维，运思过程和顺序层次是明显的，其中包括仔细的、演绎的推理，也包含着逐步地归纳过程。所以该思维又称逻

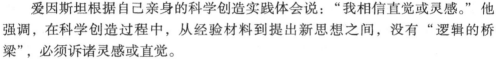

辑思维。如教学中的定理证明，一般的论证报告等都是以逻辑思维形式进行的。所谓逻辑思维形式，即指符合逻辑要求的思维。其基本内核不外是概念、判断、推理等思维方式；比较与分类、分析与综合、抽象与概括、归纳与演绎等逻辑方法，以及符合于形式逻辑基本规律所要求的同一律、矛盾律和排中律。简单说来，逻辑思维就是按照逻辑规律建立概念和命题之间推理关系的形式化思维。

二、大学生思维发展特点

（一）形式逻辑思维继续发展的同时辩证逻辑思维逐渐成熟和完善

形式逻辑思维，是指在感性认识的基础上对事物本质联系的抽象同一的反映。它所反映的是事物的相对静止性和不同事物之间的确定界限。在形式逻辑思维活动中，人总是先撇开事物的个别性、差异性和运动性，而孤立性、静止地、抽象地反映客观事物的某一方面。辩证逻辑思维，是指对客观现实的本质联系的对立统一的反映，它不仅反映事物之间的相互区别，而且反映事物之间的相互联系；不仅反映相对静止，而且反映它们的绝对运动。因此，这两种思维在反映内容和反映方式上，都有明显不同。

哈佛大学心理学教授威廉·珀瑞（Willam Perry）探讨了15岁以后的青少年，特别是大学生的思维发展，他将发展过程分为4个阶段9级水平，按珀瑞模型分析，刚入校的大学生思维水平基本处于2级或3级，为"二元论阶段"。该阶段大学生主要是获取掌握已有的知识，但对他们来说还是新的知识。他们的推理多是以对与错的形式出现，他们解答问题时，一般经常是非对即错，非此而彼，不存在其他情况。他们不能对自己观察的现象和遇到的问题给予多种解释和回答，总是等待教师的答案。该阶段的特点是凡事总要问一个"什么是正确"的答案。大学生入学经过基础科学的学习，进入"多元论阶段"。该阶段超越了二元论，认识到事物的复杂性和多样性，对于问题和习题解答，知道采用多元的不同的方法，但还不能多问、多维地思考，该阶段思维和推理，还处于具体运算和形式运算两阶段的过渡期，辩证思维有了发展，属于珀瑞模型的3、4级思维水平。大学生思维发展的"相对论阶段"是第三阶段，该阶段大学生知道通过感知、分析和评价加深对事物的理解，认识到价值是相对的，辩证逻辑的思想逐渐增强，进入到珀瑞模型的5、6级思维水平。人类思维发展的最高阶段是实践相对论辩证逻辑阶段。这时人们已认识到事物的发展是相对的，自己所采取的立场、观点是必要的，而且要具体问题具体分析，不同的场合作出不同的行动选择。认识到世间一切事物的结论都是有条件的、相对的，辩证逻辑思维有了相当的发展，达到珀瑞模型的7、8、9级思维水平。对于我国本科大学生，经过学习与训练，思维一般可达到多元论和相对论阶段，少数毕业生可达到实践相对论阶段的思维水平。

高等学校的教学，为大学生辩证逻辑思维的迅速发展，提供了十分有利的条件。在大学，学生不仅是掌握知识，而且要掌握科学理论、科学研究方法和科学的发展过程，以及科学理论的实际应用过程，这些都充满辩证逻辑思维方法的体现。大学的教学方法往往是与科学研究方法结合在一起，课程内容更是中学无法比拟的。中学的数学一般是"常数数学"，而高等学校的数学则是"变数数学"，而且是多元函数，必然从形式逻辑进到辩证逻辑阶段有辩证法的充分运用。大学的课程多是研究多元的复杂的事物，解决一个问题需要多维度、多层次地思考，需要全面系统地进行分析，需要对多种方案进行比较，进行优化。解决问题过程充满着分析、综合、比较、抽象、概括、具体化、系统化过程，对于训练、提高、培养辩证逻辑思维能力有着十分重要的作用。大学除了教育教学内容促进大学生辩证逻辑思维发展之外，大学的校园生活、社会实践、社团活动及人际交往都需有新的思维形式和思想方法，需要用对立统一规律去处理，这无疑也是提高大学生辩证逻辑思维的重要条件。

辩证逻辑思维是思维发展的高级阶段，但它与形式逻辑思维发展又是相辅相成的，密不可分的。形式逻辑思维是辩证逻辑思维发展的基础，为其发展提供了可能性；后者的发展又能促进前者的发展。但就大学阶段来说，应该着重发展大学生的辩证逻辑思维，同时也应积极培养形式逻辑思维。

（二）再造性思维发展的同时创造性思维有明显发展

思维活动总是与解决问题相联系，根据思维解决问题的性质不同，把思维活动区分为再造性思维和创造性思维。再造性思维解决的问题，是前人已经解决的，只是对学习者来说还是新颖的。创造性思维所解决的问题，是前人尚未解决，并对社会具有价值的问题。该两种思维方式互相联系、互相渗透。大学生的主要任务是学习人类长期积累起来的知识经验，基本属于再造性思维。但是，大学生处于学生向社会人的转化，是社会的未来高级人才，在再造性思维发展的同时，创造性思维要有明显的发展，担负起为社会作创造性贡献的重担。

我们的时代是科学技术迅猛发展的时代,知识急剧增长,新知识不断涌现。因此,大学的学习,只能是学习基本的知识,更重要的是培养创造性思维和开拓能力,学会获取知识和创造知识的本领。只有这样,才能适应社会的新变化,做新时代的主人。根据心理学家的研究与统计,我国创造的最佳年龄在25~45岁。因此,大学时期的创造性思维和创造力培养和训练,对一生中创造活动具有十分重要的意义。事实证明,许多优秀科技人才创造能力较强,很大程度上在于大学阶段兴趣广泛、博学多识、积极参加学术活动,提高了独立思考和独立判断能力。因此,大学阶段对创造性人才成长占有特殊重要地位。从高等学校的实际条件看,高水平人才聚集,学科门类比较齐全,实验仪器设备、实验方法都比较先进,科研信息灵通,图书、资料比较齐备,科研项目多,有大批研究生参加科研队伍,思想比较活跃,因此,为培养大学生创造性思维提供了十分有利的条件。

根据对上海、北京、重庆、郑州等7所大学8个系2、3年级学生思维特点的调查,在解答习题或问题时,喜欢独立思考、自己解答的占73%;喜欢自己思考并和同学共同讨论研究的占16%;寻找现成答案或很少思考的仅占11%。调查说明,大学教育应着重引导学生在教师指导下独立自主地学习,把探索与学习相结合,加强创造性思维培养。

三、大学生思维发展状况

根据北京理工大学2010年对267名三年级大学生的问卷调查,经过数据整理,对部分学生思维发展状况,作简要分析。

(一) 不同思维类型状况

1. 直觉性与分析型

直觉性学生约占57.55%,分析型约占40.97%,极端直觉型约为18.10%,极端分析型则为10.99%。这说明经过两年大学教育,多数大学生抽象思维能力还不高,理论思维水平还有待提高。

2. 发散型与集中型

从测验题统计结果看,发散思维型大学生约占36.21%,集中思维型约占62.29%,极端发散型为7.49%,极端集中型为18.10%。总体来看,集中型占了绝大多数,再造性思维占主导地位,思维灵活求异性强的大学生比例很低。

3. 常规型与创造型

根据数据统计,常规思维类型的学生约占 56.46%,创造思维型的约占 42.14%,极端常规型为 15.26%,极端创造型为 10.36%。就是说绝大多数大学生是常规型思维。

4. 推理型和归纳型

推理型大学生约占 60.68%,归纳型大学生约占 37.9%,极端推理型占 19.7%,极端归纳型占 10.19%。根据问卷题目内容,推理型基本按形式逻辑思维方式进行,归纳型偏重于辩证逻辑思维方式进行。因此,多数大学生还处于形式逻辑思维阶段,少部分人已进入辩证逻辑思维形式阶段,但是,辩证思维水平还不太高。

(二)形象思维培养发展状况

2010 年北京理工大学对三个不同系、不同年级形象思维状况进行了调查测验,其结果见表 8-1 和表 8-2。

表 8-1 形象思维测验对比表

测验对象	人数/人	最高分/分	最低分/分	平均分/分
车辆工程(一年级)	68	65	14	36
光学工程系(三年级)	17	71	28	47.5
工业设计系(三年级)	14	86	99	57

注:满分 100 分。

表 8-2 形象思维分段成绩对比表

系(年级) \ 分数段/分 比例/%	10~19	20~29	30~39	40~49	50~59	60~69	70~79	80~89
车辆工程系(一年级)	4	21	35	26	9	1	0	0
光学工程系(三年级)	0	6	18	35	10	18	0	0
工业设计系(三年级)	0	0	14	14	20	21	7	7

从表 8-1、表 8-2 看出,大学一年级新生形象思维水平很低,有 4% 的人不到 20 分,21% 的人不到 30 分,61% 的人在 30~49 分,绝大多数人在 50 分以下。机械类光学系学生,经过两年多时间学习,形象思维虽有一定提高,但只有 18% 的人达到 60 分以上,仍有 58% 的人在 49 分以下。工业设计系学生,由于注意形象思维训练,通过两年时间的大学学习,有 35% 的人达到 60 分以上,仅有 28% 的人在 49 分以下。这说明大学生形象思维能力总体上是低的,但只要注意训练培养,是可以较快地得到提高。

2011 年,北京理工大学又对一年级和三年级学生进行了形象思维测验,其结果见表 8-3。

表 8-3 形象思维状况统计表

分

年级\题目类型（平均分）	二维图形	三维图形	多选且限定性空间形象思维	联想、多向空间形象思维	三维几何形体思维
93 级（一年级）	12.2	5.3	13.4	9.3	16.3
91 级（三年级）	12.6	8	13.7	10.5	17.3

注：每题满分 20 分。

根据测验结果可以看出,三维图形思维成绩很低,但三年级较一年级增长较大;联想多向空间形象思维测验成绩也较低,一、三年级差别也较大。这两种类型都是形象思维的高级形式,通过大学的训练培养,效果是好的。

（三）创造思维与创造心理发展状况

2011 年北京理工大学对一年级大学生 118 人进行了创造思维状况测验,现将测验结果列表如表 8-4、表 8-5 所示。

表 8-4 创造思维总体状况表

分数段/分	0~19	20~39	40~59	60~79	80 以上
创造思维等级	低下水平	一般水平	中上水平	较高水平	高水平
人数/人	38	46	23	8	3
百分比/%	32.20	38.98	19.49	6.7	2.54

表 8-5　创造思维不同类型题目成绩表

分

分数\题目类型	发散思维变通性	发散思维相似联想	以图形联想想象实物	以图形构思物象图	勾画人物表象	假象推测	描述故事	产品改进	不同事物联结	形象直觉
平均分	3.12	7.36	6.42	4.13	3.82	5.57	4.68	5.6	6.42	7.54
最高分	8	9	8	8	8	9	8	9	9	10
最低分	1.5	4.5	2	2	0	0	1	2	4	0

从表 8-4、表 8-5 看出，大学生创造思维水平是较低的，只有 2.54% 是高水平，6.7% 为较高水平，19.49% 的人为中上水平。38.98% 的人为一般水平，32.20% 的人为低下水平。测验题目的人均总平均分只有 36.28 分。在思维品质表现方面，发散变通性分更低，10 分标准题，平均分只有 3.12 分，而学生间最高最低相差 6.5 分，这说明一年级大学生多维度、多向、多层面快速思考问题能力较差。作为创造思维重要方式的形象图形思维表达能力也差，这表明了灵感、直觉思维水平很低。勾画人物表情形象和语言表达故事情节能力都更低。因此，大学加强大学生创造思维的培养，是一项十分迫切的任务，否则就不能适应社会和经济发展的要求。

2010 年北京理工大学对一年级新生 88 人进行了创造心理测验，其结果如表 8-6 所示。

表 8-6　创造心理测验结果

分数段/分	-100~19	20~39	40~59	60~79
创造性等级	创造性低下	中下水平	一般水平	创造性中上水平
人数/人	48	34	5	11
百分比/%	54.6	38.6	5.7	1.1

注：①无 1 人获 80 分以上；②每题标准分在 -2~+2

从表中看出，无 1 人获 80 分以上，（属创造性很强等级）一般水平以上仅占 6.8%，54.6% 的人创造欲望低下。

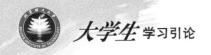

第三节 大学生创造思维培养

一、创造性思维的含义

创造性思维就是有创见的思维，指人在创造过程中产生前所未有的思维成果的思维活动，就是指在创造性活动中进行文艺创作、科学发现或技术发明革新时的那种思维过程。它包括发现问题的思维和创造性地解决问题的思维。通过创造性思维不仅能揭露客观事物的本质特性及内在联系，而且在此基础上能产生新颖的、前所未有的思维成果。

对创造性思维至今人们还在探索，还未发展成像抽象思维那样完善的思维形式，它是一种综合性的思维活动，与具体创造过程相联系、通过创造性成果而体现出来的。创造性思维从一般意义上讲，既包括抽象思维、形象思维等一般思维形式，又包括灵感思维、直觉思维及想象这些心理活动的特殊形式。这些思维形式和心理活动的集合就是创造性思维。这种观点与斯佩里对人脑结构和功能的研究成果相一致。人脑的左半球抽象思维、逻辑分析占优势，右半球形象思维、想象占优势，大脑左右两半球通过胼胝这种脑内最大的神经纤维束相联系，人的完整思维活动，就是通过胼胝传递信息，由脑的左右两半球相辅相成协调完成的。因此，创造性思维是一种综合性思维；是一个复杂的心理过程。

二、创性思维的思维方式及特点

（一）创造性思维的思维方式

在创造性思维过程中究竟采用什么样思维方式呢，人们普遍认为美国心理学家吉尔福特及其合作者提出的发散思维与集中思维是比较理想的。

一般情况下，人们的思维方式是集中思维型的，他们总是企图在原有公式、定理、原理基础上解决问题。人们长期运用这种思维方式解决传统范围内的问题，便会形成一种保守的习惯思维。当然集中思维对于常规科学是适用的。但在公认理论被认为不含有待解决的问题时，集中思维就行不通了。创造新理论，就需用发散思维方式。但是，研究人员在构建知识结构的过程中就进行过集中思维；而且在创建了新理论之后也需要运用集中思维进行检验。因此，发散思维与集中思维交替运用的过程分为两个阶段，一是"发散"阶段，充分发挥想象力，突破原来的知识圈；二是"收束"阶段，对各种新奇设想进行整理、分析，并根据价值观进行判断。从发散到收束，由收束再到发散，这样多次循环，创造性活动的全过程才能完成。这里的收束与发散就是集中思维与发散思维。

（二）创造性思维的主要特征

1. 积极的求异性

创造性思维实质上是一种求异思维，该特征贯穿于创造活动过程的始终。所谓求异性并"非主观臆想、标新立异、荒诞之说，而是指发掘客观事物间的差异性、现象与本质的不一致性、已有知识的局限性。对常见现象和权威理论能持分析的、怀疑的、批判的态度。

2. 敏锐的洞察力

观察是知觉和思维互相渗透的复杂认识活动，对观察到的事物能联系已有知识和假设进行思考，了解其相似性、特异性，重复现象，发现其必然联系和本质现象，特别注意意外现象和新线索，只有独具慧眼，敏锐观察、深刻认识潜在意义，才能抓住机遇，作出创造。

3. 创造性的想象

想象是创造的翅膀。创造思维的全过程都伴随着创造性想象。要具有高度的科学远见，敏锐的科学鉴赏能力，要找到事物的不足，设想可能存在的联系，都离不开创造性想象。高度抽象和准确具象是思维深化的标志，在抽象与具象形成过程中创造性想象有重要作用，而类比、联想是创造想象的一种重要形式。

4. 独特的知识结构

知识是思维的重要基础，创造性思维需要有科学合理的知识结构，既有扎实的基础理论知识，又有丰富的实践经验；既有精深的专业知识，又有广博的相关知识；既有获取科技新成果的知识，又有实现科技新成果的操作知识。还要随着形势的不断变化、不断补充更新知识，掌握辩证唯物主义的理论知识。

5. 活跃的灵感

灵感是一种综合性的突发的心理现象，它是创造性思维和其他心理因素协同活动中，人脑以最佳功能、加工处理信息的最佳心理状态。灵感发生的基础是广阔的知识和丰富的实践经验，充足的图像信息。灵感出现的条件是注意力

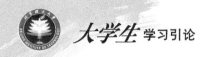

高度集中,想象非常活跃,思维特别敏锐,情绪异常激昂之时。灵感的出现不是偶然的,是知识经验长期积累,不懈的思索,潜意识信息沟通的结果。

三、创造性思维活动所经历的阶段

1930年,帕特里克提出了著名的创造性思维四步骤:准备—酝酿—明朗—验证。

(一)准备阶段

创造性活动的最初阶段是提出问题。正确提出问题是进行创造性活动的起点。创造者要熟悉问题,认识问题的特点,搜集研究各方面的有关资料,对问题应有强烈的感受和深刻理解。该阶段不仅能明确问题的性质,并能按一定的思维方式深入构思,为初步形成创造性方案做好准备。

(二)酝酿阶段

经过长期的准备和对问题的思考,用传统的办法苦苦思索仍然不得其解,在走投无路之际,只好将问题暂时搁置,转向休息或其他的活动,实际上这使问题更加明确,发散思维和集中思维仍无意识地交错进行,寻求解决问题的各种途径。

(三)明朗阶段

经过酝酿,创造者的大脑已进入高度激发和异常清晰的状态,兴奋点高度集中在所要解决的问题上,这时灵感思维、直觉思维都已积极活动起来,只要偶然受到某种事物的触发,就会豁然开朗,表现为灵感和顿悟,产生创造性的假设方案,使问题得到初步解决。

(四)验证阶段

实践是检验真理的唯一标准,对解决问题的假设方案,必须通过实验在实践中去检验。若发现错误,就要及时总结经验教训,改变思维方向,制订出新的解决问题方案。

对创造思维活动的四阶段划分,有人提出了不同看法。认为有时混淆了科学发现中的创造性思维活动过程和科学理论的发展过程这样两个不同的问题。

四、大学生创造性思维的培养

（一）创造思维心理素质培养

1. 激发认识兴趣、求知欲

创造活动必须有主体的积极性，必须有内部驱动力，必须有对问题解决的探索欲望和浓厚兴趣。欲望和兴趣的产生，首先靠教育，只有了解社会需要，树立了为实现社会需要而努力奋斗的决心，产生强烈的个人需要，才能激发认识兴趣和求知欲。学校教育为使学生产生兴趣和求知欲，就必须采取丰富多彩的教学内容，生动活泼的教学形式和引人入胜的教学方法。这些都有可能激起大学生的强烈兴趣。以上是外部条件，但起决定性作用的是个人努力，要善于将社会需要转化为个人需要，强化自己的兴趣。有了需要才有创造动机，才有可能自觉地主动地去努力积累知识经验，提高认识兴趣，发展创造思维能力。

2. 增强思考的主动性

古希腊哲学家苏格拉底说："有思考力的人是万物的准绳。"而人的创造力来源于人的积极思考。怎样使大学生积极思考呢？一是外部条件，要为大学生提供积极进行思考的机会。例如北京理工大学图学教研室教师在机械制图课教学过程中，布置学生进行构形设计时，要求用七种位置平面（只许用七个）构成立体；自拟含螺钉、螺栓、螺柱联结的结构等题目，在机械零件课程设计中，教师给定外部条件，让学生自己选用传动机构，在直齿圆柱齿轮、斜齿圆柱齿轮、圆锥齿轮、蜗轮蜗杆、同步齿形带、平皮带、三角皮带、链条等各种传动方式中选用一种，这就需积极思考，进行充分的比较。有的教师在课堂教学中，提出一些大学生都十分关心，而又是模糊不清的问题，让大学进行讨论争论，极大地调动了思考的主动性。现在许多学校推崇的开放实验室，让学生自拟题目，自己设计实验方案，自己操作，也能调动起学生的主动思考精神。类似的课程和形式很多，这里不一一列举。二是自身要积极寻找思考的问题，凡事多问为什么，问题是积极主动思维的开始。日本东京帝国大学的池田菊苗教授在吃饭时，突然停住了，怎么今天喝的黄瓜汤味道格外鲜美，是什么原因呢？他用小勺在汤里搅了几下，发现里面多放了一些海带。他想"这海带里面有什么奥妙！"终于从海带里提取出一种叫谷氨酸钠的物质，把它放进菜肴里，大大提高了鲜味，他就把这种物质定名为"味精"。人们称池田菊苗的这一成功是

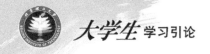

"饭桌上的发现"。这说明随时随地都可以寻找思考的问题，积极思考是发展创造思维的重要方面。

3. 克服思维定式

思维定式是按固定习惯进行思维，严重影响创造思维活动的开展，使人的头脑不灵活，创新意识淡漠。正如法国生理学家贝尔纳所指出的："构成我们学习最大障碍的是已知的东西，而不是未知的东西。"因为思维定式束缚人们的头脑，使人难以提出新颖独特的见解。科学史研究表明，很多问题的突破往往由"外行"作出，内行常被固定观念造成偏见。如何克服思维定式对创造思维形成的障碍呢？

（1）不断接触新科学，获取新信息，扩大知识面，这样就能从不同角度，不同侧面，运用科学的方法去分析各种不同的问题。知识面广就可能从各种知识碰撞中发现许多新问题和新的设想。

（2）提高思维的批判性。思维的批判性品质，来自对思维活动各个环节，各个方面所进行的调节，校正的自我意识。它是以一定的经验、常识和知识做基础的。所以学生批判性思维能力的培养，应当贯穿于整个教学进程之中。在各科各类的教学活动中，都应鼓励学生既能不迷信权威，不人云亦云，敢于质疑问难；又能有自觉的自我评价，自我修正的意识和能力。如此，才能真正做到不唯上，不唯书，养成批判地吸收的习惯；才能具有批判的态度和精神，克服思维定式，发展创造性思维能力。许多老科学家所以思维活跃，就是因为知识渊博，有较强的批判性思维能力。

（3）经常展开讨论争论。巴甫洛夫认为："争论是思维的最好媒触，经常开展讨论，对培养和发展人的创造性思维能力是一个很好的途径。"爱因斯坦就是在"奥林匹克学院"通过不断地讨论、争论，发表了《论运动物体的电动力学》，创立了狭义相对论，成为闻名世界的科学巨匠。

4. 掌握方法论和具体创造思维方法

方法论是创造发明的有力思想武器，也是发展创造性思维的理论指导。有人认为现代科学知识可以区分为三个层次：经验的知识；局部理论的知识；方法论的知识。方法论的知识已被提到知识的第三层次来认识。学习马克思主义的辩证唯物主义方法论，就可为发展创造性思维提供思想武器，使我们在正确思想指导下，开发出创造性思维能力。

具体的创造思维方法有如下几种。

（1）追踪法：提出问题，进行捕捉，追踪、思考、层层逼近直至问题的解决为止。

（2）类比法：从已知的事物、系统中，抽出一个或几个基本问题，并以此作指导，去思考正在探索的事物，系统中的奥妙。

（3）分散法：以一个问题为中心，联系它的原型及其各种变式，从各个不同的角度或侧面进行深入思考，以获得新的知识。

（4）还原法：对已有的结论，运用还原的思考方法，暴露出其中的谬语，以破除旧的偏见，建立新的学说、观点。

（5）反寻法：从事物的相反方向引出问题，展开思路，得出新观点。

（二）创造性思维的培养

1. 想象力及其培养

想象的最主要的特点就是它的形象概括性。就是说它是借助于具有一定程度概括性的意向的联结与组合，并以意象形式加以表达的一种思维活动。按心理学的说法，想象就是在头脑中改造记忆中的表象而创造新形象的过程。想象活动的形象化概括作用，在技术发明中表现得十分明显。要形成发明课题和构思技术方案并物化为产品，没有生动、活跃的形象，没有由此及彼联想基础上的概括作用，发明过程很难进行。同时，想象既是具有极大的自由度的思维活动形式，又是一种积极主动的心理现象。爱因斯坦认为"想象力比知识更重要，因为知识是有限的，而想象力概括着世界上的一切，推动着进步，并且是知识进化的源泉。"确实，知识只有插上了想象的双翼，才能飞向发明的殿堂。

下面就列举几种培养想象力的方法。

（1）让思想自由驰骋。在开始想象的时候，无数的意念会涌上心头，抽象的意念变成了具体的形态，无形的事物被雕成栩栩如生的实体。想登山，头脑中便会充满山川秀气。

（2）经常提出"假如"式的问题，这是培养想象力的途径。例如，假如人类都只有一只眼睛，社会会出现什么状况？假如车辆没有车轮会怎样？

（3）占有大量的材料，这是想象内容丰富深刻的保证。人的想象是在社会实践中产生发展起来的，感性形象少，想象就贫乏、肤浅；占有的材料越多，想象就丰富、深刻。

（4）要有一定的记忆储备，这是想象力丰富的基础。想象力在一定程度上是已有经验的加工改造。

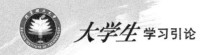

2. 联想与联想法则掌握

联想，是一种由此及彼的思考方式，是培养创造性人才的重要思维活动。不会联想的人，就不能举一反三，触类旁通。许多发明创造都是靠联想突破的。例如著名化学家凯库勒，就是由在梦中见到的蛇，联想并发现了苯分子结构。

联想为什么会导致发明？

（1）联想具有将两种或几种互不相干的事物联系起来，在对照比较过程中能够发现他们在某点上的相似或相同因素，从而促使思维由此及彼的跳跃，激发创造性灵感。

（2）联想可以激发发明者的思维积极性。围绕一个问题展开联想，采取多种研究角度，寻求多有面的解答，从而把创造性思维提高到一个新水平。

联想的经典法则：

（1）相似法则是指人脑受到某种刺激后，会自然而然地想起同这一刺激相似的经验。如由电热毯到电热鞋；由自动开伞到自动开电扇。

（2）对比法则是想起与这一刺激完全相反的经验。如冷风扇到热风扇；有线电话到无线电话。

（3）相关法则是想起在时间上或空间上与这一刺激有关联的经验。如由教师想到无尘粉笔，电动黑板等；由儿童想到儿童自行车、儿童月饼。

联想水平的提高，有赖于大学生积极丰富的知识和经验；有赖于按照三个法则多思考事物的发展变化。

3. 灵感的捕捉

灵感，是一种复杂的心理现象。同其他心理现象一样，灵感也是人对客观世界的反映，是人脑的机能。灵感的特点是带有引发的随机性、显现的瞬时性和情感思维的伴随性。这种非逻辑思维的形式特点，给它盖上了一层神秘的面纱。

灵感引发的随机性，说明它既无必然的逻辑思维性，也无想象思维的可能自觉性，它的出现完全是某种偶然原因诱发。灵感显现的瞬时性，是说它来也匆匆，去也匆匆，转瞬间即消失的特点。灵感还会出现情感思维的伴随性。情感思维是指人们对所研究问题的一种倾向或态度，起到鼓励或驱使人们追求创造成就作用的思维方式，往往以创造激情的方式表观出来。许多发明家在回忆灵感出现前总伴随有情绪激动不安，神志恍惚，灵感出现时惊喜万千，灵感出现后情绪高涨，这就表明了灵感这一特点的存在。

根据灵感的上述特点，捕捉灵感的基本途径和方法如下：

（1）长期的深思熟虑。灵感虽带有随机性，但仍然是深思熟虑的必然结果。因为一个人长期专心致志研究某问题，问题就老在脑海里纠缠，挥之不去，驱之不散，成了梦寐以求的悬念，逐渐在大脑皮层形成一个相应的优势灶，把过去掌握的全部知识紧急集合起来，使智力活动达到高潮，一旦受到某种刺激，就像按电钮全部线路接通。因此，全神贯注，顽强地致力于创造性地解决问题，是产生灵感的基本前提和捕捉灵感的基础。

（2）抓住最佳时机和环境。灵感的出现多是无意识的，一般是在安静的环境之中，特别是紧张工作之后，休息之时是灵感出现的好时光。睡前，散步时，上下班路上，穿衣、洗澡、刮胡须，与人交谈、争辩时，都可能有灵感闪现。为什么如此，是因为紧张思考后的松弛，有利于消化、理解所占有的材料；有利于回味曾被忽视的线索，容易接受某种刺激。大学生应该捕捉好这种时机和环境，促成灵感早现。

（3）保持乐观镇静的情绪。心胸开阔、乐观的情绪易使人浮想联翩，是灵感产生的良好时机。

（4）随身带纸笔，及时记录灵感。因灵感带有瞬时性，出现是一闪念，不及时记录，就会迅速消失。

4. 直觉判断

直觉，又叫理性直观或理智直觉，是人的思维直接把握事物本质的一种内在直观认识。它是感觉与思考、感性与理性、形象与概念融为一体的特殊产物。

著名科学家、艺术家对直觉都给予高度评价。爱因斯坦说："我相信直觉和灵感""真正可贵的因素是直觉"。彭加勒在《科学与方法》一书中论述直觉问题时认为"逻辑是证明的工具，直觉是发现的工具"。

直觉思维的特点：

(1) 直接性，即没有推论过程，无须努力就能明白特性。
(2) 认识信念的坚定性，对直觉得出的结论有坚信感。
(3) 理智性，有别于冲动行为的特性。
(4) 快速性，就是直觉过程进行的瞬间性。

直觉思维的水平与人的知识经验密切相关，头脑里储存大量的理论与表象信息材料是基础，同时与头脑中信息的编码形式和能够快速提取都有紧密联系。因此，广阔的知识和大量的社会实践是重要条件。

大学生在学习过程中，不仅要重视知识的学习、能力的培养，更要注意思维方法的掌握、思维能力的提高，特别是创造思维能力的培养，这是21世纪高级专门人才必备的素质。

第九章 大学生的知识学习

知识是人们在社会实践中积累起来的经验，是对客观现实认识的结果。知识一般以经验或理论的形式存在于人们的头脑中，或通过物化贮存于书本中或其他人造物中。知识本来源于直接经验，而书本知识对于学生来说是一种间接经验，它是人类在长期实践中各种经验的概括和总结。大学生学习的知识，是已为前人认识并证明了的知识。因此，知识学习过程仍是一种认识过程，不过是一种特殊的认识过程。它主要是通过教师有目的、有计划的教学传授、指导，通过学生的积极认识活动实现的。它不同于知识的历史形成过程，不需通过曲折，漫长的摸索和总结。学习知识主要不是发现、创造新的认识，而主要是继承前人的认识成果，把前人的经验变成自己的经验。所以相对地说获取知识的过程是比较简短的、笔直的。

第一节 大学生教材、参考书的阅读

大学生知识的学习，手段多种多样，但其中重要一点就是教材、参考书的阅读。阅读是大学生获取信息的重要方法，特别是在科技发展日新月异、信息急剧增加的现代社会，更显其重要。每个人的阅读有着不同的方法和态度，同样，也产生着不同的效果。如何在有限的学习时间内，更科学、更合理、更有成效地进行阅读，这里作一简单的介绍。

一、阅读概述

按一般人的习惯说法阅读就是看书。其实对于常人来说，阅读就是以看书的形式表现的。但是对于不同的人、不同的时间、不同的条件、不同的场合，阅读的感受却各不相同。例如驰名中外的名著《红楼梦》，吸引着不同时代众多的红学家进行思索、探求，同样的文字语言描述，但人们却读出了不同的情感和意境，众多的红学家挖掘出无数的精华。同样，自然科学也是如此，阅读后也会产生不同理解。有的理解深，有的理解浅，有的在概念上完全产生误解；有的人理解透彻，有的人则知其然不知其所以然；有的人只能机械地理解概念，有的人不仅能全面理解，而且还能灵活应用。

实际上，阅读只是表达看书、看文献的形式，而实质上是大脑接受外界视觉信息（文字、图表、公式、数字等）刺激产生反应的过程。该过程对信息是有选择的、主动的、有意向的。它要受到读物、读者和情境三个因素的制约，读物内容和形式的新颖性、趣味性、深刻性，读者的文化知识水平，社会阅历、经验及阅读时的心境等因素，都会对阅读效果产生影响，因此，阅读过程是一个可控制的过程。如何控制提高阅读效果呢？其一要克服心理障碍，纠正不正确的阅读观；其二是按照读物的性质和环境条件，采取不同的阅读方法。

二、端正阅读态度、克服心理障碍

阅读时容易出现的心理障碍是畏惧情绪、心情紧张、唯书盲崇，使阅读不能顺利进行或无功而返。崇拜权威、崇拜书本使我们唯唯诺诺，懒于思考；害怕畏惧，使人过分紧张而却步不前。对书的态度，有人把它归结为"师、友、敌"三者，正确处理三者关系，有利于提高阅读质量。

以书为师。这是广大读书者习以为常的态度，但这种为师，不可信之过高，进而达到盲从地步，就会走到事物的反面。全信不疑，不仅使自己成为书的奴隶，而且把自己变成了书库，使读书变成一种增加记忆负荷的活动。应该是遵师而不唯师。

以书为友。这是极为常见的阅读态度，但这样并不够。老朋友当然是以诚相待，坚信不疑，相依为命，但这就放弃了自身的独立思考，对自己的思维发展不会有大的帮助。应该是遵友而不唯听是从。

以书为"敌"。乍听似为大逆不道，极不顺耳，但仔细琢磨很有教益。"敌"者乃对书怀有敌意，即以批判的眼光去读、去思考，分清真伪后去接受。试想书是人著的，既非圣贤，岂能无过。但这种故存敌意不能变成否定一切，否则将成为拒前人经验于大门之外的虚无主义者，使阅读失去意义。一切都由自己思考与探索将不能在已有的水平基础上攀登。应该是遵书不唯书。

"师、友、敌"三者关系的辩证结合，就是在高层次的学习阅读中，强调

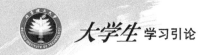

"敌"字，在于纠正人们崇尚书本而懒于思索，因循守旧之恶习；要培养敢于怀疑，勤于思考，善于分析、判断，勇于创新的良好习惯。因此，正确处理"师、友、敌"三者关系，是培养良好阅读习惯的前提，是建立正确阅读观、掌握科学阅读有法的重要方面。

三、阅读方法

（这里不再重叙，请参照第十一章第三节大学生学习方法简介）

第二节 概念的形成与应用

大学生的知识学习，很重要的问题是弄清基本概念，掌握基本概念和基本原理，应用好基本概念，这是学好基础理论的关键环节。因此，在这里我们较系统地介绍关于概念的有关基本知识。

一、什么是概念

概念是人脑反映客观事物的本质特征的思维形式，是思维的最基本的单位。本质属性是指决定事物的性质，非本质属性则是对事物不具有决定意义的属性。例如，"人"这个概念，它的本质属性是指人会制造工具并使用工具进行劳动，该属性使人与动物有了根本区别点。人的胖、瘦、高、矮、男、女、黑、白等，则都是非本质属性，对人的概念不起决定性作用。

每一个概念都有它的内涵和外延，内涵是指概念的质，就是概念对事物所反映的本质属性。外延则指概念的范围，概念外延范围的大小，则决定于内涵，内涵越多，它外延就越小；反之，内涵越小，则外延就越大。例如鸟的内涵是"有羽毛"和"是动物"，它的外延就包括各种羽毛长短、体积大小、不同颜色的鸟。

概念和词密切相关。词是概念的语言形式，概念是词的思想内容。任何概念都要通过词来表达、传递和巩固。概念的形式也是借助词和句子来实现的。但词与概念也不全等同，如"目""眼睛"就表示的同一概念。同一词也可表示不同概念，如"黄河"，既是一条河流，也可看作是电器的牌子。

二、概念的形式

概念是随着人类社会历史的发展逐渐形成的,是人们认识客观世界的历史产物。

概念形成的条件和基础是人类的社会实践活动。实践证明,概念形成和人的实践活动、和人对客观世界的感性认识是分不开的。例如数的概念,形成是很缓慢的,在原始社会,人们还没有比二或三大的数概念,只有简单地"多"和"少"的概念。随着社会实践的复杂化,才促进了数的概念的发展。随着丈量土地的需要,几何概念才形成和发展起来。

概念是随着社会历史的发展,科学技术水平的提高,其内涵和外延也在发生不断的变化。例如在古代,人们认为地球是平的,后来知道是球形。可以预言,随着社会发展和科技水平的不断提高,人们对宇宙太空的认识会进一步深入,宇宙的概念会不断的修正和丰富。

三、概念的掌握

概念的掌握,就是获得和运用前人已经积累起来的、现成的知识经验,它是借助语言的交际而实现的。所谓掌握概念,也就是掌握同类事物的共同的关键属性。例如一个篮球运动员,他知道篮球是"球";他打乒乓球,也知道黄色的乒乓球是"球",但这并不说明该运动员掌握了"球"的概念。检验的关键标准是当拿出他未玩过、也未见过的其他球,如各色的台球,他能确认是"球",同时能区分出外形似球而不是球的物体如柚子、西瓜等,只有这时我们才能说他掌握了"球"的概念。这时他认识的"球"这个符号,已经不是具体的个别的球的代表,而是代表具有共同关键属性的一类球。由此看出,掌握概念,实质上就是掌握同类事物的共同关键特征,同时也表明能区分概念的有关特征和无关特征。

掌握概念主要通过两种途径进行。一种是在日常交际和个人经验积累过程中掌握概念,这类概念称为日常概念和前科学概念;二是通过有计划、有目的教学过程在熟悉有关概念内涵的条件下掌握概念,这类概念属于科学概念。

前科学概念受狭隘的知识经验的限制,常会发生错误和曲解,概念内涵有时忽略本质属性而包含了非本质属性。如儿童认为鸟是"会飞的动物",因而把蝴蝶、蜜蜂都当做是鸟,而不认为鸡、鸭也属于鸟。只有随着知识经验的不

断扩大，通过教学才会逐渐提高到科学概念的水平。

影响大学生学习掌握科学概念的主要因素有：

（一）提供全面的有关感性材料

感性材料是概念形成的基础。感性材料越丰富、越全面，概念的形成就越准确。大学生在学习过程中要尽可能利用直观教具、CAI、电视录像、参观访问和实际操作等方式，获取必要的感性材料。

大学生已有的知识经验，对科学概念的掌握有重要作用。具有科学概念内涵的日常概念知识，对掌握科学概念有积极影响。例如水往低处流的日常概念，就有利于掌握电流从高电位到低电位的科学概念理解。但是，若日常概念含义与科学概念内涵不一致时，就会产生消极作用。例如日常话语中的"感觉"，包括知觉，思维和情感内涵，对心理学中"感觉"这个概念就起消极作用。

（二）正确运用变式

变式是从不同的角度和方面组织感性材料，使非本质要素变异，突出事物本质的方法。正确地变式可帮助大学生准确地掌握概念，不充分不正确的变式和对比，则会引起缩小概念或扩大概念的错误。

如几何学上"垂"这个概念是"自线外一点向直线作垂线。"如果只用一种实例，如⊥，就会误认为是自上而下的。若变换两条直线的方向，如⊤，不改变两线相交成90°，这就突出了垂的本质特征，便于掌握科学概念。再如"果实"这个概念，不能只注意花生、梨、西瓜等可食的果实，还要注意棉籽、橡树籽等不可食的果实，只有多角度地去认识，才能准确地掌握科学概念。

（三）词与直观的正确结合

感性材料是正确掌握概念的基础。但形成概念还必须借助词对感性材料进行加工，以揭露事物的本质特征。

有词的说明可使直观知觉更鲜明、突出，补充直观材料的不足，表明事物之间的关系。同时一些抽象的概念，如友谊、诚实等，必须通过语言描述，提供某些感性情景，帮助准确概念的形成。

（四）概念的应用

概念的应用就是把概念应用到个别的特殊的场合。这样可以加深对概念的理解，了解对概念的掌握程度，对掌握科学概念有重要的作用。

概念应用，其重要条件是具有多种多样的丰富经验，而且能经常从对象和现象中进行抽象，熟悉抽象的规律，能从中分出本质的和一般的东西，这样就容易把概念用到新的、不了解的场合和事例中去。因此，大学生要应用概念的能力强，一是实践经验要多，二是抽象概念方法掌握得多。经验单一是最不利的。

很好地应用概念，还要求在掌握概念时不仅了解其概念内涵所包括的东西，而且还必须了解不包含的及与概念相关的概念的主要特征。如掌握了初等教育、中等教育、高等教育等概念，对"教育"的概念就会容易理解。同样，掌握了教育的概念，对初等、中等和高等教育概念的理解也会加深。

概念的掌握应用，可以表现在语言活动中，如用事例说明概念，阐明概念内涵等；也可以表现在处理实际问题的活动中，如做练习题、大型作业、课程设计、毕业设计、做实验及解决日常生活和社会领域中的问题等。实际上概念的形成并不是一次完成的，而是需要多次反复的应用，加深体会、理解、进一步掌握。

第三节 知识的理解与掌握

通常，理解，是指弄懂、弄透，要求知道是什么，也知道为什么，就是既要知其然还要知其所以然。所谓知识的理解，对大学生来说就是理解教材、参考书、各种文献资料等。就是指懂得文字资料所讲的概念和原理等，认识事物的本质和规律。理解作为掌握知识过程的中心环节，主要是指对书本中有关事物本质和规律的认识，从而达到对基本理论的掌握。

一、理解与思维

思维是人脑对客观事物间接和概括的反映，是理性认识的过程，间接性和概括性以及能动性是思维活动的主要特征。人在认识事物时，总是首先通过感知、表象等对事物直接的直观的反映，即了解它的外部现象从而获得感性材料；然后在感性材料基础上借助思维才能实现对事物本质和规律的认识。

一切科学的概念、原理、定理、原则、定律、法则和公式等，都是事物的

本质和规律的反映，都是思维活动的结果，都是通过概括实现的。

思维以已有的知识经验为基础，以语言为工具。思维活动是在已有知识经验（包括感性材料和已经获得的理性知识）基础上进行的。没有一定的感性材料和有关的理性知识为基础，间接认识和概括认识是难于实现的。

语言是交际的工具，也是思维的主要武器。掌握了语言的人，都较善于用词、语来进行思维。思维的概括就是借助于词和语言来实现的。因为每一个词都是对一类事物或一类属性或一类关系的概括。所以我们经常借助词来概括出事物一般的本质的东西。

二、促进理解的必要条件

（一）理解教材、参考书等必须有思维活动的积极性

思维从问题开始，又深入于问题之中，它始终与问题、任务相联系。有了问题和任务，人就要去思维、去解决。思维活动的积极性，除了动机、兴趣、爱好和情感等心理因素之外，与发现问题，提出问题、解决问题密切相关。大学生学习书本知识的积极性，主要来源于形势压力和自身的需要，而需要是提高思维活动自觉性和积极性的重要因素。寻求问题的答案就是满足自身需要。大学生阅读教材、参考书，不能只求速度、滑口读过。必须紧紧地围绕阅读目的，以问答题、思考题、练习题为主要线索学习，必须多问几个为什么，以求得对问题的理解，掌握事物的本质特征。

（二）理解教材和参考书必须依靠旧知识

原有知识经验是思维的基础，是顺利展开思维活动的重要条件。新知识的学习必须与旧知识联系起来，才能使思维活动顺利进行，例如有了函数的知识，才能理解微积分、导数等新知识；有了初等物理的距离、速度、加速度知识，才能学习普通物理的速度、加速度等知识。事实证明，对新知识理解力比较强的大学生，都是知识经验比较丰富、见识广的人。新旧知识之间，总是存在着紧密联系、相互依存、相互渗透，既有阶梯性又有互融性。因此，在学习新知识时，应该尽量做到以下几点。

1. 充分注意按已知到未知的认识规律去理解

在学习新知识时，一定要利用原有知识探索未知的知识，要从不同参考书

的启示去理解和掌握。这样新知识就变成已有知识的发展和延续,使理解新知识具有深厚的基础。

2. 要以具体到抽象的过程去理解

人的认识过程总是从形象到抽象,从具体到一般。因此,在学习新知识时,大学生感到难度比较大,就应借助直观、形象的事物达到对抽象事物的理解。但理解了的东西将变成再进一步理解新知识的具体知识。所以说具体和抽象是相对的。人的思维水平是随知识经验的丰富而变化,理解了的旧知识,始终是新知识的具体知识,今天的抽象新知识将是新的新知识的具体知识。直观、形象思维形式,宜用于建立新概念的初期,一旦概念形成、思维水平提高,就应减少使用,以免影响思维积极性和思维水平的提高。

(三)理解教材和参考书等要借助语言帮助

语言既是思维的主要武器,又是理解的重要工具。因此,大学生学习理解新知识,应有必要的语言文字水平。所谓语言,对思维与理解来说主要是口头言语、书面言语和内部言语等三种形式,它们在思维与理解中又是彼此相互联系、相互作用。因此,大学生要把掌握学习语言文字知识,提高语言表达水平作为一项重要任务。充分掌握语言武器,对理解新知识、掌握新知识、运用新知识都具有重要意义。

(四)理解教材和参考书等要有正确的方法

正确的思维方法对新知识的理解和认识水平的提高有着十分重要的作用。思维方法是多种多样的,它与思维过程密切相关。例如,在认识问题时,人们多采用从具体到抽象或从抽象到具体,把具体和抽象结合起来,使具体事物概念化,使抽象概念具体化。就是从具体的现象观察,通过概括抽象总结出本质特征,提炼成概念,然后经推理,使知识迁移应用于更广泛的事物,使其具体化,然后把这些具体再进行抽象概括……在思考问题时,常采用分析综合的方法,在综合的思想指导下开展分析,找出事物之间的内部联系和各个方面的相互关系,在分析的基础上再进行综合,理解事物部分之间和部分与整体之间的关系,以便对新知识的理解和掌握。思维方法有时也从学习方法上得到培养与体现。例如,理解教材与参考书,还要重视工具书的作用,辞典、字典、手册、案例、百科全书等,都具有通俗易懂、内容丰富的特点。这些工具书是大学生学习新知识的重要武器,是庞大的老师群体,应该充分利用。

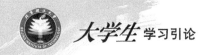

　　为了帮助大学生理解教材和参考书，我们在这里简要介绍一下我国史学家冯友兰先生的读书经验，归纳起来为十二个字："精其选，解其言，知其意，明其理。""精其选"即学会选书方法。书海无边，人的精力有限，对该读之书应分为精读书、泛读书和翻阅书三类，要以其不同需要而使用之。"解其言"即是读懂文字，扫清入门的文字障碍。"知其意"就是深入钻研、领会书中意味。"书不尽言，言不尽意"，读书要探求"弦外音，味外味"，就要详查深思，好问设疑，明辨细品。"明其理"就是做到有自己的见解。这个理是自己的，自己用它处理事情，解决问题。就是把新知识纳入自己的知识结构、知识网络。

三、大学生知识的掌握

　　知识的掌握就是大学生把科学基本知识（人类的系统经验），变为个人的财富、变为大学生自身进行思维和实践的工具的过程。"掌握"这个词在语言学上的意义，就是把知识转化为自己的东西，也就是成为大学生头脑中的个人财富。

　　自觉地、牢固地掌握知识的标志，是学生可以迅速地、准确地再现学习过的东西；全面地理解、反映知识中现实事物的过程和联系；灵活熟练地运用这些知识来回答理论问题和处理解决实际问题。

　　大学生掌握知识，怎样才能正确地、毫不曲解地反映客观物质世界呢？人类认识客观世界是通过全部生活和实际活动进行的。认识是人类大脑反映客观世界的一个复杂过程，是从不知到知的运动过程，从知的不确切、不完全到较确切、较完全的过程。学生掌握知识绝不是机械地领会教师所教的内容，而是在教师指导下自觉而又积极地进行学习劳动的过程。在掌握知识过程中，学生要进行练习逐步认识事物和现象，进行观察和概括，练习运用在实践中所得出的结论。要充分认识实践是认识的基础，实践也是检验真理的唯一标准。大学生在学习过程中要通过实践来掌握知识，通过实践来激发学习新知识的兴趣，通过实践来加深理解和巩固所学知识，通过实践来检验知识掌握的程度，通过实践来证明所掌握知识的正确性。

第四节　学习的迁移与知识的应用

　　大学生学习知识、掌握知识的目的，不是为了装饰门面，也不是向人们夸耀，而是为了应用，为了解决实际问题，为了认识世界和改造世界。

一、学习的迁移

（一）迁移的含义及分类

学习迁移是指前一种学习对后续学习的影响。就是已获得的知识、技能、甚至方法和态度对学习新知识、新技能的影响。这种影响可能是积极的，也可能是消极的，积极的影响仍起干扰作用。

实际上掌握一种知识对另一种新知识学习的影响，并非只有正迁移和负迁移，还存在往往是在某一方面起正迁移作用，而在另一方面又起负迁移作用。例如学过汉语拼音字母，在开始学英语字母时，在识记其字形时有正迁移作用，然而在拼音时则起干扰作用。一般说负迁移是暂时性的，经过练习可以消除。

（二）促进迁移的条件

1. 基本知识基本概念的掌握

科学概念与原理既是人类思维的结果，同时也是人类认识新事物和解决新问题时的思想基础。大学生只有掌握大量的科学概念和基本原理，才能进行合理的判断和合乎逻辑的推理思维活动。由于科学概念与原理具有高度抽象、概括性，所以，也更富于迁移性。例如能量，守恒定律，在机械、光学、电学、化学等各个领域都是适用的。大学生学好基本知识、基本概念，是实现学习迁移的基础。

各种知识之间，总是或多或少的有一些共同的要素和一般的原理。所以，一般地说，大学生掌握的知识越多，越容易顺利地掌握新知识。比如，对于工科大学生数学和语文是学好各门课程的共同基础，思维离不了语言，自然科学离不了数学，特别是在现今计算机时代，任何物理模型都将变成数学模型，通过运算解决问题。目前在大学生中有些人比较能够举一反三、触类旁通，主要是基本知识、基本概念掌握得好。

2. 高度的概括水平

实践证明，大学生已有知识、经验的概括水平是影响迁移的重要因素。原因何在，主要是由于在迁移过程中学生必须依据已有的知识经验去识别或理解

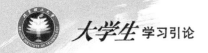

当前的新事物。因此，已有知识经验的概括水平越高，就越能揭示没有认识过的某些同类新事物的实质，并把新事物纳入到已有知识经验系统中去，因而越能顺利迁移。

学生的分析与概括能力往往有很大差异。能力差的学生常表现为缺乏明确的目的性，他们探求问题的途径往往是盲目地尝试与猜测，至于最后会得到什么，解决什么问题，根据是什么都不清楚；另一种是缺乏思维活动的顺序性，往往不能一步步循序思考问题；再一种是缺乏灵活性，往往是能沿用惯例，死套法则公理，盲目搬用公式，不善于根据课题特点，选择适用的解决方法。相反，能力强的学生思维具有明确的目的性、严密的顺序性和高度的灵活性，善于根据新课题特点进行准确归类。这两类学生由于概括、分析水平的差异，在学习迁移上迥然不同。因此，知识的迁移既有赖于概括分析能力，而概括分析能力又会在知识的迁移过程中得到发展。

3. 良好的心理准备状态

大学生的心理准备状况，如自信心、情感、兴趣、紧张程度等都会对学习迁移发生影响，特别是应用知识的准备状态，对学习迁移的影响更大，它可能促使迁移产生，也可能造成迁移的障碍。例如概念、原理掌握的准确度、熟练度的影响，艺高人胆大，能消除紧张程度；同时不准确还可能产生负迁移。应用知识时的心理状态，若心情不好、情绪不高，思维的积极性未调动起来，同样也会影响学习迁移。

4. 超常的学习方法

大学生在学习过程中应不以常规的方法、应试为满足，而以知识的广泛应用，学习的迁移为目的，重视学习方法的学习。如观察方法，推理方法，记述方法，不同时空的认识与应用方法，看懂图表的方法，抓住要点、大纲的方法，使用工具书的方法等，通过方法的掌握，提高知识的应用能力。

学习中对概念、原理应用例题、案例的学习，不能满足单一的应用，而要多注意纵向、横向多种应用事例的学习，以开阔思路。在做练习题、作业的过程中，不仅要做加深理解概念的练习，而且要特别重视复杂情况的综合练习，就是让练习带有实践性。例如，篮球训练，不能仅仅练习运球、传球等基本技能，而必须通过比赛，使基本技能向实际的综合性能力发生迁移。因此，大学生参加社会实践、社会服务是十分必要的，通过处理解决实际问题提高应用知识能力。

二、知识的应用

学是为了用。通过知识的应用，增强理论与实际的联系；促进、加深大学生对知识的理解与巩固，是发展智为、培养能力的重要手段。同时，知识的应用也是检查大学生掌握知识程度的标志。

（一）大学生知识应用的主要形式

1. 完成各种口头或书面的作业练习题

一般练习题需解决的问题比较单一；对概念、原理、定律、公式等针对性比较强；约束条件比较具体明确，主要在于对所学基本知识基本理论的理解。但由于针对性强，所以对独立思考能力锻炼不足，极易形成死套公式、定理的习惯，形成一种解题的思维定式，容易使大学生忽视审题和对所需知识的再现。

2. 综合练习与课程设计

这是课程某部分或整个课程知识的综合应用，既有练习性也具有一定的实用性，但主要目的还在于对基本理论的掌握与理解，与工程实际应用仍有一定差距。这种应用仍有理论内容的模拟性质，但它涉及理论内容范围加大了，对解决问题所需再现知识，增加了选择性。所以这类形式知识应用的复杂性增大了。

3. 毕业设计（论文）、科研活动、社会服务

这类形式是学生应用知识去回答和解决生活和生产中的实际问题，其应用知识的深度、广度和创造性水平都是比较高的。大学生在学习过程中的这种知识应用，接近于未来工作实际，但很大的不同点是有教师的指导。这种课题要进行不可缺少的课题论证、方案论证，使解题工作建立在扎实、可行的基础之上。思考问题不只是注意理论概念，而是更要重视客观现实、客观需要，重视经济效益和社会效益。其创造性主要表现在能符合客观实际，对各种知识能有机结合、综合应用；具有高含量的高新技术成分；能摆脱旧的思维定式，提出新颖别致的方案。

（二）大学生知识应用的一般过程

1. 深入分析课题，明确课题的任务和条件

课题的任务即问题的症结，也就是知识应用对象。课题的条件包括提供的条件和客观的约束条件都是应用知识的具体依据。掌握课题的任务与条件,是大学生应用知识的前提。一些结构复杂而又生疏的课题,要掌握任务和条件,必须经过复杂的分析综合,以便把条件与任务从具体繁杂的情景干扰中抽取出来。对于比较概括的条件和任务,还必须按已有的知识经验使其具体化。严防粗枝大叶,不严肃认真审题、机械搬套的恶习。

2. 类化课题,进行充分的资料准备

通过对课题任务、条件的全面掌握与充分理解,联想已有的知识结构,把课题归纳到有关的知识网络中去,这就是课题的类化。就是大学生根据有关的概念、原理、公式、法则等进行解题的判断。对于综合性的复杂课题,还需进行多方面、多层次的类化。在此基础上,进行资料搜集、选择、积累工作。随着课题类化的不断深入,资料准备仍需不断进行。在课题类化过程中,往往有的学生粗枝大叶,不求甚解;分析能力过低;联想错误,造成判断的错误,使解题的方向发生偏移,概念原理不能得到正确的使用。

3. 知识解题向实践转化与验证

大学生解题,一般首先是内部思维活动,再通过语言文字形式形成书面的知识解答,对书面的构思构形通过生产实践制造成实韧,通过对实物的实验进行验证。从总体上来说,大体可分为两个阶段或环节,即应用知识形成解题判断,然后向实践转化。从这里可以看出,大学生在学习过程中,不仅要重视基本理论的学习,而且要重视实际操作技能和实践能力的培养。我们都知道,知识来源于实践、应用于实践,同时受实践的检验,实践是检验真理的唯一标准。

知识的应用,不能只停留在口头上,书面上,必须通过实践产生经济效益和社会效益。必须能经受实践的检验。

(三)大学生解题五步法

1. 弄清问题

弄清问题就是弄清题意——问题的文字表述说的是什么含义。这时的思维活动主要是进行分析,目的在于弄清所提问题的含义。通过这一简单活动,可解除学生自身恐惧心理,增强自信心。

2. 探索思考

围绕问题的表述,联系我们的情景知识、真正了解实际问题的所在,分清表述中什么是主要的,什么是次要的。该阶段并不需要得到解答,而是寻求重要的联系,探索解决问题的可能途径,把创造、分析、概括和简化的各种思维活动结合起来，所以活动是复杂的。在这一点上，不同的大学生差别巨大。解决问题途径可能多种多样，但"弄清问题"这一步，对解决问题者来说大体是相同的。

3. 拟订解题计划

在探索思考阶段弄清了要做工作的概貌及真正要解决的问题。这时我们已能区分出"子"问题或要采取的步骤。通常情况是在探索的多个不同途径中优选一个来拟订解题计划。

4. 实现解题计划

要认真、准确地执行解题计划，并经常检查工作的进程，遇有不妥之处，可进行必要的微调。

5. 回顾总结

这一阶段是收获季节，对提高解决问题能力有重要作用，其内容主要包括两个方面：其一为考核和总结运用技能的特色；其二为考核和探索解决问题的蕴涵。

大学生在解决问题过程中容易出现的问题：

（1）思想不集中，造成对问题理解不完整。该倾向在大学生中带有普遍性；

（2）做题无任何计划和总体想法，匆忙进入具体的计算和作图；另一种是呆头呆脑地瞎等灵感的降临，而不知如何加速它的来到。

（3）求速度不求准确，不能耐心检查每一步。

（4）不检查最终结果的准确性，满足于对上答案，甚至对靠不住的答案也满不在乎。

（四）影响知识应用的基本因素

1. 对知识的理解和巩固的水平

对知识理解的全面、深刻、准确、应用起来就会得心应手。所谓深刻、全面，就是能掌握事物的本质特征和联系，能从不同角度去理解，达到对知识的融会贯通程度，能够随时提取、灵活运用，否则就会影响知识应用。

2. 思维品质和独立性、创造性水平

学生分析、综合、概括、推理等技能的熟练程度，思维品质，联想、想象的水平是影响知识应用的重要原因之一。学生独立分析能力强，就能从复杂的

情境中抽出课题条件、概括课题特点、掌握解题关键。有良好的推理技巧，就能顺利完成课题类化，实现知识的具体化。有些学生为什么较易能解答简单课题，对综合性复杂课题束手无策；其主要原因为缺乏独立分析能力。其一，思维活动的目的性、组织性：思维活动独立性强的学生，能根据课题特点应用有关知识，有目的、有计划、按步骤地解决课题。思维活动独立性差的学生只能进行盲目的尝试。其二，思维活动的灵活性、创造性：思维活动创造性强的学生，对课题的解决能随机应变，根据课题具体特点，采用具体解决办法，不受其他经验的影响。思维灵活性、创造性差的学生，解题时思路单一，刻板硬套。在应用知识的过程中，思维活动的创造性还表现在学生完成作业中想象的创造性水平。任何创造活动都离不了创造想象，创造想象就是根据一定的目的、任务，在头脑中创造出新形象的过程。新形象的创造，是以已积累的知觉材料为基础。技术课题的解决和创造发明、科学上的创见和发现，以及文学艺术上的创作活动等，都必须在头脑中构成新事物的形象。对于大学生来说，创造想象力的培养十分重要。

3. 课题性质

应用知识的成效与课题性质密切相关。一般规律是：抽象的课题比带有具体情节的课题容易；简单的课题比复杂多步骤的课题容易；单一的课题比综合的课题容易。

大学生知识的学习是重要的学习任务之一，是培养能力发挥创造才能的重要基础。大学的环境为大学生的知识学习创造了十分优越的条件，每个大学生必须珍惜这个机会，要学好知识，学会应用知识，为社会作出创造性贡献。

第十章 大学生能力培养

科学技术的突飞猛进，社会主义市场经济的日趋完善，"竞争"将成为人们社会生活中的一个重要动力。竞争靠的就是知识和能力。大学生是社会未来的高级专门人才，不仅要认识世界，而更重要的是改造世界，而没有本领的人，将不会为社会作出创造性劳动成果。因此，大学生能力培养，已成为高等教育的主要任务之一。

第一节 能力的概述

一、什么是能力

能力是直接影响活动效率，使活动得以顺利完成的个性心理特征。能力与活动密不可分，只有在活动中才能发展人的能力，才能了解表现人的能力。大学生能力的培养和表现主要在学习、科研、实习实验、勤工助学、社会实践、校园文化、体育等各种活动之中。

实际上，要顺利完成某种活动，单一的能力是不够的，需要各种能力的结合。因此，能力是一个多层次、多因素的综合概念。例如，大学生的自学能力，就表现为注意力、思维力、想象力、观察力、表达力、阅读能力、查阅资料能力等等。

能力又总是与活动紧密地联在一起，一个人的能力不仅在他从事的各种活动中表现出来，而且在活动中得到发展。在学习生活中，有人运算敏捷思路灵活，有人就说他运算能力强；有人能过目成诵、记忆敏捷牢固，人们就夸他有惊人的记忆力；有人能对混乱不堪的局面，快刀斩乱麻，很快治理得井井有条，人们就称他组织管理能力强。同时，能力的发展也离不开活动。学习能力的提高，离不开掌握知识和运用知识的活动；社交能力的提高，离不开与各种部门、

单位、个人的交际活动。各人能力的水平和相互之间的差异，也只有在活动中才能表现出来。

二、为什么高等教育要把能力培养放在重要位置

(1) 在科学技术迅猛发展，新技术与科学发明创造不断涌现，知识总量飞速增加，知识陈旧周期明显缩短，知识更新明显加快的情况下，大学生在校学习只能获得知识宝库中得很少部分，更多的知识只能在工作岗位通过自学获得。因此，大学生只看重在校获取知识是很不够的，更重要的是培养起独立获取知识的能力，搜集、掌握、处理信息的能力，运用知识解决问题的能力。能力是不易变化而且是长期起作用的。

(2) 高等学校是培养高级专门人才的场所，大学毕业生是未来国家领导机关、研究部门、生产部门、教育部门的领导者或骨干力量，必然要参与、领导社会的各种活动，提高活动的效率，这就需要能力，如组织管理能力，分析问题解决问题能力、社交能力、实验动手能力等，这些能力的培养就需要在高等学校进行。

(3) 社会主义市场经济是充满着竞争的经济，人才市场、技术市场及产品市场，都是大学生未来的竞争场所。竞争是求实的，它以经济效益和社会效益为准绳。因此，创新能力、表达能力、动手操作能力等都是必要的条件。

(4) 18～20岁的大学生，正是身心发展趋于成熟阶段，他们已具有相当的生活经验和基础理论知识，思维的独立性、批判性都有了一定的发展，是智力发展的最佳时期。因此，大学生能力培养在大学阶段有着良好的外部条件和内部条件。

三、能力与知识、技能的关系

能力和知识、技能是紧密联系而又相互区别的概念。知识和技能也是影响活动效率的一个重要条件。有人不能顺利完成某项活动，并不是因为他缺乏能力，而是由于他缺乏相应的基础知识和基本技能。例如没有专业技术知识的干部领导现代化企业，虽有判断能力，但因缺乏专业技术知识会判断失误。

能力与知识、技能是有区别的。知识是人类社会历史经验的总结；技能是一种通过练习而巩固了的自动化的活动方式；能力则是在顺利地掌握知识、技能的过程中所表现出来的心理特征。一个人掌握知识、技能的方式、敏捷性、灵活性以及巩固程度等都是能力的表现。而能力又是在相应的知识、技能基础上通过反复多次的联系形成的，能力的形式与发展较之掌握相应的知识、技能要慢一些。但是，能力一旦形成并得到较好的发展，又比掌握一定范围的知识、技能具有更广泛的迁移作用。我们既不能简单地根据一个人的知识、经验的多少，断定他的能力大小，同时也不能只用某个人知识的考核成绩代表对他的能力的鉴定。高分低能的例子也是屡见不鲜。所以，大学生不仅要重视知识、技能的学习，更要重视培养与发展自己的能力。

能力与知识、技能的关系十分密切。能力是在掌握知识、技能过程中形成、发展并得到表现的。如学生在参加社会实践，观察自然与社会的过程中发展了观察能力；在掌握数学知识与运算过程中，形成并发展了逻辑思维能力；在掌握哲学、自然辩证法知识的过程中，发展辩证思维能力；在进行金工实习、掌握制图知识的过程中，形成并发展了操作能力和形象思维能力。同时，掌握知识、技能又是以一定的能力为条件的，它是掌握知识的内在条件。它制约着掌握知识的快慢、深浅、难易和巩固程度。缺乏自学能力，大学生走向社会获取新的信息，扩大新的知识就困难；缺乏起码的记忆力、思维力就无法掌握知识和技能。因此，能力与知识、技能的关系是相互促进相互制约的关系，是不可分割的。

第二节　智能结构

现代科学研究认为：智能结构的基础是知识结构，它的表现是智力，它的行为表现是能力。只能是人的知识、智力和能力的统称。一般讲人的智能结构有三个层次，其一是知识，其二是智力，其三是能力层次。对智能有两种描述方法，一为结构模拟描述方法，二为功能模拟描述方法。

智能层次的递进关系：

结构与功能关系：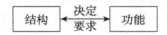

一、知识结构

知识结构是智能结构的基础，它是人们掌握知识知识类别及其数量多少的统称。对于每一个大学生来说，掌握各种专门知识的门类及其数量多少就构成自身智能结构的基础。现代科学证明，系统的功能不仅决定于它的组成要素，而且要与要素的组合方式密切相关。人才研究表明，不同的知识结构，形成不同的智能结构，表现出不同的功能。从系统论的观点出发，结构不同，系统的功能不同，在多种不同的结构中，必有一种最佳的，形成的功能也是最好的。因此，最佳的知识结构，才能显示出最优的功能效果。

一个好的知识结构，其知识应该是协调的，具有一定层次的系统。知识结构是一个纵、横交叉的结构，一般说，数、理、外、天、地、生、文、史、哲、法、经是知识的横向结构。基础知识及基础技术，技术基础知识，专业技术知识及相关知识构成纵向知识结构。基础知识与基础技术是成才的基础，专业理论与专业技术、相关知识是成才的阶梯。

工程技术人才知识结构分析见图 10-1。

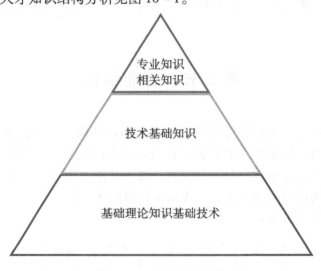

图 10-1　知识结构示意

(1) 宽厚广博的基础理论知识和熟练的基础技术。基础理论知识，一般是符合逻辑结构的规律性的知识、概念和原理，是开发智力的基础，是科学技术产生发展的土壤，具有大的迁移性。规律性的知识是事物的共性，是科学技术千变万化中相对不变的东西，一般不存在陈旧过时。基础理论这些规律性知识，是以科学概念和原理的形式被确定下来的，是人脑对客观事物一般特性和本质特征反映的产物，因此，人们掌握了它，就能成为认识新现象、解决新问题的逻辑思维工具。基础理论一般包括数、理、化、外、政治理论等，基础技术包括计算机、实验技术、制图、设备操作技术等，这是一个工程技术人员进行创造性劳动所必须具备的技术。

(2) 扎实深厚的技术基础知识，也称为工程科学知识。它是某一工程领域的规律性知识，是该领域技术发展的基础。对这些知识不仅要牢固掌握，而且能灵活运用。技术基础知识既包括技术基础理论，也包括专业基础理论，如机械类专业的力学、流体力学、机械原理、机械零件，传热学、典型零件加工、公差技术测量等。电子类专业的电路分析基础、电子线路、电子仪器测量技术，专业基础理论课等。

(3) 精深、先进的专业知识和必要的相关知识。事实证明样样通，就会样样松，这是一般规律，必须在宽厚基础理论基础上，在某些方面比较精深、先进，才能有所成就。在科学技术迅猛发展的今天，新信息成等比级数增加，知识不断老化已成现实，因此掌握专业知识必须在精深和先进上下工夫，否则会成为时代的落伍者，很难获得创造性成果。我国社会主义市场经济的形成与发展，要求大学生还必须掌握经济、法规、环保、社交等相关知识。

二、智力结构

智力是以知识结构为基础的智能结构的心理表现。按照心理学的说法、智力是人的智能状态。一般认为智力包括观察力、记忆力、思维力、注意力、想象力等五种。五种智力相互联系形成一定的结构，对大学生成才具有重要作用。在智力结构中，五个因素互相影响，彼此制约，同时，每个因素又是在独立地发挥着作用（见图10-2）。但是如果在结构中一个因素水平高，其他的都不高，或者五个因素水平都高，但彼此未处在良好的结构之中，结果智力水平仍是不高。例如，思维力水平不高，其他四个因素也必然会受到影响。因此，客观上存在一个最佳智力结构问题。最佳是有针对性的，如数物理学家需要逻辑思维能力强；生物学家需要观察能力强；建筑学家需要想象力强；工程技术人才则思维力、观察力、想象力都需要强一些。所谓开发智力，实质上就是促进最佳智力结构的形成。

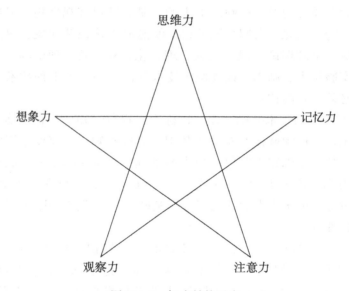

图 10-2　智力结构示意

（一）目前国际上关于智力结构的集几种流派

1. 双因素说

英国心理学家斯皮尔曼于本世纪初提出了双因素说，他认为智力是有一般因素（g）与特殊因素（s）构成。且认为 g 是主要的，一般的因素，所有活动都参与的；s 是第二位的，是特殊的因素，只参加特定的智力活动。

$$智力\ I = g + s$$

式中，s 的特殊性决定了智力的特点。

2. 多因素说

美国心理学家塞斯登，提出了多因素说。他认为人们的智力是由七种因素组合而成。即由计算、词的流畅性、言语的意义、记忆、推理、空间知识与知觉速度等七种因素组合而成的。即

$$智力\ I = X_1 + X_2 + X_3 + X_4 + X_5 + X_6 + X_7 = \sum X_i \qquad i = 1$$

其中，X_1——计算能力；

X_2——掌握词的流畅性程度；

X_3——掌握和运用言语的表达意思程度；

X_4——记忆力；

X_5——推理能力；

X_6——空间和知觉能力；

X_7——知觉速度。

3. 三维结构说

美国心理学家吉尔福特提出三维结构学说，他认为人的智力是立体结构，因而可以用三维空间来描述，并建立了方程式。吉尔福特利用实验的方法发现了77种智力因素，并预言最终将发现120种智力因素。

4. 三种智力说

美国耶鲁大学心理学家史端保提出三种智力说，即

人工智能 $I = I_1 + I_2 + I_3$

式中，I_1 = 第一种智力，"言辞上的智力"相当于理解力与表达力；

I_2 = 第二种智力，"解决困难上的智力"相当于判断力和思维力；

I_3 = 第三种智力，"实用上的智力"运用理论解决实际问题的智力。

以上四种智力理论，是从不同的角度，用结构模拟的方法，用状态变量来描述智力结构。

（二）大学生智力发展的特点

我们从智力的量和质两方面来论述大学生智力发展特点。量上的发展属于程度和水平的问题；质上的发展，属于智力结构中诸要素的特征，特别是思维活动的结构和机能发生的变化。

1. 大学生智力在量上发展的特点

关于智力发展速度问题：

根据布卢姆（B. S. Bloom，1964）的研究报告，智力发展的速度是先快后慢的。如图10-3所示，以17岁为100，4岁就达到50%，其余30%是4~8岁，8~17岁只占20%。这说明在人的一生中智力发展速度是不平衡的。按此理论，在一生中比较，大学生阶段智力发展速度变慢。

智力发展顶峰年龄问题：

韦克斯勒用标准化智力测验研究7~65岁人的智力，结果发现智力发展的

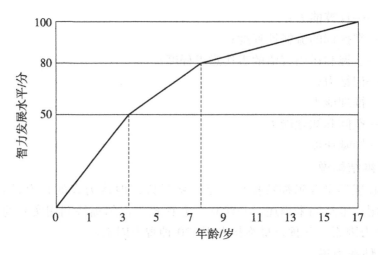

图 10 - 3　布卢姆智力发展速率理论模式图

高峰大约在 22 岁左右，然后出现衰退（见图 10 - 4）。我国心理学家朱智贤认为：人到 18 岁左右，智力已达到成熟期，此后，随着知识经验的增长，总的智力点不会显著增长，但在某一方面的智力还会有不同程度增长。

总的来看，大学时期是人生智力发展水平的最高时期，良好的教育条件和主观上的积极努力，都会使智力水平进一步提高。

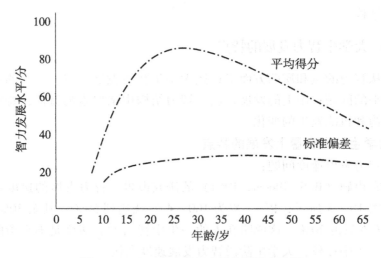

图 10 - 4　D・韦克斯智力的发展及衰退图

2. 大学生智力在质上的发展特点

从智力结构因素特性上的变化，看大学生智力在质上的发展特点。

观察力：大学生的观察已具有多维性、主动性、坚持性的特点，即能把握观察对象和现象的全貌，也能观察对象和现象的某一方面。

记忆力：根据琼斯和康拉德斯（H. Z. Jones & H. S. Conrods）的研究报告，20~25岁是逻辑记忆力发展的最高峰，随后便逐渐趋于下降，如图10-5所示。另有一些研究表明，大学生有意记忆，理解记忆都迅速发展，并占主导地位，可以这样说大学生时期是一生中记忆力发展达到成熟和最旺盛的时期。

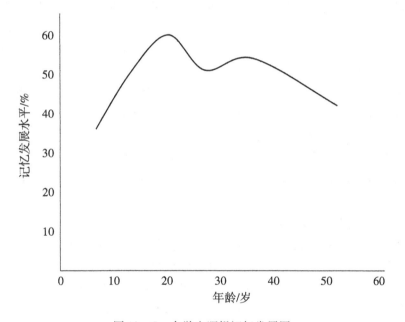

图10-5　大学生逻辑记忆发展图

想象力：大学生的想象力已克服了少年期的幻想部分，想象中创造成分日渐增多。我国1980年对大学生进行创造想象力测验，想象典型者占72%以上，说明大多数大学生具有较丰富的创造想象力。

思维力：从思维特性来看，大学生思维的独立性、合理性和灵活性明显增强。他们不满足于科教书和老师提供的现成答案，喜欢独立思考，能对自己思考的结果进行检查和评价。思维灵活性，一般超过其他同龄人。大学生思维的广阔性和深刻性也有了迅速发展。对问题思考面扩大，喜欢在不同的知识和实践领域进行思考，探求现象的本质及原因。

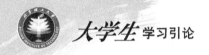

总之，在大学生学习阶段，自身智力发展是黄金时期，为完成学习任务，提供了良好的条件。大学生应掌握好时机，充分利用好有利条件。

三、能力结构

（一）能力分类

1. 一般能力与特殊能力

一般能力是指人从事各种活动所必须具备的基本能力。它包括观察力、记忆力、注意力、想象力和思维力等，其中抽象逻辑思维能力是核心。通常人们习惯于把一般能力与智力作为同一概念来理解。它是人所共有的，适用于广泛的活动范围，符合多种活动的需要。

特殊能力是一般能力以独特的方式在特定领域中的具体表现。或者说是指在某些专业和特殊职业活动中表现出来的一般能力的某些特殊方面的独特发展。如大学生的实验动手能力，艺术家的艺术表演能力。

一般能力与特殊能力联系十分紧密，一般能力的发展为特殊能力的发展创造了有利条件，同时，在各种活动中特殊能力的发展，也会促进一般能力的发展。

2. 再造能力与创造能力

再造能力也称模仿能力，是指人们根据提供的模式以相同或相似的方式作出反应的能力。如学生模仿教师的习惯语言与习惯动作的能力；老师讲完公式、定理，由学生完成套公式套定理作业题的能力，都是再造能力的表现。

创造能力是指人们根据预定的目的产生出有社会价值的、新的、独特的思想与产品的能力。如建筑师设计出独特新颖前所未有的建筑图纸的能力，作家构思出独特的新作品的能力，都是创造能力的具体体现。

再造能力与创造能力的区别在于：再造能力主要是重复现成的模式；而创新能力是提出解决问题的新模式与新途径。动物通过训练能再造或模仿简单动作，但却不能创造，只有人类才有创造能力。但再造能力与创造能力又是密切的内在联系。在人们的在造性活动中，一般都含有创造因素，如学生运用公式、理解习题，能够对号入座，对他来讲也是平生第一次，也是有创造的因素。同样，创造能力也是在再造能力的基础上发生发展起来的。

3. 认知能力、操作能力和社交能力

认知能力就是我们一般所讲的智力，是指人们认识客观事物的能力。它包括感知能力、记忆力、想象力、思维力等，认知能力是人们认识客观世界、获得各种知识最基本最主要的能力。

操作能力是人们有意识地调节自己的肢体，作用于客观世界的能力。如机床操作能力，实验仪器设备操作能力，体育运动能力等。

社交能力是指参加社会群体生活与周围人们相互交往，保持协调的能力。如处理人际关系的能力，调解纠纷处理意外事故的能力等。

三个能力是相互联系的，人的操作能力与社交能力的形成与发展是以认知能力为基础的，只有在认知能力的基础上，才能去积累知识与经验，从而使操作与社交能力得以形成与发展。同时，认知能力也是在改造客观世界的操作活动和社会群体间交往过程中形成与发展起来的。

(二) 社会对大学生能力培养的要求

1. 社会对大学生的要求

现代科学技术的发展，学科的高度分化和高度综合是两大趋势，边缘学科、交叉学科层出不穷。在高新技术的发展中，技术综合性成为重要问题。这就要求高等学校既要培养理论基础雄厚、扎实，有科学研究能力的"理论研究型"或称"科研型"人才；又要培养基础理论扎实、知识广博、有实践能力的"应用型"、"工程型"人才。"科研型"人才的任务主要是认识世界，偏重于从理论上发现、寻找物质运动的一般规律和特殊规律；而"应用型"人才的任务主要是改造世界，偏重于新技术开发，突破和现有技术的综合应用。

就社会进步和社会主义市场经济发展来讲，两种类型人才都十分需要。自然科学研究需要向更深层次发展，自然界的奥秘需要不断地探索和发现，为人类社会开辟更广阔的发展前景。基础理论研究永远是兴国立业的重要方面；"理论研究型"人才永远是社会不可缺少的宝贵财富，他们的队伍，永远需要不断地充实和提高。

科学技术迅猛发展，高新技术成果不断涌现，市场的激烈竞争，反映了高新技术的竞争、人才的竞争，归根结底是创造性"应用型"人才的竞争。一支强大的"应用型"高级专门人才队伍，对发展社会主义生产力，对增强国家的综合国力，对提高人民的生活水平，都有着重要作用。世界发达国家的实践证明，走强国之路，参与国际市场竞争，实现国民经济腾飞，提高科学管理、民

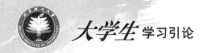

主决策科学决策水平，关键是要有一支基础理论扎实、知识广博，有竞争观念、风险意识、经营意识、群体意识的"应用型"高级专门人才队伍。

高等学校应用学科专业，肩负着为国家培养"应用型"高级专门人才的任务，大学本科毕业生，将会到国家各级的政府部门、实际工作部门、生产研究部门去工作。未来工作对大学毕业生提出了以下主要要求：

其一，各级政府部门的公务员，实际工作部门的新闻工作者，出版业工作者，政法工作者，税务、金融、财政工作者，贸易、维护国内外安全工作者等，都担负着国家中枢神经系统的重要工作，对国家的决策、指挥有特殊作用。因此，不仅需有宽厚的基础知识，系统的专门知识，而且更需有较强的分析、综合能力，获取信息、处理信息能力，综合判断预测决策能力，口头、语言文字表达能力，组织管理能力，群体合作能力等。

其二，工科、医科、农林等专业本科毕业生，除部分人在管理部门工作外，大部分人将走向科研、生产第一线，对社会生产力提高，国家的技术进步，经济快速稳定发展，人民物质文化生活水平提高发挥重要作用。社会对这些技术工作者的能力要求是：获取信息、掌握消化吸收新技术的能力；高新技术物化于产品，应用于实际工作的能力；经营管理预测决策判断能力；设计、制造工艺实施实际操作能力；社交能力等。

1. 大学生应该着重培养的能力

高等学校是为国家培养高级专门人才的场所，开发学生智力培养能力关系到为社会主义市场经济造就合格人才的问题。市场经济为大学生能力培养提出了新的要求。如独立思考、创新能力；自我管理、自我约束、自主发展能力；以合理的知识结构、丰富的经验参与市场竞争的能力；组织管理与社交能力；文字语言表达能力等。

2. 工科大学生应着重培养的几种能力（见表10-1）

（1）绘图，应用计算机能力。工程设计、制造、营销，是工程师的基本任务。在计算机信息时代，绘图和计算机又是工程师的主要工具。工程设计的构想、工艺实施的要求、结构尺寸的标定，最明快最易为人们所接受的是图形，最能集中表达给人深刻记忆的也是图形。所以，不管是手工绘图，还是计算机计算、绘图都是工程师最基本的能力。这种能力的培养，在学校主要是通过制图、机械零件及专业课、计算机课的教学活动和课程设计、毕业设计等实践教学活动进行的。大学生只有积极主动地参加各教学环节活动，才能不断促进能力的提高。

表 10 – 1 理工科大学生基本能力表

自学能力	①外文阅读能力 ②掌握、运用、发展知识能力 ③查阅资料、信息获取、分析、处理能力
实验动手能力	①设备使用操作能力 ②应用计算机能力 ③实验测试能力 ④绘图能力
独立工作能力	①技术综合能力 ②结构设计、工艺实施能力 ③实验数据分析处理能力 ④独立思考、创造能力
组织管理与社交能力	①经营管理能力 ②社交能力 ③文字语言表达能力

（2）技术综合能力。工程师的工作任务主要是两个方面，一为发明创造新的技术；一为把原有技术综合运用于产品上，物化出人类前所未有的产品。因此，技术综合能力是工程师施展才能的法宝。所谓技术综合能力，就是把各种分散零乱的技术知识综合起来，针对某项任务进行有序的应用，提高产品的各种高新技术含量。当前，在大学教学中一般较注重"分析"而轻视"综合"，因此，大学生多为会说不会做，原因就是技术综合能力差。在大学里技术综合能力的培养，主要通过各教学实践活动，在解决实际问题的过程中提高。实际问题的解决，往往都不是单一的技术所能解决的，必须经过技术综合。为了提高技术综合能力，不仅要学好各科技术知识，而且要努力完成综合练习，各种课程设计、毕业设计，积极参与科研和各种创造活动。

（3）自适应能力（应变能力）。世界本来就是千变万化的；特别是科技迅猛发展的今天，新知识、新技术、新发明每时每刻都在大量涌现；社会主义市场经济的形成，市场上产品更新的运转速度也在不断加快，大学生要适应这一急速的变化形势，必须提高自适应能力。不仅要在知识、经验和技能上适应，更需要在心理上能适应。必须树立经济观念、群体观念、风险意识、竞争意识、创新意识。要学好基础理论知识，要培养获取、处理信息的能力。

（4）文字语言表达能力。工程技术人员在工作中要编写实验研究报告、写开题报告论证方案，要写请示、申请报告，写设计说明书、技术工作总计、产品鉴定书、制定规章制度，甚至要写技术转让合同、议定书等。这些工作不仅要求技术人员要有技术知识、市场知识，而且要有一定的文字修养。市场经济条件下，人们的交往更加频繁，不仅有技术交流，而且有技术转让、产品营销等，都需要良好的文字语言表达能力和社交能力。这些能力的提高，除了学习必要的科技写作等课程之外，重要的是在整个教学过程中，反复地练习、实践。语言表达能力的基础是思维敏捷、逻辑严密、知识广博、口才流利。因此，在大学学习中要充分利用课堂讨论、答辩、演讲会和社交活动中加强培养。

（5）实验动手能力。工程师的工作是实践性很强的工作，是改造客观世界的工作，工作与实践是紧密相连的。任何工程理想的实现，都离不了实验动手能力；任何工程发明创造成果的获得，都离不了亲自动手实验。因此实验动手能力是工程师的基本功之一。近代科学家们一致认为实验和观察是科学知识的源泉，也是检验真理的标准。美国物理学家罗杰尔·培根说："没有实验，任何新的东西不能深知。"大学生实验动手能力的培养，主要通过实验课和各种科研科技活动，特别是开放实验室的自拟性实验，对能力培养更有其特殊作用。

（6）经营管理与社交能力。社会主义市场经济，要求工程技术人才必须有经营思想。设计产品是为销售，因此，从产品类型的确定、材料的选取、工艺的实施、质量的检验等各个方面，都必须考虑市场营销的效果。产品的类型、样式；产品的成本；产品的质量等，都与营销紧紧相连。不但要有经营观念，而且要有管理观念，要向管理要质量，向管理要效益。社交能力是市场经济下工程是不可缺少的能力。这些能力的培养，除了学习必要的课程，还应重视在工厂实习中的调查研究、实践活动长的交往；参加各种社团活动，更重要的形式是利用假期参与必要的社会实践。

第三节　大学生能力培养

一、影响能力形成与发展的因素

对能力形成发展与影响因素问题的看法，是心理学界长期有争论的问题。有的人认为遗传在能力形成中起决定性作用；另一些人则认为遗传在能力形成与发展上无任何作用。实践研究表明，上述两种理论都是片面的，不正确的。辩证唯物主义者认为，能力是在遗传素质的基本上，通过环境与教育的作用，在实践活动中逐步形成与发展起来的。

（一）遗传素质的作用

1963 年厄伦迈耶——金林和贾维克总结了半个世界 8 个国家的 52 个研究成果，说明血缘关系接近的人智力发展水平上确有接近的趋势。在我国，上海和北京也有心理学工作者对双生子的智力进行研究。在上海 101 对双生子的能力水平上进行的测量结果表明：无论同卵或异卵双生子的智力相关数都很高，这说明遗传因素对智力发展确有相当的影响作用。

我们认为，人并不是生来就有某些能力，生来所具有的只是机体的某些解剖的生理的特点，主要是神经系统和脑的结构，形态以及器官、四肢及运动器官的特征，即遗传素质。这就是说，能力本身并不能遗传，但它可以受到遗传素质的影响，使其具有或者不具有发展某些能力的可能性。如声带长，发音低；声带短，发音就高。声带短者比声带长者更有可能发展为歌唱家。

（二）环境因素影响

环境系指影响能力形成的后天因素。如营养状况、家庭影响、社会影响、教育训练条件等。研究表明，如果儿童只具有良好的遗传素质，而后天未受到良好的环境影响，其能力也不会得到应有的发展。

教育与教学活动，是一种有计划有目的的环境影响，因此，它对能力形成与发展的影响占主导地位。

（三）社会实践的作用

环境对能力的形成与发展虽有巨大影响，但环境，特别是教育并不能简单地、直接地决定能力的形成与发展，还必须以主体的实践活动为中介。实践的性质不同，形成的各种能力也不同。总体来说，人的各种能力是在遗传素质的基础上，通过环境教育的作用，在社会实践活动中最终形成发展起来的。茶叶师傅能根据茶叶的形状。颜色判断其产地、品种等。磨面师傅用手摸面能判断出粗细；炼钢工人看钢液颜色能判断出冶炼的程度等。由此看出，能力是在长期实践活动中反复练习而取得并发展的。

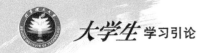

（四）人的主观能动性作用

具有相近先天条件、环境教育条件，又从事同一实践活动的人，其能力提高程度也可能不同，这主要取决于人的主观能动性、积极性。谁能够刻苦勤奋，有强烈的求知欲与顽强的钻研精神，他的能力就可能获得较好发展，否则客观条件很好，主观不努力，能力也不可能得到较好的发展。正像我国著名数学家华罗庚先生所说："所谓天才就是坚持不懈的努力。"

二、大学生能力培养的几种途径

（一）教学过程中培养

大学教育课堂仍是主要形式，无论是理论教学和学习活动过程；完成作业、课堂讨论、实验活动过程；还是课外学习小组活动、课程设计活动、竞赛活动等，都是培养能力的良好环境。

（二）在研究中培养

教有研究式、学有研究式、参加科研活动更是研究形式。教学中的研究式就是把科研方法引入教学，以已知求未知的方法组织教学。在学生已掌握知识的基础上，采取层层剥皮引导学生一步步深入理解掌握未知知识。学习研究式，就是探索式的学习方法。学习不是被动的接收教师讲授，把大脑变成一个贮存器，而是要加工老师提供的信息，使它结构化；要积极发现新问题、多问为什么，力求得到答案，提高学习的主动性、积极性。参加科学研究项目、参加学术报告会，能开拓思维领域，在教师的指导下提高分析问题解决问题的能力。在研究过程中，对外文资料的阅读，查阅，实验动手、测试分析能力都会有一定的提高。

（三）在社会实践中培养

能力的提高总是和活动紧密相连，离开了活动，能力是难以提高的。社会实践是一个广阔的天地，包括担任社会工作，参加社、团活动，参加大学生社会实践活动，进行技术咨询、社会服务，参加校内外小发明创造活动、社会性参观、劳动等，对大学生创造能力、组织管理能力、社交能力培养，都会产生十分重要的作用。

三、工科大学生在教学过程中培养能力的三个阶段

(一) 基础理论课学习阶段

这一阶段是大学生从中学到大学的学习过渡。首先是尽快完成从中学到大学的学习转变,适应大学的教育环境,掌握大学的教学和学习规律,学会在大学"怎样学习",提高学习能力。

这一阶段的学习内容主要是自然科学的基础理论知识,包括高等数学、普通物理、化学、制图、计算机、外语、政治理论等课程。它们都是经过长期实践积累的,经过抽象概括出的规律性知识。这些概念、原理、定律与公式一般是经过长期检验的真理,具有很大的迁移性、稳定性,是形成、发展能力的重要基础。它们自身的形成与发展就是能力的体现。高等数学、普通物理的教学,本身就是逻辑思维方法的运用,哲学、自然辩证法更是辩证逻辑思维方法的体现。投影几何、制图等课程,更是空间构形思维方法的描述,对大学生形象思维能力培养有着重要作用。

(二) 工程技术课学习阶段

本阶段是由自然科学基础理论学习向工程实际应用学习的过渡。其特点是基础理论与工程实际的紧密结合,就是把基本理论转化成某领域工程技术基本理论的学习阶段。它既有较强的理论性,又有广泛用于工程实际的实用性,因此,在学习中既要重视周密的理论分析,更要重视技术综合的实际应用。工程力学、机械设计、电工技术、电子技术等课程,都和工程实际紧密结合。课程既有诸多的验证性实验、技术性实验;又有综合练习、课程设计、大型作业及工厂实习等技术应用性很强的实践性环节。课程讲解多注重于技术分析;实践环节多注重于技术综合。因此,对于大学生分析综合、比较、抽象概括和具体的思维过程是很好的训练,是开发智力提高能力的大好时机。对大学生的技术综合能力,实验动手能力等都有很好的培养。

(三) 专业知识学习与毕业设计阶段

本阶段是大学生由学校学习到走向社会的过渡,是由学生向工程技术人员的过渡,是由技术分析到技术综合的重要过渡。专业知识本身就是基础知识和技术基础知识与专业实际的结合。在课程内容上的分析,是各科技术综合分析,

解决工程实际问题是综合运用。典型的环节是毕业设计，它在大学所学知识的综合运用。也是大学生独立思考、实现自我、完善自我的重要条件。在该阶段，大学生要从学习方法的独立自主向工程实现的独立自主转化；要从靠老师到靠自己的方向转化；要从单纯的重视技术向重视市场、重视产品营销的方向转化。毕业设计本身就是一个工程实践过程。在该阶段大学生的能力将得到全面训练与培养。

第四节 大学生创造能力培养

一、培养大学生创造能力是社会的需要

关于创造能力的含义、直到现在还没有一个权威性说法，原因是创造能力本身十分复杂，人们从不同的角度去理解就提出不同的定义，但都是反映创造能力某个侧面，不够完整。我们对三种观点进行综合认为：创造能力是正常人在创造活动过程中，凭借积极的个性、独特的智能和合理的知识结构主动实现新颖价值的综合性本领。这说明创造能力凡正常人人皆有之；创造能力是在创造实践活动中形成和发展起来的；创造能力不仅仅指能力，更强调智能、个性和知识的统一；创造能力是人的高品位素质。

发明与创造是社会进步的发动机。未来社会的最高经济效益将取决于人的创造力开发，取决于发明创造活动的成效。要振兴中华，实现四化，困难千万条，人才是第一条，而创造型人才更重要。我国加入世界贸易组织，这将是振兴中华的重要之举。"加入"就意味着参与国际市场的激烈竞争，竞争的实质是技术的竞争、人才的竞争，从根本上说是创造型人才的竞争。上海机床厂总工程师对光明日报记者说："大学与其给10个只会按常规走路大学生，不如给两个有创造才能的大学生对企业更有用。"这是社会对高等学校培养创造型人才的呼声，这是社会主义市场经济对高校人才培养的新要求。大学生应该振奋精神，迎接社会给我们的挑战和机遇。

美国通过用电气公司早在第二次世界大战前就开设"创造工程"课程，对有关人员进行创造能力培训。原苏联在1971年创建了"发明创造大学"，开设发明史，创造心理学等课程。日本前首相福田赳夫疾呼"今日必须开发创造力"。在我国，培养大学生创造力已受到普遍重视，许多高等学校都为研究生、

本科生开设创造发明有关课程，国家还设立了大学生创造发明成果竞赛。继续教育中的创造力开发研讨班也不断举行。形势要求我们加强创造教育，加强创造力培养。

二、创造型人才的类型和特征

（一）创造型人才的类型

1. **全才型与专才型**

这指以创造型人才的知识结构组成和知识面宽窄来划分。全才型指发展比较全面，其知识、阅历、活动领域比较宽广的人才。这种人才，在政治、军事、经济、文化、科技诸方面可能均有贡献。如马克思、恩格斯、列宁、斯大林、毛泽东等都属此类。某一领域有多方面贡献的，如美国科学家奥本海默，美国科学家牛顿，我国著名作家、历史学家、社会学家郭沫若、地质学家李四光等均属此类。专才型创造人才，主要指发展方向单一，在某一特殊领域有重大贡献的人才，如曹雪芹、詹天佑、陈景润等人。

2. **理论型与技术型**

这指主要是以创造成果解决问题的性质来划分。理论型指解决重大理论问题的创造性人才。建立新理论或学说，如相对论创立者爱因斯斯坦，生物进化论创立者达尔文，电磁理论创立者麦克斯韦，系统论的创立者贝塔郎菲等。提出新的定理、定律和公式，对自然现象和社会现象某一特定属性作出判定，如三次方程求根公式提出者韦达，行星运行状态三定律提出者开普勒，热力学第二定律提出者克劳修斯，元素周期律提出者门捷列夫等。

技术型指在科学实验和技术研究中有重大发明者。如新事物、新现象的发现者，电子发现者汤姆森，例离子发现者法拉第，氧气发现者拉瓦锡，染色体发现者弗莱明等。新技术的发明者，如电炉炼钢发明者W·西门子，录音电话发明者V·蒲森，高压变压器发明者N·泰斯拉，四冲程发动机发明者N·A·奥拓等。

3. **技术创新型与技术综合型**

技术创新型是指创造出世界上前所未有的新颖技术的人，如毕昇发明活字印刷；J·库克发明播种机，齐克勒发明传真电报等，他们都是属于技术创新型人才。技术综合型是运用社会上已存在的原有技术进行综合，创造新的技术成果。如登月飞船、航天飞机等都是对原有技术综合应用的成果，它们的总设计师就是技术综合型人才。

（二）创造型人才的特征

1. 研究风格的独特性

著名科学家伽利略的研究风格是，揭示自然规律特别强调观察和实验；大科学家法拉第、麦克斯韦的研究风格是，处理和探索电学乃至整个物理学问题注重和追求数学上的严密性和精确性。一般来说，创造型人才在各种能力都比较强的基础上，在某一方面表现出非凡的创造性才能，具有与众不同的特有风格。

2. 认识角度新颖性

从科学史看，大凡在科学史上有所建筑者，都不同程度地养成了抛弃迄今的境界而步入新境界的"怪癖"。

其一是从怀疑角度探索未知达到创新。敢于怀疑而去探索是创造型人才思维的第一要素。敢于大胆提出疑问的人，才能导致新发现。哥白尼不对"地心说"怀疑，就不会提出"日心说"。李四光不对"中国贫油论"产生怀疑，就不可能为祖国找到大油田。

其二是从辩证否定角度来审视周围的事物。坚持一切际出发、实事求是。不从众而能标新立异；不迷信权威而敢于修正、否定。爱因斯坦由于否定经典力学而创立著名的相对论力学。创造型人才不仅敢于否定传统理论权威，而且敢于否定自己的观点。摩尔根从一个对孟德尔学说抱怀疑态度的学者转变成为一名孟德尔学说的支持者，最后创立了著名的基因学说。

3. 思维方式的多样性

（1）纵向思考就是发现一种现象后，不草率从事，而是进行纵深思考，一定研究处产生这种现象的原因。往往是在探究中的偶然信息，促成突破性的新发现。

（2）逆向思考就是发现一种现象后，从反方向进行深入思考。如俄国著名学家罗巴切夫斯基等人就是从已有思路的反方向去考虑和思索问题，结果创立了非欧几何。

（3）横向思考就是截取历史的某一横断面，研究同一事物在不同环境中的发展状况，在同周围事物的比较中进行思考。控制论的创立者美国数学家维纳就是利用"星期六午餐会"，结合一批志同道合但专业不同的学者，在发表意见的思维横向碰撞里产生火花,控制论就是直接产物。

4. 探索精神的永恒性

(1) 顽强拼搏。科研的未知领域是指"荒区""疑区""禁区"的总和。开垦荒区、疑区、禁区都会遇到各种障碍和艰难险阻,只有不畏艰险、奋力拼搏的人才有希望达到光辉的顶点。

为了发明电灯,爱迪生碰到多少困难不得而知,但光是为了寻找一种合适的灯丝,前前后后共试验了 6 000 多种材料。可以说他的一生是在与困难作斗争中度过的。

(2) 无私奉献。创造型人才的可贵品质就是无私奉献,不计较个人得失。爱因斯坦说过:"人是为别人而生存的……我每天上百次地提醒自己"。他是这样说的,也是这样做的。他生前不为名、不为利,死后不要人们纪念、"朝拜"。居里夫人、富兰克林、诺贝尔等人都是名垂青史的无私奉献者。

(3) 事业自我牺牲。科技发展史上,不少科学家为探索科学真理、揭开宇宙奥秘献出自己宝贵的生命,也有的为宣传科学真理赴汤蹈火。我国大医学家李时珍的《本草纲目》巨著,既是智慧的结晶,也是忘我献身的硕果。为了弄清药理,多次亲服剧毒品进行试验。著名化学家诺贝尔说:"我不能设想,一种新炸药不经过生命的牺牲,就能得到应用。"

(4) 开拓进取,勇往直前。未知领域的探索,必然会碰到习惯势力、传统观念上的束缚、学术权威的压制。因此,为科学事业勇往直前的攻击精神是必不可少的。在科技史上,没有哥白尼的日心说推翻托勒密的地心说,就不能有天文学的伟大革命。

三、大学生创造能力培养

(一) 强化发明动机

发明动机就是满足发明心理需要的活动动力,它是发明者个性心理特征的重要构成。发明动机越深沉强烈,创造活动才越有可能成功。创造动机来源于四个层次。第一个层次为初生型动机,来自好奇心、不满足感,它处于不稳定状态。第二个层次为潜意识型动机,来自于进取心和迷恋感等。它表现为深沉,甚至未被意识到。第三个层次为意图型动机,来自竞争意识或荣誉感等。第四个层次为信念型动机,主要来自于事业心、责任感或理想信念等。它是把社会

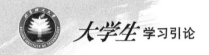

责任感与个人兴趣融为一体，是创造动机中最深刻强烈的一层。大学生应充分认识创造发明是社会进步和技术进步的要求，是自己的神圣职责。创造动机的稳定，需要有明确的创造目标的追求。北京理工大学车辆工程系毕业生唐锦生，是位工农兵学员，发明了世界上第一辆全塑汽车，重量轻、故障少、耗油少、造价低、结实耐用。他在大学上学时就立志改变我国汽车现状，学习过程中就查找资料进行探索。分配工作后他仍不放弃自己的追求，而被单位解职，在走投无路之时，他自费节衣缩食仍继续研究试验，最后取得成功。1985年7月出版的香港《车王》杂志封面以显要位置刊出"中国最新发明全塑汽车"标题，称为中国发明的世界第一部塑料汽车。

（二）创造才能的培养

大学生创造能力培养是高等教育的重要组成部分，应该有目的有计划地积极开展。

1. 努力学习掌握创造机理和技法

创造原理、创造过程等都有一定的规律，大学生掌握这些基本知识并参加创造技法的训练，可以有效地培养和提高创造能力。

2. 建立动态的合理的知识结构

知识的多少和深广并不与发明成果成正比关系。原因是知识和发明是两个相对独立并有本质区别的概念。知识使人们在社会实践中积累起来的经验，是属于认识范畴，而发明是利用已有知识创造前所未有事物的过程，是脑力劳动、体力劳动和物化劳动的共同结晶。有丰富知识而无强烈创明动机和创造性思维能力，是不会标新立异，走向发明轨道。

不同的知识结构能发挥不同功能，不同的发明创造领域也要求不同的知识结构，而且需要不断动态地进行调节。知识结构的知识，要求是结构化的规律性的。因而，过多的专业知识有时候会影响创造力的发挥。对创造力形成有直接帮助的知识是科学方法论和创造知识，科技发明、发现史知识等。

3. 创造能力培养要紧密结合科学研究和日常生活实际

如手中钢笔是否合用？如何改进？吃饭的饭盒，怎样使它使用更方便？铅笔怎样形成更好？书包设计成什么样更实用美观？总之，只要开动脑筋，在任何小小的领域都会产生千奇百怪的发明设想。

4. 结合学习过程进行培养

大学生应把学习过程与创造能力培养过程结合起来。如学定理、公式、定律，不是只注意它的证明，还要注意定理、公式等产生的思维过程。做练习题不只注重完成任务、答案准确，还要积极谋求用更多的方法去解决。做课程设计、毕业设计，不是只追求进度、任务的完成，还要重视方案论证、不同方案比较，在所学知识综合运营中提高独特见解、标新立异。在实验、实习过程中，不满足于获得数据、完成过程，而是注重现象的观察，发现问题，寻找答案等。

（三）大学生创造个性的培养

创造发明，一般都是由个人进行的，就是集体发明创造，也是以个人为基础的。个人在心理品质方面的创造个性，在创造活动中能发挥重要作用。

1. 雄心、胆魄

雄心、胆魄，能促使创造思维火花燃成熊熊烈火，对创造活动起积极的推动作用。在日常生活中要锻炼自己自强、自信、无所畏惧的精神。不怕别人嘲笑、讽刺，要顽强表现出自己的潜能。要不唯书、唯上、迷信权威；要为实现自己的独立见解而不懈地努力。敢于在未知领域横行，在曲折的道路上开拓进取。

2. 独立自主性

不盲从、不随声附和，走别人没走过的路，干常人未干过的事。独立自主的特点就是标新立异，不循规蹈矩，总是别出心裁，不遵从常人的习惯思路，但对作出最后判断和设想结论还是十分谨慎的。

3. 好奇心

好奇心是激发创造欲望的诱因，是创造性人才的个性素质。常常对什么事都要问个为什么？爱迪生从小就有强烈的好奇心，他看到鸟在天上飞，心想为什么人不能飞呢？好奇心使他心血来潮，买了一包发酵粉，好说歹说劝小伙伴米吉利吞下去，指望米吉利肚子鼓足气，上天飞翔。

创造发明者若缺乏好奇心，就等于失去了最起码的创新能力。好奇心是创造者必备的心灵。爱因斯坦说："我没有特殊的天赋，我只有强烈的好奇心。"好奇心与培养怀疑精神密切相关。一般情况是当人们寻求新观念和新事物的好奇心受到传统习俗或传统科学的压制时，好奇心就马上转化为怀疑精神。古人说："学贵知疑，小疑则小进，大疑则大进。"建立在仔细观察和深刻思考基础上的怀疑精神，是对好奇心的进一步推进。大学生应在课堂学习中，实践性教学环节中，在日常生活中都要善于知疑。要充分认识发现问题就是创造成果的开始。

4. 恒心

创造发明需要恒心，只有这样才能把注意力集中在某个问题上，这是获得成功的重要条件之一。集中注意力于某一点有利于思想产生飞跃，也容易使人触发灵感。提高集中注意力应注意以下几点。

（1）要沉下心来，心能沉下来，就等于是注意力做了一半的高度集中。

（2）对被集中注意的事物有浓厚的兴趣，这是培养恒心的原动力。

（3）集中注意力不能有疲劳感，疲劳就要休息，"欲速则不达"。

（4）掌握最佳思考状态。人们思考的最佳状态不同，有人喜欢安静环境；有人喜欢边听音乐边苦想；有人却喜欢在杂乱环境中集中思维，要寻找自己的最佳条件。

5. 情绪

情绪是人对客观事物的态度的内心体验，人的情绪能通过智力因素间接地影响发明创造。一般讲，积极乐观情绪，有利于创造想象的发挥，有利于创造发明者进入灵感状态。有利于克服在发明过程中的疲劳。

现代教育强调，在传授知识的同时要重视智力的开发、能力的培养，特别是创造能力对跨世纪人才更为重要。因此，如何加速、加强大学生能力的培养，这是很值得高校师生共同探讨的重要问题。

第十一章 大学生学习方法

大学生上大学，是为了把自己培养成社会需要的合格的高级专门人才。实现这一目标的过程中，解决好学习方法是一个十分突出的重要问题。大学生学习方法，既是一个理论问题，也是一个实践问题，寓于大学学习的全过程，对提高学习效率、大学生成才有着极其重要的作用。

第一节 大学生学习方法概述

毛泽东同志曾经说过："我们的任务是过河，但是没有桥或没有船就不能过，不解决桥或船的问题，过河就是一句空话。不解决方法问题，任务也只是瞎说一顿。"因此，实现学习目标，完成学习任务必须有一个科学的学习方法。著名的生理学家贝尔纳说："良好的方法能使我们更好地发挥天赋的才能，而拙劣的方法则可能阻拦才能的发挥。"这句话为我们清楚的概括出方法的作用和功效。虽然学习方法要因人而异，不可能是千篇一律，但学习方法本身也是一种科学，有其客观规律。我们的学习方法符合这些规律时，就能取得事半功倍的效果，违背了这些规律，虽然付出辛勤劳动，也会效率低下，事倍功半。

一、好的学习方法应具备的基本条件

学习方法含义很广，渗透于学习过程的各个环节，受到多种因素的影响，总起来说，学习方法就是为了达到学习目的所采用的学习手段。一个好的、科学的、适合大学生自身的学习方法，必须具备下列基本条件：

（一）符合大学生自身的条件

每个大学生都具有不同的知识基础和经验；具有不同的心理素质和水平；

具有不同的智力优势和思维能力；具有不同的生理条件和适应性。因此，同一的方法不能适应每个人。

（二）符合学习对象的条件

大学的学习对象种类繁多，每种对象都有自己的体系和规律，都有自己不同的表现形式。如数学和外语就有其不同的规律，理论课和实验、实习更有其不同的特征。因此，不可能用同一方法去学习。需要根据不同对象，采用不同方法。

（三）符合学习环境，背景条件

大学学习由于对象多变，所以学习环境背景条件也是经常变化。例如课堂教学和工厂实习环境不同；不同的讲课老师习惯、教学方法不同；同样是课堂教学，手段、方式也可能不同。不同的环境、背景条件，也需要不同的学习方法、

综上分析可以看出，学习方法自身虽有一定规律，但却没有适合于每个大学生、适合于每种学习对象，适合于对每种学习环境和背景条件的普遍学习方法。因此，要掌握好学习方法，必须要花大气力不断摸索、改进、完善，仅靠"拿来主义"是绝不能奏效的。必须经过消化、吸收、体验，才能逐步掌握。例如，中学养成的"听课—做作业"学习方法，既不预习、也不复习的习惯，在大学面对课堂讲授高起点、大容量、快速教学的条件下，就不能适应。因此，花费一定精力，总结一套适合自己的灵活的学习方法是十分重要的。这也是一个人学习能力水平提高的表现。

二、大学生学习目标、策略的确定

（一）学习目标设计

目标是人脑对行为的预期结果的反应，是大学生学习行为的最终目的。设计出一套符合大学生自身需要的目标系统，将会极大地调动学习积极性，成为长期激励学生学习的内部驱动力。爱因斯坦曾说："对于一个严肃认真的年轻人来说，尽可能准确无误地为自己确定所追求的目标，这是十分自然的事。"

大学新生面临着学习阶段性目标中断核心的学习目标确立。在我国"应试"教育影响下，高中生的学习目标大都集中在考大学上，入大学后的学习目标，对大多数人来说经常是空白的。因此，大学新生迅速确定学习目标是十分迫切的问题。如何确定？应注意如下几条原则：

1. **可成功性原则**

这是指制订的学习目标实事求是，客观上有可能，主观上经努力能够达到。若"无成功可能"或"轻易可成"时，就不能引起积极行动的欲望，学习目标的功能将丧失。

2. **具有主体意义原则**

这是指学习目标对主体必须有意义，只有这样才能够调动大学生学习的自觉性、主动性。主体意义越大，对目标的期望则越强烈，对学习行为的推动力也就越大。如奖学金，对学习好的学生，会激励他积极竞争，但对于学习困难比较大的学生，就很少有激励作用。

3. **满足主体需要性原则**

需要是行动的原始动力，行动结果应带来需要的满足，不管是精神的还是物质的，只有这样才能激起实现目标的强烈愿望。社会需要的目标，必须转换成个体的需要目标，只有这样社会要求的培养目标才能落实，个体才能为实现目标刻苦努力地学习。

4. **目标的阶段性原则**

一个完整的目标，往往不是短时间所能实现的，往往需要分阶段才能够完成。只有阶段目标才能更好体现出对主体的实际意义和主体的需要；只有阶段性目标才能使主题看到成功的可能性。完整的目标需要不同的部分所构成，例如要取得优异生，就要以优异成绩完成各门课程和教学环节，因此，不同时间学习每门课时，也都应有明确的学习目标。当前的，长远的；部分的，完整的，统一构成一个社会需要的学习目标，激励大学生努力学习。

（二）学习策略的确定

"只要有战争，就有战争的全局"。研究全局性的战争规律，就是战略问题。研究局部性的战争规律，就是战术问题。战术要服从于战略，要在战略指导下进行。大学生的学习也和打仗一样，完成学习任务的总体策略就是战略，完成局部学习任务的策略，就是战术。一个专业的教学计划是很全面的，是从大学生的全面发展出发的。全面发展并不等于每个大学生都是平均使用学习力量，而是要根据客观需要和自身的特点，选择不同的重点和途径进行。特别是在社会主义市场经济和高校实行学分制的条件下，同一专业各个学生之间的智能结构并不全相同。因此，新入校的大学生必须在学习上进行总体设计，还要在局部学习任务上有战术思想。确定学习战略、战术的要素有：

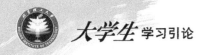

1. 需要

学习具有时代性和社会性,社会发展,社会主义市场经济需要什么?是我们确定学习目标的主要依据。只有顺应时代,适应社会,服从社会的需要,才能学有所成。

2. 扬长避短

社会需要是多方面的,专业培养计划对一个学科专业来说是完整的、全面的,而在每个专业技术领域内还有许多不同的专业方向。大学生要根据自己的知识能力基础,生理心理条件,兴趣、爱好,在专业范围内确定自己的目标。

3. 重点

学习不能平均使用力量,要围绕自己确定的目标建立合理的智能结构。有了目标就有了重点,在学习内容、学习时间上就必须向重点倾斜。同时,在学习安排上也不能按部就班,要从自身的实际出发,选取恰当的学习途径,提高学习效率。

4. 机动灵活

学习方法要灵活多样,对不同课程、不同环节、不同的授课老师,要采用不同的学习方法。如对学习中的疑难问题,有的应力求独立思考;有的就应求教老师、同学。有的老师讲课思路、方法新颖、案例生动,就需要及时总结,记好笔记;有的老师讲课系统性强,不脱离教材,重点就应放在阶段性总结上。

5. 全面运筹时间

大学生要根据自身的生理、心理变化条件,全面运筹时间。各人生理条件不同,不同课程的最佳学习时间也不同。有的早晨念外语效果好,有人却是晚上效果好。要不断摸索总结自己的"生物钟"规律,以提高学习效率。同时,要利用心理佳境提高学习效率,要在心情最佳状态时,加多学习内容,加长学习时间;要在心情不佳或心理疲劳时减少学习内容,缩短学习时间。对知识的理解记忆也是这样,在遗忘前用时间复习,比遗忘后用几倍时间复习效果好。

第二节 大学生学习特点

一、学习过程的主要特点

大学不同于中学,随着学生知识经验的增加,身心的不断发展,自我意识的增强，大学的管理、教学安排、教学形式，学习生活条件等，都与中学有着很大的不同，因而对大学生在学习过程中的自主性、自觉性、主动性都提出了更高的要求。

（一）学习安排的自主性

自主性是指在学习过程中，大学生主观能动作用的发挥问题。自觉主动地学习是大学学习活动的核心。大学的学习不同于中学，教师和管理人员对学生的控制约束作用越来越小，由教导逐渐变成指导、引导作用，自主性在学习过程中的作用越来越大，其主要表现为：课外学习时间的自主安排；学习内容的自主掌握；选修课程的自主选择；学习方法的自我适应与自主总结。总之，大学学习个人的主动性、自觉性、积极性起主导作用。有人统计过：大学课内理论学习时间占总学习时间的24%，课内实验、实践占16.5%，课外自学占59.5%。部分的课内学习和全部的课外学习都是由学生自主完成的。伴随我国高等学校学分制的逐渐完善，学生在很大范围内可更自由地安排学习时间和选择课程，大学学习的自主性特性将愈加明显。

大学学习内容的掌握主要靠自己。不像中学老师那样，反复讲解，步步紧逼，帮助掌握。大学教师讲课常常是只讲难点、要点、思路、提纲挈领，甚至有些内容讲授的是他科研成果最有体会的部分，其余部分主要由学生自己攻读、理解、掌握。况且，大学的学习，不仅限于课堂，大量的学习内容要在图书馆的藏书和各种杂志、资料、科研报告中获得。这种内容的学习，不仅无教师的讲解，甚至指导都很少。因此，大学学习内容的掌握主要靠自己，必须掌握好自学方法，提高自学能力。

（二）学习内容的选择性

大学不同于中学。中学是基础教育，教学内容是共同的，每个学生都必须具备的，是不可缺少的，所以不存在学习内容的选择问题。大学则完全不同。不仅学习的专业是自己选择的，在专业学科领域内的学习目标也是自己确定的。而且学习目标并不是静态的，而是随客观需要和自身条件的变化而变化。因此，在学习内容上，除了专业教学计划的必修课之外，在学分制管理中的选修课，将在教师的指导下由自己选择。而且，除了必修课、选修课之外，还有主、副修专业的系统课；课堂之外进行阅读的各种参考书、资料等学习内容的选择。总之，大学里的学习内容，与中学相比，有着更大的选择性。因此，大学同一

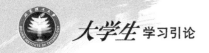

专业的学生，有可能具有不同的知识能力结构和特征。

（三）学习形式的多样性

中学的学习形式比较单一，主要是课堂听讲，辅之以实验。大学的学习形式则多种多样。如课堂听讲，课堂讨论，阅读参考书，参加社团活动，参加验证性或自拟性试验，参加实习、社会调查、参观，参加科研活动、听各种技术报告，进行课程设计、毕业设计、参加答辩等。虽然课堂听讲仍是主要的，但形式多样、自主学习、是大学学习的主导形式。

（四）学习思考的探索性

中学的学习在于继承前人的知识，而且都是比较成熟的基础理论，主要是用在造性思维、吸收、消化、掌握。大学的学习，除掌握基础理论知识之外，还有专业知识，这是一种多变的、发展中的知识；是基本理论在工程实际中的应用知识，因此，带有一定的探索性。中学的学习，主要是为终生学习打基础。而大学的学习，是作为社会人的准备，学习知识的根本目的在于应用。所以，大学的学习更强调独立思考，不仅是继承前人的知识经验，而且，要探索发展知识，进行创造。

大学的学习方法本身也带有探索性。别人成功的学习方法，但并不一定适合自己，必须在实践过程中不断地摸索，总结，才能取得完全适合自己，应付多变状态的学习方法。

（五）学习过程的实践性

大学实施的是专业教育，要运用专业理论解决实际问题，这是大学教育的重要目的之一。因此，实践性教学占有很大比重。学是为了用，学习过程的实践性也就成为大学生学习的重要特征。大学除开设较多实验课程外，还安排有各类实习、课程设计、毕业设计和科学研究等实践环节。完成这些学习任务，既需要综合运用基础理论知识，工程科学知识，也需要专业知识及技能，同时，还要以正确的学习观、思维方法和工作方法去观察、思考、研究、总结，解决专业技术领域的实际问题。在实践教学过程中，大学生既要重视分析问题、解决问题能力培养，更要重视动手能力培养。充分认识实践性教学环节是大学生将知识转化为能力的重要途径。

二、学习条件的主要特点

大学与中学和社会其他企业、事业单位，有着无与伦比的学习环境和条件。

（一）强大的学习指导力量

大学不同于中学，是人才聚集之地；不同学科、不同层次、不同特长的人可说是应有尽有，是人才资源非常丰富的地方。问题在于你是否能充分利用、虚心求教。除了博士生导师、教授、副教授大量高层次人才外，还有博士生、硕士生、高年级同学等都可作为学习的指导者。就是各级各部门的管理人员，一般也都是大学毕业从事教育工作多年者。因此，大学生要充分利用学校人才资源丰富的特点，努力发挥自己的潜力，虚心求教，掌握各方面的才能。

（二）丰富的图书资料

大学学习的主要形式虽然是课堂，但真正扩大知识，增长才干、掌握本领的地方并不完全是课堂。大学生的学习生活必须有相当时间在图书馆度过。大学的图书馆是一座知识的海洋。它包括古今中外，自然科学、社会科学，文学艺术、历史、地理，不同学派、不同观点的论著；自然科学类不仅有机、光、电、化、材料、工艺等，而且有农林、生化、医学等，它为现代大学生完善智能结构，实现学科相互交叉、相互渗透，扩大知识面、深化专业学科理论提供了良好的学习条件。

大学除了图书馆有各种国内外期刊之外，学校、各院、系还设有资料室，拥有各种专业性期刊、技术资料，特别是存有老师学生长期进行科研所积累的资料。这些都是将为我们探索、发展新的知识、发展专业新技术创造了条件。

（三）雄厚的实验、实习基地

专业大学生不仅要有丰富的理论知识，而且要有熟练的操作技能和能力，这些技能和能力的训练，必须在实践活动中进行。大学由于教学、科研的需要，拥有各种学科、各种类型的实验室和操作实习基地。当前，除了进行课堂实验之外，各校都在大力组织开放实验室、开设专门的实验课、实践选修课、实习课等，为培养实验技能、仪器设备的操作能力等提供了方便。

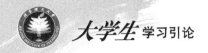

（四）活跃的社团文体活动

大学生不光是念书，还需要有各方面的修养和能力。大学多种多样的社团文体活动，为此创造了优越的条件。社团文体活动不仅有利于大学生的身心发展、扩大视野，而且对社交能力、组织管理能力都是很好的锻炼。特别是对审美能力的提高有着重要作用。大学生思维能力的提高，不仅仅是知识的作用，更重要的是参加各种实践活动。

第三节　大学生学习方法简介

一、理论课程学习方法

（一）大学课堂讲授特点

1. 讲思路、讲难点、讲重点

大学教师讲课不像中学严格按照教材，一段一字地反复讲，而是主要讲思路、讲难点、讲重点。

2. 讲课起点高、速度快、内容多

大学学习的时间有限，需要学习的内容茫如大海，同时，大学生已具备一定的知识和独立学习能力，因此，大学的讲课带有对本门知识的学习指导性，不完全是讲透课程内容，要求大学生在教师指引下，主动学习。因此，讲授速度快、内容多事一主要特点。

3. 既讲知识，又重视讲思维方法

大学讲课，不仅速度、容量、深度、广度加大，而且要求学生在掌握知识的同时要学会思维方法。高等数学课的学习，不仅是掌握微积分、函数、微分方程等数学知识，更要通过定理、定律的证明（包括反证法），公式的推导，学会逻推理方法。通过学数学概念，学会抽象概括等形式逻辑思维方法。物理课教学内容充满唯物辩证法，大学生通过对一些物理现象和物理问题的分析解决，增强对"对立统一规律"的认识。如对"变与不变""平衡与不平衡""连续与间断"等"对立统一"现象的分析可以学习辩证唯物主义的思维方法。通过工程制图课的学习，会学到表达平面图形、立体图形等形象思维的方法。

总之，在各种课程的讲授中，不仅有大量的知识，而且有分析综合、比较、抽象概括、具体化等思维方法的学习。知识是无限的，方法是有序的，只要掌握好方法这个工具，就能够获取、发展更多的知识。

4. 不照本宣科

大学教师讲课不是按教材照本宣科，而是把教材作为主要参考书。讲授内容一般多为博众家之长，有的是教科书上根本无法找到的。如关于定律、定理形成过程的背景资料；本学科知识的发展状况及趋势；教师在某方面的研究体会等。总之，这些知识往往比书本教材上的内容更加重要，大学生应该加倍珍惜，及时记录下来。

（二）如何听好课

学生听课，就是通过自身的感受器官接收老师在短时间内发出的大量信息，教室几十或上百人在同等条件下听课，但各个人在获取信息的量和质上却有很大区别，除了原有知识经验和遗传素质的某些差异影响之外，还有以下主要原因。

1. 生理、心理准备是否充分

身体疲劳、体力未恢复，休息未得到保证，上课时体力不支，精神不饱满，大脑迟钝、不清醒，接受信息的量和质必将受到影响。心理不健康，课前或日常生活中受了某种较深的刺激，大脑皮层的兴奋没有消失，因此上课时老师讲授的知识信息，对他的刺激性很小，注意力不能集中，或者时断时续，都会对听课得质和量产生严重影响。因此，听好课，必须做好生理、心理准备。

2. 对本节课心中是否有数

预习，一般是指学生事先学习教师将要讲的知识的过程。预习的方式可以有课前预习（仅为听课做准备）；也可以是阶段预习（某章或阶段学习内容）。可以通过读，浏览全书；可以粗读理解大意；也可以精读，找到重点、难点，发现疑点。找出哪些是已知已会的，哪些是难懂不会的，做到听课时心中有数，达到对不懂的问题格外留心，对已初步了解的问题进一步积极思考，对教师将要讲授的问题能预见其思路，去主动进行思考。这样就必然会提高课堂听课质量。

预习是提高学习效率的重要手段。通过预习不仅可以复习原有的知识，而且会发现自己原有的知识的不足之处，通过再复习旧有的知识，就能加强与新旧知识的联系，促进新的知识结构的形成，有助于知识的记忆和应用。通过预

习，不但巩固了旧的知识，弥补了原有知识的不足，还扫清了听课的障碍，使听课注意力能集中到对新知识的吸收、消化、理解，直接提高了课堂听课效率。

预习可以提高记笔记的水平。预习以后听课，思维处于积极主动状态，能克服听、记、想三者的矛盾。由于对听课内容心中有数、记笔记就能抓住重点、难点、教师讲授的特殊点，是笔记层次分明、简明扼要。

3. 是否能手脑并用

达到好的听课效果必须做到"五到"：即心到、眼到、耳到、脑到、手到。"五到"是互为依存，互为促进，在正常顺利的情况下，五者是没有矛盾的。但是，若未曾预习，听课障碍未扫除，心中无数，五者协调关系就会被破坏。造成脑无法主动想，耳听不懂，手记不上，眼看不清，心急火燎无法安心。因此，大学听课预习是五到的基础。

由于大学教师讲课不照本宣科，而是讲难点、重点、思路，讲述个人的心得体会，学科发展动向。这些在教科书上是难找到的，必须在课堂听懂的基础上记笔记。以便课后回味教师的思路，掌握科学的思维方法。记笔记还有助于知识条理化、结构化；有助于培养手、脑并用，训练思维的敏捷性品质，提高记忆能力；有利于排除课堂内外其他刺激因素，全神贯注按老师讲课思路走。总之，记笔记对提高听课效率与质量有着重要作用。

记好笔记，应做到如下三点：

（1）听、想、记结合。要有目的，有重点的记。如果为记而记，埋头死记，课堂上无暇思考，无暇消化，结果笔记记了一大堆，脑子却是空白一大片，势必听课效果不佳。

（2）因课而异，因人而异对不同学科、不同性质、不同教师教法、不同的学生，记笔记的具体要求与方法应是不同；各个人应结合自己的特长，总结记笔记的方式方法。

（3）定期整理笔记。课堂记得笔记由于时间紧，条理、系统、完整性都会有问题，应该在复习时加以补充、整理、完善。整理本事就是分析综合、比较、归纳整理使知识条理化、结构化的过程，对培养自学能力有重要意义。

（三）怎样使课堂知识巩固与加深理解

1. 复习、看参考书

著名教育家夸美纽斯说："读书而不理解，等于不读。"大学生对教学内容理解有一个过程，因此，复习、看参考书是一个不可缺少的环节。加之，教师讲课只讲重点，部分留给学生去自学，而且课堂上的重点、难点、疑点也不一定完全理解，因此，必须复习、看参考书。不仅如此，复习还是强化和巩固记忆痕迹的过程。它不仅使人获得知识，而且还能培养获取知识的技能。不仅能巩固当天所学知识，而且能使新旧知识联系起来，是知识结构或，形成知识网络，增强记忆，提高其应用性。

复习大体可分为四步进行。其一是对照笔记阅读教材，对重点问题反复思考，加深理解，发现新的问题。其二是看参考书，进行提高。不同的参考书有不同的思路；不同的侧重点；不同的分析问题解决问题方法。因此，看参考书不仅可开阔思路；加深对课堂内容理解；寻求对新问题的答案，还可促进知识的系统化。其三是通过完成作业提高运用知识能力，同时进一步加深巩固所学知识。其四是总结提高系统化。可分为章节小结和阶段总结，写出综述，通过综述找出事物的本质联系，形成一定的知识结构。

2. 注意总结，达到知识的系统化，结构化

我国著名科学家钱伟长说："一个青年人不但要用功学习，而且要有好的科学的学习方法。要勤于思考多项问题，不要靠死记硬背。这样，你一辈子才会是不断进步的，永远向上的。"这就是所谓的把厚书变薄的学习艺术。每次课几十页，一门课一学期讲一大本，几门课就是几大本，靠死记硬背是很困难的，必须学会把厚书变薄的学习艺术。就是把一本书的精华部分，经过自己的领悟提炼出来，并加以消化、吸收，使之变成自己知识的过程。这个过程可反复多次地进行，书籍也就变得越来越薄。这样，学习中所遇到的书本厚、内容多，一直招架不住的问题就可以解决了。

当新知识进入大脑时，必然会与大脑中原有的知识发生或多或少的"矛盾"，出现不一致；或者是对新知识不知如何编码、贮存，放入知识结构的哪个位置。若学习中发现不了这个"矛盾"，这说明提不出问题本身就是学习不深入，未进行认真思考，还停留在教材本本上，未被自己消化、吸收。所以，要进行复习总结，通过分心、综合和比较各部分内容的关系、搞清楚层次类别，利用新知识补充完善你的知识结构，使其系统化，形成知识网络。

3. 重视作业习题，提高思维能力

作业是帮助学生理解和掌握课堂学习内容的一种形式。通过做作业可以帮助学生发现概念似乎明白但实际模糊的地方。所以，做作业是将概念和理论综合应用的训练，可以检验理论掌握的程度。大学的习题有一定的难度和深度，有些问题还需要自学一定的资料才能解决。特别值得注意的是一些综合性练习题，需要各种知识的综合应用和综合分析能力，这种综合分析的思维能力，对于工程的学生十分必要。联系也常常带有技能的成分，主要是心智技能，也有部分属于动作技能，只有通过足够数量的训练才能形成。完成一定格式一定要求数量的练习题，这是未来工程师的需要。

获得习题的正确答案，并不是作业完成的最后，而是应继续进入学习循环的再认识阶段。回味一下与习题有关的概念、定律、定理等；对于那些难度大、拐弯多或综合性强的题目，应分析归纳一下它的特点；对得到的结果加以思索，看究竟说明了什么，意味着什么；想一想能否找到习题的实际背景和实际应用；对题目用求异思维分析一下，是否合理，能否加以优化？能否一题多解，用巧妙解法等，这才是属于创造性学习，研究性学习。

（四）习题课

习题课是课堂讲授和课外练习之间的一个教学环节。是教师帮助、指导同学做习题的一种集中讲解辅导形式。课堂讲授学生知识听听、想想、看看，并没有动手实际操作。而做习题是一种手脑并用心智技能训练，没有实践活动就不能掌握，习题课就是帮助指导学生动手做题。因此，上习题课前，学生必须做好对有关理论部分的复习，以便能主动积极地参与老师的解题活动。

习题课一般是设在讲授内容与习题之间阶梯较大的情况下，如高等数学有时上课对定理听得很清楚，但拿到习题做不了，这时就需设习题课。但若习题课安排不当会增加学生的依赖性，影响主观能动性的发挥。

（五）讨论课

在教师引导下，通过学生集体讨论，集思广益，经老师最后总结来弄懂课程难点、重点或问题本质的教学环节。

讨论课的题目选择至关重要，必须是课程的核心本质问题，是大家共同关心并且很贴近的问题，必须是似是而非容易混淆不易弄清的问题。这样的问题才能引起大家的关注与兴趣，引起大家的探究精神。

讨论课是各抒己见，集思广益的课堂，气氛生动活动，课堂上既能学到知识，学到思考方法，又能锻炼语言表达能力，论辩能力，是一种比较好的课堂形式。不过要达到好的效果，大学生还应做到以下几点：

（1）课前要做好充分准备，包括基本知识、理论的准备；心理的准备，要能敢于发表看法，能顽强表现自己的见解，有良好的竞技状态。

(2) 积极思考，虚心听取各种不同见解，能取人之长，补己之短，提高自己的求异思维能力，开阔探索问题的思路。

二、参考书阅读和资料积累方法

人类几千年的文明发展史，积累了大量的知识，这些知识都是前人实践的结果，是用语言文字记载下来的书本知识。大学生要想成为一个知识渊博的学者，就必须学会自学，掌握好读书方法，在知识的海洋中去搏斗，到知识的王国里去获取知识的宝藏，以弥补课堂的不足，开拓自己的知识领域，实现自己的理想。现就选书、读书、积累资料方法介绍如下：

（一）选书方法简介

别林斯基有句名言"我们必须学会这样一种本领，选择最有价值，最适合自己需要的读物。"选择书应注意以下原则：符合所需专业方向；符合自己的知识程度；信息密度较高；属经典著作；阐述了新方向、新方法、新内容。除以上原则外，关于选书的具体方法有：

1. 逐步筛选法

博览—通读—精读，是逐步筛选法的基本点。博览即泛读，它是筛选的基础，没有博览全书的条件，就无法筛选。再从博览泛读的书刊中，选取一定量进行通读，以决定取舍。进一步从通读的书刊中，选取少量的整本或某些章节进行精读，吸取精髓，从优中之优提高自己的专门知识和技能。

2. 跟踪追击法

这是一种进行专题研究的选书方法。首先根据研究目的，查阅图书馆有关目录卡，经过看内容提要、对比，选择一种经典的专门书籍来看，在看的过程中发现某些方面不足或某些专门问题不清楚，就应按此线索再找别的专门书籍，如此一步步深入，求得问题解决。使用该法时需注意，一是本人要具备一定的基础知识；二是不要无限地去补基础知识，要适可而止。

3. 渗透法

当今时代，边缘科学和横断科学方兴未艾，各学科之间互相补充，互相渗透。所以在读一种专业书时，不要死守专业界限，应尽量阅读一些相关专业书刊，不仅可以开阔视野、活跃思想，而且可以博采众家之长，拓宽专业知识面。

（二）读书方法简介

1. 快速阅读法

现代世界，科学技术迅猛发展，发明创造不断涌现，知识总量在不断增加，为了实现多读书的愿望，一种快速阅读法，最近在国外掀起。快速阅读的内容，主要是相关而不太需要的书、报纸、杂志、科普读物等。具体方法为：其一是无声阅读（即默读）。其二是简读和缩读，以关键词代句，以关键句代段跳跃式、选择性地读，眼光只集中在信息量最大的地方。其三是纵向摆动扫描。目光不追每个字移动，只是沿中心线垂直往下扫描，用眼余光看两边。其四是高度集中注意力，善于抓住中心思想。善于科学地运用视力和注意力、理解力。

2. 循序渐进法

我国南宋哲学家、教育家朱熹说："读书之法在循序渐进，熟读而精思。"循序渐进是人们认识事物的规律，只好打好基础，才能攀登科学的高峰。大学生读书，应在教学计划的总体安排下，遵循课程之间循序渐进内在规律，选择好书籍安排学习。学好各门课的基本知识和基本技能，要防止好高骛远和急于求成，一般应按层次、次序进行。

3. SQ3R 法

SQ3R 学习方法是目前国外最为流行的学习方法。SQ3R 法中的 S 是浏览（Survey）。Q 是提问（Question）。3R 是阅读（Read）、背诵（Recite）、复习（Review）。这种方法把读书步骤科学化，形成了适用于自学任何学科的一种基本方法程序：

（1）浏览（S）：阅读一本书或某个资料，可以先通过阅读目录、索引、各章提要和小结，在大概弄清楚材料的目标之后，再快速地浏览全书，了解全书的概貌。

（2）提问（Q）：在浏览和粗读中，根据学习目标，对自己准备精读的部分和已经掌握的知识相联系比较，提出问题准备在下一步去寻找答案。

（3）阅读（R）：精读，扎扎实实逐字逐句地阅读选定的材料。为理解透彻和部分记忆，可以在书上画线、写评语或做笔记。

（4）背诵（R）：在理解的基础上，提纲挈领地抓住主要内容背诵记牢。

（5）复习（R）：对需要长期保留的材料，通过复习加深理解和记忆。

4. 形象控制学习法

这是日本株式会社创工董事长、能力开发研究所长保坂荣之介首创的一种学习方法。该方法的核心，是使学习通过美好的形象松弛紧张的情绪，使脑细胞重视过去成功的兴奋点，并以形象来联系记忆。

形象控制学习法简单地说可分四个步骤：其一，精神松弛。使大脑皮层处于稳定状态，从而使记忆达到好效果。其二，回忆成功的经验。是大脑释放荷尔蒙，以求激发学习的信心。其三，想象美好前景。以产生学习的推动力。其四，全面的形象控制记忆。在复习学习内容时，将有关形象事物的回忆与知识联系起来，进行完整的思考，再深入阅读材料，达到理解与记忆的目标。形象控制学习法在个人的自学、复习，以至每天的学习中都是可以应用的。

5. 比较读书法

任何书本知识或作品都不是彼此孤立的，它们中间总是有着千丝万缕的联系。读书要进行比较，通过比较可以知异同，见优劣。比较可从两个方面来进行。一是新旧知识的比较，学习新知识可以联系旧知识来比较分析，明确共同点，区别不同点，使新、旧知识相得益彰，以加深对新知识的印象，促进对旧知识的理解，增强新旧知识的衔接与过渡。二是同类著作之间的比较。即以某一专著或文章为基础，联系其他有关著作或文章来阅读，加以类比鉴别，判别其水平高低，取长补短，使所学知识更加全面扎实。比较学习法，突破了单一地接受某种知识的局限性，有助于博采众长，开阔视野，启发思维，提高效益。

（三）做读书笔记方法简介

做读书笔记通常有三种方法：一是记在书上；二是记在本子上；三是记在卡片或活页本上。具体方法有如下几种：

1. 标画式

标画式是在自己的书上做记号。依据自己的水平对书中的重点、要点、难点，作出分析处理，以便增强印象。标画方法有：一是画线，在你认为重要的词句、论点下边，用不同颜色画横线或曲线，或在重要的精彩的段落旁边画上竖线。二是标记。在重要的地方画上各种有意义的符号，如小三角表示重要处，小圆圈表示关键处，小星号表示结论处，问号表示疑问处等等。标记可以自己选定，单必须意义明确、醒目、具体，能引起人的注意。我国宋代大教育家朱熹读书就是初读红笔画；再读黄笔勾画；三读黑笔勾画，他认为这样反复勾画，就是由表到里、由浅到深的学习。

2. 批注式

批注式就是在自己书上做笔记的一种方法。这样可以突出重点，启发思维。

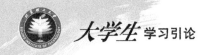

批注包括旁注、眉批和总批。旁注和眉批就是横排书的左右旁或竖排书的上下眉或段末尾的空白处，用简明中肯的语言，写下篇章段落的体会、感想、疑问及不同的见解。总批条指一章或一本书读完之后，简要地概括出内容的精髓，总结出规律性的结论或总的评价。

3. 摘录式

摘录式就是把书上重要或所需要的材料摘抄下来。徐特立同志说过，看书不如抄书；会抄不如摘抄；摘到要处，记得不多，所得不少。摘录，就是对书本内容去粗取精，吸收其精华。摘录主要摘取书中的重要观点、精彩段落、名言警句、典故、数据，也可摘录某些篇章用自己话缩写下来。摘录工具，篇幅长、内容多的可用笔记本；片段简要摘录可用卡片或活页纸。摘录要细致、认真，力求准确、可靠，加注引号，摘录材料要记明出处、书名、版叶和页码。

4. 纲要式

纲要式即编写读书纲要。一种是提要，把书或文章的基本内容，经筛选、组织，用自己语言概括地写出来，在大脑中形成"概括结构"，以便掌握书中精华。概括应思路清晰，简明扼要，层次分明，概括力强。另一种是提纲，按书的篇章将书分成若干部分、段落，依次写出每部分的要点，层次分明，前后连贯，便于掌握全书体系内容和逻辑结构，以便加强记忆，纲要式一般适用于精读的书籍、文章。

5. 札记式

札记式即读书随笔，随感录，随手记下书中的要点，观点和疑难，读后点滴想法和体会及其他有关材料，也可对原著作出评议、订正、补充和质疑，也可对书中某些观点引申和发挥。这种形式文字可短可长，方式灵活。

6. 心得式

心得式读过全书和全文后，经深思熟虑写下自己的心得、体会、感受、收获，也可叫读后感，但需走出书本，联系个人或社会实际、参阅有关资料，作出重点的阐述、发挥。心得既不是写文章也不是简单摘录，是"笔记"的升华，有更多个人见解和思想。

（四）卡片式积累资料方法简介

社会的发展既要靠创造，也要靠继承。继承就要学习，就要积累资料，光靠脑子记是不行的。利用各种积累资料的手段则是大脑的延伸。计算机有内存和外存，内存随快捷方便，但其容量有限，许多文件需要放在外存之中。积累资料就是对人脑的外存。

美国心理学家赛蒙说:"要想成为某一方面专家,必须掌握5万到10万组信息块,没有约10年的努力是不行的。"鲁迅写作《中国小说史略》,就使用摘抄的纸片资料5 000多张。吴晗在他一生中积累了几万张关于明代史料的卡片,成为一名史专家。

做什么样的卡片,应由资料的性质和需要程度来决定,通常有以下几种卡片:

(1) 索引卡。按书刊文章的题目名称或问题的性质记明出处,以备需要时查找。索引只记主题,不摘录内容,非常简明。

(2) 文摘卡。即书本、文章的重要观点、概念、公式、定理、名言、数据、案例的摘录或提要或缩写。按问题性质分类,并加目录,以便补充、查阅。

(3) 信息卡。指及时记录某一领域的最新知识、研究动态、新情况、新观点、新问题。要求新颖、明快,信息一般来源于报张、杂志、学术会议文献、电视等活动资料。

(4) 心得卡。就是学习的心得、体会、感想等记在卡片上。

做卡片应注意的几个问题:

(1) 要目的明确。卡片为所要达到的目的服务,如写专题报告、科研项目等。力求准确、清晰、方便、实用。

(2) 要一事一卡,有条有理。一卡写一个问题,一个事例、一种观点或一段原话。一张记不下,可连续几张。写好后按性质、内容,分类存放,以防搞乱。

(3) 每张卡都要注明出处。包括书名、刊名、文章名称、作者、版本、章节、页码即出刊时间等。加注题目,编上页码,及时整理、补充、完善,并按一定专业方向逐步系统化、专门化,达到综合利用的目的。

三、实践课程和环节的学习方法

(一) 实验课

实验是掌握科学技术的重要手段,特别是对工程技术科学更是如此。汽车保险杠不经过破坏性试验,很难确定它的可靠性。诺贝尔获得者丁肇中曾说:"自然科学是个实践科学,任何理论都离不开实验。"还说:"中国人很聪明,遗憾的是,不太注重实验科学,这是很可惜的。"科学实验是产生理论的源泉,又是检验真理的标准。做一名社会需要的合格的大学生,特别是理、工科大学

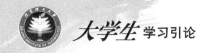

生，必须具备良好的实验动手能力。

当前，我国高校存在着重理论轻实践的倾向，造成部分大学生只重书本，轻视实验，做实验时不准备、不重视、不动手，满足于转转、看看、交实验报告了事。但是，试验在科学技术中的重要地位，决定了实验课是理工科高校教学的重要环节，是在教师指导下，主要由学生独立完成的一种教学活动。学生借助于仪器设备的操作、数据的采集、处理来培养观察力、实验动手能力、数据采集处理能力。文科通过模拟实验，提高处理实际问题能力。

实验课的类型：

（1）表演性实验。一般是高、精、尖的科学研究仪器设备，价值昂贵、精度高、操作要求严，不宜于学生动手做实验。但这种实验仪器设备、方法先进，代表世界的高水平，为给学生增强感性认识、开阔眼界和思路，一般由老师操作、表演讲解，同学只是参观性的。

（2）验证性试验。一般是对课堂讲授的理论进行验证，巩固、加深课堂理论教学的效果；同时，对学生实验技能进行基本训练，掌握仪器、仪表的操作，掌握实验的基本方法。如材料力学课的金属材料性能试验，电工课的电路实验等。

（3）综合性实验。一般是做过一定数量的基础性试验之后，针对一门课的几个章节活几门课中有联系的理论和方法，安排一项较复杂的实验。例如发动机的整机台架试验，既有原理性实验，也有强度、振动等实验，对学生的综合实验和分析能力的提高有重要作用。

（4）设计性实验（或称自拟实验）。一般指学生在教师指导下，自定或选取研究项目，探索未知的理论知识，由自己设计实验方案、实验步骤，拟定采用的仪器和手段。整个实验过程是独立自主进行的，不是照搬、重演，具有一定的创造性。对提高学生独立思考、独立动手和创新能力是十分重要的。目前，各高校都在向开放实验室努力，为学生进行设计性试验提供了方便条件。

文科管理专业有案例实验室、会计有电算实验、法律有实习法庭等，为学生理论联系实际提供条件。

学生提高实验能力必须具备的条件：

1. 实验预习

实验室在一定的理论指导下进行的，做实验前必须做好理论准备，对相应的理论，必须进行认真的复习，只有这样，才能目的明确，思路清晰，做到心中有数，抓住重点。除预习理论，还要认真阅读实验指导书。对照试验测试仪器设备进行了解、掌握，是在做实验时能有条不紊，不手忙脚乱；能安心观察、准确操作，达到预期的目的。

2. 动手操作

实验操作是培养实验技能的中心环节。包括仪器性能检验、正确使用、实验设备组装、接线、实际操作、调试、现象观察、记录数据、排除故障、处理发生的问题等，内容十分丰富。为做好实验操作，应做到如下几点：

（1）认真预习实验指导书，重视教师课前的提问与讲解。真正掌握仪器、设备的操作方法和安全基本知识。

（2）主动思考，仔细观察。要根据实验目的，确定观察顺序。首先要观察实验过程中出现的各种现象，不放过任何细节，培养持久稳定观察的习惯；主动分析各种异常现象，一般说奇迹多出自于异常现象。其次，要注意各种测试仪器的正常运转，对于不正常的结果，应查明原因。防止任务观点，只要有合理数据就完事大吉。

（3）积极动手。要严格按照操作要求积极动手、大胆操作。一方面要防止不敢动手，怕弄坏仪器，怕触电，怕出事故，怕出笑话，只当观察员、记录员，动眼、动口不动手；另一方面要防止粗枝大叶，盲动尝试。大学实验仪器，一般价格较贵，而且损坏后影响正常实验，所以必须胆大心细，万无一失。

3. 全面完成实验报告

试验完后，要进行科学的数据分析处理，归纳整理，找出固有的规律。对于不合乎常规的现象和问题，应有明确的分析。书写实验报告要严格按照规定的格式进行，要层次分明、语言简练，结论明确，提高对实际结果的分析综合能力。

（二）实习课

实习一般指理论学习与工业生产相结合的教学实践环节。对于工科大学生包括金工实习、生产实习、毕业实习、社会调查等环节。

金工实习一般安排在一年级，主要在校内工厂进行。采用讲课、现场教学和实际操作等方式进行。大学生以工人身份，通过实习，学习机器设备操作技能，学习金属工艺学的基本知识。

生产实习一般安排在三年级，主要在校外工厂进行。大学生以工艺技术人员身份，实习学习典型产品的结构、主要加工设备的构造，生产过程零件加工工艺规程的制定，以及了解企业的现状及其生产经营管理等。文科管理、外贸、会计、法律等专业的专业实践等。

毕业实习一般指毕业设计前的实习，与毕业设计紧密结合。大学生以见习

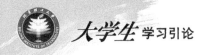

工程师的身份参见实习。目的在于收集毕业设计有关资料；熟悉工程师工作的业务范围；参加工程实验；协助工程师处理某些工程实际问题。

完成好实习任务，必须注意以下几点：

（1）做好实习前的理论准备。大学生要认真复习金属工艺学、制造工艺学、生产设备等有关课程，减少进入生产现场的陌生感。

（2）深入仔细观察、认真调查、充分掌握第一手资料。大学生在生产现场要勤于观察、善于动脑，不放过任何现象、任何机会，对于不认识不理解的问题，要多向技术人员和工人师傅请教。要记好实习日记。

（3）善于分析思考，对生产过程中出现的各种现象和影响生产的各种工艺因素，要仔细分析，努力找出原因。同时，要独立完成实习作业。

（4）写好实习报告。要在日积月累的基础上写报告，要有理论、有实践；有分析、有综合，层次分明、语言精练。

（三）工程实践环节

工程综合训练环节，包括综合练习、课程设计、大型作业、毕业设计、科研活动等。它是基础理论课、工程科学课程、专业理论在工程上的具体运用；是培养学生设计计算能力、综合技术能力、独立分析问题解决问题能力和表达能力的根本措施，是工程师基本训练的重要环节。

工科大学生创新能力的培养和训练，除了体现在学习掌握知识的过程之中以外，主要是工程实践与训练过程，也就是运用知识的过程。所以，工程综合训练是工科大学生教育与训练最基本的环节。

工程综合训练中的学习方法，不同于课堂教学，而是在教师指导下充分发挥学生主观能动性独立完成任务。因此，首先，要做好理论准备，对于与任务有关的知识要进行系统的复习，并努力掌握相关资料；对于完成任务后的结果，要有充满信心的设想。其次，在综合训练过程中，先要模仿已有的模式进行，在此基础上根据任务的特征、使用条件，结合实际进行某些改进和创新。这个学习过程主要体现以下的各个环节：理论分析（方案论证）、工程计算、运动分析、结构设计和图纸、文字表达等。因此，工程综合训练的学习方法，要紧紧抓住"应用"，在应用上多下工夫。

第十二章　大学生和校园文化

人有两种属性，及自然属性和社会属性。每个人都是这两种属性的有机统一。个人首先是一个生命的有机体，是一个自然人。但是，正如马克思所说："人的本质并不是单个所固有的抽象物。在其现实性上，它是一切社会关系的总和。"可见，大学生生活学习在大学校园里，无时无刻不受校园文化的熏陶和感染。这种熏陶和感染的过程正是人的社会属性的充分反映。

第一节　校园文化的内涵和意义

校园文化是社会文化作用于大学生净化后的反映。它把社会对大学生的要求，社会的观念、行为准则和道德规范等体现在学校的文化结构中，以显性或隐性的行为模式，潜在地影响大学生的精神世界，价值观念和行为方式，从而培养出社会所期望的有理想、有道德、有文化、有纪律的新人。

一、校园文化的定义

校园，即学校的园地。对一所大学来说，也可称其的教师、学生工作和学习的环境。环境有外部环境和内部环境之分。外部环境指围绕与人周围，并给予一定影响的一切外部条件的总和、它包括自然环境和社会环境。自然环境由天然存在的自然事物构成，如空气、阳光、江河湖海、平原山川及其他动植物和气候特点等，是人与动物生存的基础。社会环境则指某些经过人改造过的自然物和条件，包括人与人之间结成一定的生产关系和在这个基础上产生的思想观念以及各种社会关系，教育、社会风气、习惯、文化设施、家庭、科学文化发展等。它是人类特有的环境。

内部环境主要是指生理环境，即肌体内部的环境。内外环境交互影响、相

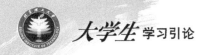

互作用、引起了内部信息和外部信息的交换，形成了主体和客体，以及主体和客体的密切关系。诚然，遗传素质对人的心理发展是有一定作用的，能决定人的肌体遗传性状，但是遗传因素又是人长期在一定外部环境中形成的。遗传为人的心理发展提供了可能性，而可能性变为现实性，又要靠外部环境的影响。总之，人的肌体构造、形态、神经系统及其能力，都是由于外部环境的影响而得到发展的。中国古人所说的"近朱则赤""近墨则黑""染于苍则苍，染于黄则黄"，都在一定意义上说明人的心理发展是受环境影响的。春秋战国时期盛行的"孟母三迁"的佳话，也是一个很好的例子。

文化，指人类共同生活中普遍存在的人为现象，是人类为了生存而在共同生产的和生活的过程中创造出来的人为环境和方式。它是人类独有的产物，是人类社会的象征。从广义来说，文化反映人类在一定历史阶段上控制自然界和社会自发力量所达到的程度，是一个社会所表现出来的一切生活活动的总和。从狭义来说，指社会的意识形态，以及与之相适应的制度和组织机构。文化是一种历史现象，每一个社会都有与之相适应的文化，并随着社会物质生产的发展而发展。也就是说，作为意识形态的文化，是一定社会的政治和经济的反映，又给予巨大影响和作用于一定社会的政治和经济。

综上所述，校园文化是校园物质文化和校园精神文化的总和。即在大学校园内所形成的一种特定文化氛围。它反映着学校的面貌、个性和特征。它体现在学校的培养目标、教育方针、教育过程、组织制度、学风校风，师生关系，学生生活等之中。它意味着兼容并蓄博大宽宏的文化精神；自由活泼，不拘一格的学术空气；鼓励、探索、创造和创新的制度保障；学校与产业界和社会各界的密切联系；教学与科学研究、生产劳动相结合；教师与学生民主参与学校管理；民主、自立、自律的学习生活等等。只有在这种校园文化中，才能培养出符合现代社会需要，适应改革开放，面向新世纪的社会主义事业的创设者和接班人。

二、校园文化是对大学生的隐性教育

隐性教育是相对于显性教育而言的。现代教育理论根据表现形式，把教育分为两大类：显性教育和隐性教育。学校通过这两类教育影响于学生，从而产生教育的结果。从文化活动空间看，显性教育主要通过课堂环境实施教育影响。而隐性教育则为非课堂文化，主要通过学校创设的精神文明氛围跨时空地对大学生施加影响。也就是说，校园精神文化以隐性教育面目出现，创设一种能唤起大学生高尚情感，激发他们健康成长的环境，精神气氛，来感化和陶冶大学生，以达到深层次教育效果。

隐性教育具有以下特点：

1. **隐蔽性**

学校环境中各种因素对大学生来说，都具有产生影响的潜在可能性。大学生通过一定的活动，便可潜移默化地接受隐含在其中的诸如人生观、信念、理想、态度等的影响，获取自身与他人未能觉察、检测的隐性效果。

2. **渗透性**

校园创设的那种潜伏，弥漫侵染整个校园并体现了学校风范正气的精神氛围，具有启迪、感化大学生的作用。置身其中，便会自然而然地，不知不觉地感悟到校园文化对自己心灵的净化和感情的熏陶。

3. **多样性**

大学生在校园内中活动是丰富多彩的，如学习、实验、参加集会、仪式、进行各种文娱、体育、演讲比赛，以及各种社团活动等。他们在不同的活动中所受到的隐性教育是不同的。也就是说，大学校园文化所包含的隐性教育是多种多样的。

4. **继承性**

隐性教育虽然是随着历史的发展不断的吸收时代精神，但都是其形成的历史渊源，本质上也还是学校在长期的文化实践中逐步发展形成的，凝聚了学校的基本文化，并为师生员工引以为自豪和刻意弘扬的优良传统。而独具特色的优秀传统是维系学校发展的精神支柱，其本身具有隐性教育的延续性和继承性的价值。

5. **弥散性**

隐性教育范围十分广泛，涉及大学教育的各个方面、各个环节，弥散于人们的具体行为和交往关系之中。它既不独立存在，又无处不在；既是客观存在的，也是在不知不觉中产生和发挥作用的。

校园作为大学生群体共同生活、求学和社交的主要场所，其创设的隐性环境对教育之成败具有举足轻重的意义。正如苏联教育霍姆斯基所说："用学生创造的周围情景，用丰富的集体精神活动的一切东西进行教育，这是教育过程中最微妙的领域之中。"美国索里也说，隐性教育"产生了一套对学习具有影响的复杂而微妙的个人价值观、信念、态度和行为模式。"因此，隐性教育是符合大学生的思想品德和个性心理发展规律的，对他们的道德感情和政治倾向的培养有着特殊的意义。思想品德与个性品质中某些不能直接传授给大学生的东西，只能通过隐性教育使学生间接地获得。也就是说，要真正形成学生的优良品质不能只靠显性教育，还必须靠隐性教育潜移默化的影响，借助校园文化长期熏陶的作用。

如上所说，隐性教育只是一种自发的影响，是无目的、无系统、潜移默化的，有时还是相互矛盾、相互抵消的。因此，隐性教育具有正负两方面功能。正面功能对大学生具有价值导向、群体凝聚、精神陶冶、规范约束、心理建构和社会辐射等积极促进作用，而负面功能则具有反社会性，与社会的思想、道德规范相违背，不利于大学生的思想、个性的健康发展，对社会生活无疑产生消极阻碍作用。因此，校园文化建设中的隐性教育要发挥积极因素，控制其中的消极因素。

三、校园文化是对大学生进行"全人教育"的重要补充

教育的根本任务在于育人。育人，就是要把自然的人向社会的人超越。这个所谓"社会的人"，应具有适应社会生存和改造社会所需要的全面素质，包括思想素质、文化素质和心理素质，也就是要全面发展。尤其是社会主义教育，更应把全面提高年轻一代的素质作为主要目标，这事关系国家、民族兴亡的战略问题。

所谓"全人教育"，即是"人格教育或仁的教育"。"仁者人也"，人在"通"，故不通即"麻木不仁"，犹如人之肌体脱离整体一般。因此，全人教育是"整个人的教育"，是顾及并协调个体身心各方面的教育，并非偏执于个体某一部分、某一方面的教育。

实施全人教育具有两方面要求，一方面，当代科学技术呈现既高度分化与高度综合的整体化发展趋势，学科之间渗透产生了大量的交叉学科、边缘学科和综合性学科。在所有知识领域里，从严谨的自然科学到社会科学、心理学以及经济学都将重新把各学科再度综合起来。这就要求大学生既有坚实的专业基础，又有广博的知识面和思维能力，从而富有创造性，以增强人才对以社会知识与技术更新速度加快，职业转移频繁的适应性。另一方面大学生除具有扎实的理论知识以外，更要有全面的、优良的素质。这里所指的素质，即意味着事

业进取心、社会责任感和历史使命感；丰富的想象力、深刻的洞察力和科学精神的统一；既能正视挑战、参与竞争，又能关心他人，合作共事；智力因素和非智力因素，业务素质与思想，心理素质的和谐结合。两者相比较，后者比前者更有迫切的要求。偏废后者，教育将失去方向。由于我国教育还不够完善，智育第一的传统观念，在学校里至今根深蒂固，德育和美育总是摆不到应有的位置上，这是教育界根本的弊端，其结果导致学生全面素质的下降。已露端倪的原因是：重视显性课程的作用，忽视对素质培养起潜在影响的隐性课程的重要作用。等等。

曾任浙江大学教育系主任、文学院院长、1952 年院系调整后，先后任浙江师范学院院长和杭州大学校长的陈立先生是"全人教育"积极倡导者，他主张健康的大学教育应是全人教育。他认为，大学教学的主要任务不在于使学生掌握一点一滴的专业知识，更重要的在于为学生打好扎实的基础，让他们掌握治学和研究的方法。陈立先生早在《思想和时代》1943 年第 29 期上发表的《大学和大学生》一文就已论述过："大学之理想在作育通人，盖教育目的乃在尽性。人之性不尽于理智，情意生活尤为人性之本源。"他还引用英国上一代心理学家华穗（Prof. J. Ward）论教育的一段话来形象说明这种不平衡（或偏执）造成的危害："身体某一部分运动过度致另一部分亏萎消损，为害之烈人们共晓。然则心力运用失当以致偏执不谐，其为害及不言而喻。……故仅偏于推理，偏于想象或偏于观察，皆为跛足断手者无异。偏荣与偏枯，在身体固为害烈，在心亦何独不然？"显然，断手跛足者并不能作为社会主义大学的培养目标。目前有些大学校园又脏又乱，很不文明，说到底都是大学教育不全之故。

为实现大学全人教育的理想，陈立先生向来关心大学生在德、智、体、美、劳等各方面的和谐发展。他曾在 20 世纪 50 年代亲自到上海音乐学院找贺绿汀先生，为杭州大学调来一名音乐教师，加上原有一名法语教授改行教钢琴，开展美的教育。这里所提到的音乐是严肃音乐、高雅音乐，不仅提高了学生音乐欣赏能力，陶冶了情操，而且把大学生带往一个超凡脱俗的境界。现在杭州大学的好多教师（当时的学生）对此都记忆犹新。除此，陈立先生还重视对大学生进行政治能力的培养，让大学生参与学校的管理等。

总之，校园文化对实现全人教育，为大学生全面健康成长创造了有利的条件；而全人教育观不仅为贯彻教育方针提出了新的教育思想和观念，而且也为校园文化注入了新的信息和内容。

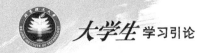

四、校园文化是营造大学生人文修养的重要环境

高等学府,应是一个文化摇篮,是一片弘扬人类文明的沃土。教育的最基本的职能,就是要构建人文修养和人文精深。历史和现实的经验告诉我们,仅有先进的科学技术并不能完全解决人类的精神问题。社会的全面发展和进步,既要有经济和科技的进步,也要有人文精神的相应发展。

遍观中外,专家、学者、技术人员的人文修养往往比一般人更沉着、更深刻、更富有哲理性。中国科学院院士,著名理论物理学家何祚庥是拥有了人文精神,掌握了正确的思想方法之后,在粒子物理,宇宙论以及国防任务等领域取得了辉煌成就的。他于1945年考入上海交通大学化学系。1947—1951年就读于清华大学物理系。1951—1956年来到中共中央宣传部,干了5年科技宣传工作。何教授说:"要想获得事业成功,仅有勤奋是远远不够的。我认为掌握了正确的思想方法于做人做学问都大有裨益。我的人生格言就是:向一切成功者和失败者学习思想方法。"他还补充说:"我看的东西很杂,'正业'之外还爱好哲学、政治、经济、历史和文艺。在这方面虽然称不上'家',但功底还是有一点的。"

以上可以看出,所谓人文修养,抽象地说,是一种信念,精神力量和思想方法。当在科学征途上遇到种种坎坷,甚至危难袭来的时候,科学家可以凭借这种信念,精神和方法克服困难,坚定不移。同时,科学家在全力以赴的研究、探索过程中需要对其精神状态进行某种调剂,亦即寻求一个乐观、坚定的人生态度。

人文修养来自于人文知识和人文精神。人文精神的内容,归纳起来包括:以建设由中国特色社会主义为主体的新时期爱国主义精神;强烈的社会责任心和参与改革实践的主人翁精神;胸怀世界,顺应时代潮流的开放精神;勇于变革、不断开拓新精神;尊重科学、勤于学习新知识的求知精神;坚忍不拔,奋斗不已的顽强精神;恪守公法,遵纪守法,团结互助的理性精神;追求真理的求实精神。而大学生的人文知识和人文精神离不开校园文化的熏陶。我国目前高等学校的结构,除综合大学、师范院校之外,大多数都是单科型的,如工科、医科、农科、工商、金融财贸等。在这些单科大学,虽然先后已设立了社会科学部,但是主要任务是向大学生进行政治理论教育,而人文学科课程并不多。曾任浙江大学校长的竺可桢说过:"若侧重应用科学,而置纯粹科学、人文科学于不顾,这是谋食不谋道的办法。"因此,通过各种渠道,包括校园文化向大学生进行人文科学教育，培养人文修养，是十分必要的，也是十分迫切的。

人文修养、人文精神绝不仅指哪一门学科，而是综合性知识。曾任西北大学校长、中国思想史专家张岂之教授就此提出如下主要特征：

1. **理论性**

一位具有较高人文修养的人，必须具有理论探讨的兴趣。他在做一些问题分析的时候，不是就事论事，而是能从整体上进行归纳概括，有一定的理论意义。

2. **预见性**

科学的任务在于从已知推到未知，从现象深入本质。人文修养和人文精神最善于从当前出发遇见事情未来的发展，从而提出积极的预防性措施，比如马寅初先生在20世纪50年代提出新人口论，主张对我国人口增长采取有效的控制措施，就是科学预见的一个先例。

3. **整体性**

人文修养和人文精神不是指仅仅只有某一门人文科学的知识，而是各种人文知识的汇合，从而使人具有较高的精神境界和高尚思想，以及敏锐的观察事物的能力。

4. **稳定性**

人文修养和人文精神不是转瞬即逝的，而具有相对稳定性，从知识学角度看，它是真理长河中绝对真理的粒子。例如，"生有轻于鸿毛，死有重于泰山"的价值观，不只适用于某一个特定的时代，而对于任何时代都是使用的，具有普遍性。

今天的大学生工作和生活在21世纪，除需要有专业技术知识外，还要有高尚理想、文明礼貌和优美风度，有为民族振兴、国家富强而贡献才智的信念。这种精神人格的塑造，仅仅依靠政治理论课是不够的，需要创造校园人文环境，注重学生思想政治素质的培养，学科知识的交融渗透，民族优秀文化的熏陶和综合能力的提高，有选择地、简明扼要地、生动活泼地向大学生介绍中西方的人文知识及其精神。只要引导得当，必将产生良好的教育效果。众所周知，西方从17世纪的工业革命到20世纪的新技术革命，若离开文艺复兴以来的一系列人文进程，是根本不可能的。经济的发展，社会的进步，归根结底是要由人来实现的，而人文科学正是以把握人的精神脉搏为目的，其作用虽然并不能直接呈现为物质形态，但却来得深沉而久远。对人文修养和人文精神的怠慢，三五日乃至三五个月也许看不出个究竟，但积久必须是弊端丛生，甚至是不可收拾。在育人的问题上必须有长远战略的观点，坚持不懈地进行校园文化建设和

活动,必然产生"随风潜入夜,润物细无声"的效果。

1994年9月底,北京师范大学出了一批黑板报庆祝建国45周年。其中物理系团总支撰写的题为《风雨四十五载》的一文充分地反映了当代大学生热爱祖国、肩负历史重任的革命情怀和人文情趣。现将全文抄录如下:

风雨四十五载

——北京师范大学物理系团总支

曾记否,四十五年前毛泽东的一句话"中国人民从此站起来了"!

曾记否,四十五年前艰难历程所记下的不朽辉煌。

回想往事,四十五年了,整整一代人的时间与青春。我们摔倒过可我们现在还站着,我们以后也绝不会趴下,因为他有一根不屈的脊梁——中国共产党。党在国在,这是过去四十五年得出的真谛。

再回首,回首我中华沧海变幻四十五年;抬望眼,见我中华之锦绣前程。

用我们汗水浇灌出一个更美好的中国。

第二节 校园文化的主要内容

校园文化属于社会文化的亚文化结构。它涉及的范围和内容十分广泛,其突出的社会功能是通过价值观的认同、人际关系的协调等途径潜移默化地影响大学生的深层心理和思想结构。研究认为校园文化呈现校园物质文化、校园制度文化和校园精神文化三个层次(见图12-1)。

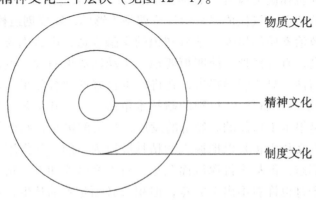

图12-1 校园文化层次图

校园物质文化，主要指学校教学、科研、生活所需要的物质设施和物理环境。它是摸得着、看得见的最表层，是校园文化的空间物态形式，是制度文化和社会文化发展的基础。大学生本是文雅务实、奋发向上的，而在这样气氛祥和，安宁和生气勃发的环境里生活，必将创造出良好的生态效益。比如，北京理工大学灰色的楼群，与高高耸起的琉璃飞檐连成一片。坐落在几栋教学楼之间的中心花园，被高大的白杨树、柿子树、松树、柏树和银杏树围绕环护。一条小溪在假山脚下盘旋着流来流去。巨大的草坪形成一片郁郁葱葱的文化绿洲，产生浓郁的文化气息和芬芳的文化氛围，衬托着高等学府那高深典雅的气派，必定激发大学生的美感，起到陶冶性情、热爱学校、热爱生活的作用。

校园制度文化，主要包括学校各种规范化、经常化的规章制度，处在中间层。而学校的传统以及舆论、规章制度是人类文明的积淀和社会进步的要求，它一旦形成就是一种不以人的意志为转移的客观力量。无疑对大学生价值观和人格的形成具有十分重要的模塑作用。

校园精神文化，是校园文化的内核，主要指学校师生员工共有的价值体系、道德情感、思维模式和文化思潮等。尽管校园精神文化建设没有其他层次文化见效快，但是由于文化的传递性，其产生的功能确实显赫的。

以上的物质文化、制度文化和精神文化构成了校园文化的丰富内容。三个层次文化是相互影响、相互依赖、相互补充，共同作用的。一定的精神文化有赖于一定的物质文化和制度文化作保证，而精神文化是核心，影响和改变着其他层面的文化。它既是深层的群体意识，又是群体的向心力和凝聚力；既是校园群体共同的价值认同，价值取向和行为方式，又是一个学校师生员工价值观和人生观的综合反映。因此，精神文化是本章讲授的重点。

正是由于精神文化对于校园文化形态有着特殊的意义，因此，它不仅规定着文化主体的价值取向和心态结构，而且内容庞大，途径万千。为了表达方便，试用环境文化，社团文化的礼仪文化来叙述。必须指出，环境文化、社团文化和礼仪文化并不是孤立的而是互相联系密不可分的。

一、环境文化

环境文化，指在校园内所形成的一种特定的文化氛围。目的在于倡导健康、向上、生动、活泼的校园文化主流。

1. 校风

校风，即学校风气。它是在校园文化基础上，尤其是在校园精神文化基础上，通过校园文化主体的实践活动并经历史的沉淀、选择、凝练、发展而形成的。它是学校具有特殊意义的、具体化了的优秀文化教育遗产和宝贵精神财富，是校园文化最高境界。当然它也是学校办学的指导思想和培养目标的集中反映。是学校管理着领导作风、教师的教风、学生的学风以及职工作风等一系列行为习惯的总和。它包含着理想、道德、治学、纪律、民主、文明等要素，集中地体现了一所学校的价值观念、校园精神和学校形象，进而反映了学校的个性特征。

从心理学的角度看，一个学校的校风形成了该校集体的心理定势，集体中的多数成员在耳濡目染、潜移默化中形成了一致的态度。良好的校风是教育和管理的成果之一，又在教育和管理上具有特殊的作用。校风通过感染、模仿、暗示、从众、认同的心理机制，渗透在校园的一事一物，人的一言一行之中。他依靠群体规范、舆论造成的心理环境和文化氛围，有着无形而强大的导向力、凝聚力、激励力和约束力。

优良校园的形成是一个长期的过程。它既具有独特性，又具有普遍性。从目前高校校风形成过程来看，大致有三种不同的情况：

第一种情况是，学校创办的比较早，历史悠久，经过长期沉淀、发展形成的。比如：

上海交通大学是一所多科性的理工科大学，创建于1896年，1921年改为交通大学。该校一向提倡"求实学，务实业，苦干实干"的精神，素有"起点高、基础厚、要求严"的办学传统。

中国人民大学是一所综合性的社会科学大学。成立于1950年，其前身是陕北公学、华北联合大学、北方大学和华北大学。该校在长期发展过程中，继承了优良的革命传统，形成了"学习理论，联系实际，改造思想，正确对待问题"的学风和"紧密团结，实事求是，群众路线，艰苦朴素"的校风。

武汉大学是一所文理科综合性大学。其前身是武昌高等师范学校，创办于1913年，1928年改为武汉大学。建校几十年来，该校形成了"勤奋学习，注重基础，严谨治学，勇于创新"的校风。

第二种情况是，一所学校校风的形成，实际上是校长办学个性化的体现。他把正确的教育思想，利用学校的优势，发展自己的独特见解，建立自己的教育信念，从而形成办学特色和校风。比如：

中国科学技术大学是一所理工科综合性大学，1958年创办于北京，1969年迁校到合肥市。长期以来，该校形成了优良的校风。第一任校长郭沫若生前曾把这种校风总结为"勤俭办学，艰苦朴素，红专并进，团结互助"16个字。

北京大学是一所中国著名的文理科综合性大学，其前身是京师大学堂，创办于1898年，1912年改名为北京大学。蔡元培先生任校长期间所推行的"思想自由，兼容并包"的方针，是北京大学形成了民主与进步的传统和独立研究学术的空气，涌现出一批又一批在学术上有造诣的学者、教授和科学家。

北京理工大学是一所多科性的高等工业学校，原名是北京工业学院，1988年改为现名。其前身是延安自然科学院，创办于1940年。延安自然科学院是中国共产党创建的第一所理工科大学，李富春、徐特立、李强先后担任过院长，其培养目标是"革命通人，业务专家"。70多年的发展，积淀了北京理工大学充满灵性，底蕴深厚、生动活泼的校园文化，并彰显出她无穷的生机和活力。"德以明理　学以精工"，是校园文化的集中体现，"德以明理"，是指道德高尚，达到以探索客观真理作为己任之境界；"学以精工"，是指治学严谨，实现以掌握精深学术造福人类之理想。这一校训即是建校70多年来我校几代师生员工崇德尚行，学术报国的真实写照，又是新的历史时期全校师生员工共同努力的方向。

第三种情况是，校训对于一所学校校风的形成，也起重要作用。校训，即学校规定的对全校师生员工有指导意义的应该共同遵守的训词。它作为学校倡导的一种风尚和行为准则，逐步形成一所学校的特色和校风。比如：

中山大学是一所文理科综合性大学，由孙中山先生创办于1924年，1926年改为中山大学。该校创办之始，孙中山先生就勉励学生"读书不忘革命，革命不忘读书"。该校以孙中山先生所写的校训——"博学之，审问之，慎思之，明辨之，笃行之"为办学宗旨，加强基础理论教学，联系实际开展科学研究，取得了显著成绩。

浙江大学是一所多科性理工科大学，其前身是求是书院，创建于1897年，1928年改为国立浙江大学竺可桢任校长期间，曾批评当时的教育是"教而不育，即专重知识的传授而缺乏道德的修养。"针对这一时弊，他十分重视学生思想品德的教育，特别注重培养一个好的校风。他于1938年11月在广西宜山定"求是"为浙江大学校训。竺可桢解释说，"求是"精神就是追求真理，忠于真理，不育从，不附和，不武断，不专横。提倡学生毕业后工作"不求地位之高，不谋报酬之厚，不惮地区之辽远和困苦"，以自己的学问和技术，为国家民族做最大的贡献。

南开大学是一所文理科综合性大学，创办于1919年，是周恩来同志的母校。该校以"允公允能，日新月异"为校训，以造就爱国为公，服务社会的人才为宗旨，为民族的独立振兴、国家的兴旺繁荣作出了重要贡献。

2. 传统文化

文化即人化，是人类改造世界的一切文明成果，包括古代的、近代的、现代的，包括中国的、外国的。传统文化是指历史沿传而来的思想、道德、风俗、艺术等。中国是世界四大文明古国之一。中华民族在创造灿烂中华文明过程中，形成了具有强大生命力的传统文化，其内容博大精深，魅力无穷，不仅包括了哲学、社会科学、文学艺术和科学技术等方面的成就，而且蕴涵着崇高的民族精神、民族气节和优良道德；不仅孕育了无数杰出的政治家、思想家、文艺家、科学家、教育家、军事家，而且留下了丰富的文物史迹、经典著作。这笔丰富的文化遗产正是中国文化生生不息、绵延不断、代有创新的重要源泉。

弘扬优秀的传统文化，就是在批判继承文化遗产的同时，取其精华，让其在新的历史条件下，根据新时代的需要，推陈出新，为建设有中国特色的社会主义精神发明发挥积极作用。人所共知，科技已成为当今社会进步的决定因素，而科技的发展靠人才，人才的培养靠教育。全面提高人的科学文化水平和伦理道德素质，是完善人的主体道德和完善社会道德的基础，将个人修养和对他人、国家、社会应尽的义务和应负的责任联系起来。这是市场经济发展的社会条件下，对于培养"四有"一代新人是有着重要借鉴意义的。

优秀传统文化是大学生增强自尊心、自信心的基础。《周易大传》中说，"天行健，君子以自强不息"；"地势坤，君子以厚德载物"。其中"自强不息"和"厚德载物"这两句话，凝练地道出了中华民族文化的意蕴和精华，而"自强不息"更是准确地表达了中华民族锐意进取的优良传统和创新精神。而锐利进取精神主要表现在对人生理想道德追求上。以孔子为代表的儒家在伦理价值观方面提出了极高的要求，在低层次上要求人们做到孝敬、友善、仁爱，用信、义、仁、恕、温、良、恭、俭、让等道德伦理范畴，来培养和熏陶人们的思想品德情操，在高层次上，则要求人们在完善自我人格的基础上，有一种对国家安危、天下兴亡的负责精神，坚忍不拔、矢志不移，做到"富贵不能淫，贫贱不能移，威武不能屈"（《孟子》），将完善的人格转化为改造社会的动力。

就基本的方面来说，中国传统的人生观是乐观主义的积极向上的人生观。"发愤忘食，乐以忘忧，不知老之将至"（《论语》），一直鼓励人们积极人世，发愤读书成才，不遗余力地为社会为国家贡献才智。"国家兴亡，匹夫有责"更是中国人的传统人生信条。范仲淹的"先天下之忧而忧，后天下之乐而乐"，杜甫的"安得广厦千万间，大庇天下寒士俱欢颜"等都是锐意进取精神的生动写照。而"人生自古谁无死，留取丹心照汗青""三军可夺帅也，匹夫不可夺志也"的英雄气概，一直鼓舞着中国人民为了民族和国家的尊严，为了人格有尊严，而前仆后继，英勇献身。

在社会主义市场经济体制下，建立有中国特色的价值观、道德规范和行为准则，就是弘扬中华民族传统文化的目的所在。1994年3月由著名学者文怀沙先生讲的"《风骚》与商品社会"在北京师范大学掀起了传统文化热，事实证明，传统与现代文化的充分融合，这是我们文化走向现代化必不可少的条件。通过民俗文化、大众文化和精英文化的结合，来充实民族文化，引导人们追求更高层次的享受。但是，只有继承优秀的传统文化，才能更好地学习、借鉴外国文化；吸收国际文化，有助于当代大学生树立正确的世界观、人生观和价值观，推进科学，文明和健康的校园文化建设。

古典艺术和严肃音乐也是传统文化的一个重要方面。艺术是通过塑造形象具体地反映社会生活，表现作者思想感情的一种社会意识形态。进步的艺术，从实际生活出发，塑造典型形象，反映一定的生活本质，具有认识社会生活和鼓舞教育人民推动历史前进的作用，并多方面地满足人民的审美要求。

据调查，目前在校大学生中不少人不识音乐简谱，更不用说"五线谱"，能弹奏乐器者寥寥无几，西洋乐器、民乐方面的知识也少得可怜。不少大学生是艺术的门外汉，对什么是真正艺术，一知半解，无鉴赏力。对《阿Q正传》《日出》《马克白斯》《奥赛罗》《吝啬鬼》和《哈姆雷特》等传世名著，都是陌生的。尤其是理工科院校，艺术教育更是空白，久而久之大学生片面发展，逻辑思维发达，形象思维萎缩。而不少著名的科学家和他们身边的老师，不仅在专业上有很深的造诣，而且懂艺术，能歌善舞，会乐器，表现出很高的修养。相比之下，90年代初大学生有很大缺陷。从这个意义上说，把弘扬优秀传统文化作为校园文化的重要内容正是社会发展、科技进步对大学生成才的客观要求

3. 寝室文化

寝室是大学生学习、生活、交往、休息的重要场所。他们每天近三分之二的时间是在寝室度过的。由于学生宿舍具有集体生活的互感性、思想表现的真实性和业余生活的随意性等特点，因此，它最能反映学生的价值观念、精神取向，并在很大程度上反映出学风、校风和校园精神。它称得上是校园文化的一

个窗口。

　　宿舍既然作为校园文化的一个重要组成部分,那么它对大学生的影响自然是很大的。整洁优雅的环境,健康向上的情趣,求知好学的氛围,团结友爱的风气以及协调有序的生活,对大学生自我教育、自我完善,都起着重要作用。相反,若在寝室里出现了偏执、攀比、狭隘、失态、猜疑、隔膜、刻薄、寡情等乖戾行为的话,同住在一个屋檐下的人彼此心违意背,你我志异情绝,对大学生成长势必造成很大危害。

　　寝室文化建设不能单打一,而要同理想教育、道德教育密切结合起来。

二、学生社团文化

　　学生社团活动是大学校园文化的重要内容之一。学生社团是指大学生在共同志趣、爱好的基础上自愿结成的群众组成,这些社团可打破班级、年级、系科以及学校的界限,团结兴趣相近的同学,发挥他们在某些方面的特长。

　　学生社团都是在课外时间开展各种活动的,以保证完成学生的学习任务和不影响学校正常教学秩序为前提,以有益于大学生的身心健康和有利于学校各项工作的进行为原则。

　　学生社团活动对校园文化建设与形成和大学生归属感的满足都有着积极作用。

　　第一,优化了高校的育人环境,创造了一种奋发向上、充满朝气、团结友善和文明礼貌的氛围。在大学校园中,通过各种学术思潮的介绍和分析,活跃了学校学习空气,丰富了大学生的课余生活,拓宽了知识面。通过艺术审美活动的陶冶和各种愉悦身心的娱乐活动,以喜闻乐见、生动活泼的形式,达到寓社会主义价值观与校园文化之中的目的。学生社团不仅提高了学生的思想政治觉悟,甚至能影响学生一生的政治方向和政治信仰,有利于学生科学的世界观和人生观的确立。

　　第二,为大学生提供了参与和表现的机会。大学生文化层次高,精力充沛,除搞好专业课学习外,还渴望参与第二课堂活动。丰富多彩的社团活动恰恰为他们提供了这样一个机会。每一位学生都有机会凭自己的特长和爱好去选择自己参加的社团,在一定的范围内尽情地表现自己。上海水产大学7名师生利用假期,提着沉重的解剖镜、显微镜到上海崇明县合兴乡,穿梭于鱼塘、蟹塘,为乡民排忧解难,帮助养蟹个体户杨永明识别真假蟹种,解决了杨永明一直头疼的技术问题，实现了大学生的价值。

第三，不同程度地提高了大学生的自主自理能力。学生作为社团活动的主体，每一项活动，无论是组织者还是参与者，常处于同一地位，而是否为大学生欢迎，取决于是否有社会效果。有好的效果，大学生就会踊跃参加，并产生凝聚力；反之，就一哄而散。这样就促使社会活动的组织者以至参与者，从思维形式到工作方式，由依赖转变为自立，由老师指导转变为学生自己动手，从而培养了学生自主自理能力。曾任天津大学北洋艺术团指挥的郑灿说："在艺术团的学习和实践，使我挖掘出自己多方面的能力。"

第四，沟通了大学生与社会的联系。学生社团活动不是封闭的，而是开放的与社会息息相通的。大学生通过社团活动深入农村、工厂，了解国情，体察民情，纠正了自己头脑中虚幻的理想模式，对中国特色的社会主义有着较深的理解，也进一步明白了自己肩负的责任。北京师范大学大学生支教扫盲服务团用1994年暑假，分别到山西、安徽、河北、山东、江西等贫困地区，进"黑屋子"与村民谈心，登"土台子"进行辅导唱歌，与"灰孩子"交朋友，不仅与当地群众结下了深情厚谊，产生了最浓最真的爱，而且对教育落后有了最深透的理解，给予了大学生为祖国忘我奉献的巨大动力。

大学生的社团种类很多，从现有情况看，可概括为三种类型。

第一种类型，是专业学术型的社团。即结合专业学，旨意自由讨论各类理论和实践问题，以激发他们的求知欲，挖掘他们的潜力，发展他们的才能。北京大学"五四文学社"积极开展活动，并创办刊物《未名湖》。1980年，北京大学组织了学校历史上规模最大的"五四科学讨论会"，184名学生提交了198篇学术论文，其中20多篇在人民日报等报刊发表对外经济贸易大学22个学生社团中，学术性社团占到50%以上，4个校级学生刊物中有3个是纯学术刊物。校、院（系）开展的学术活动在校园文化活动中约占75%。清华大学学生创办的"三联科技开发中心"取得了一系列成果。1993年他们举行了两次科技交易会，共推出学生科技成果2 000多个。复旦大学中文系的"春笋社"、哲学系的"求索社"、历史系的"史翼社"、新闻系的"四五学会"、计算机系的"语言社"等均具有影响和特色。

第二种类型，是文体娱乐型社团。文化娱乐、体育活动具体有调剂生活、愉快身心、发展审美情趣、增进身心健康，是大学生能有充沛的精力从事学习的作用。同时，还能发展学生在文学艺术方面的欣赏能力和创造能力。

文体社团的范围是十分广泛的。汕头大学学生文体社团就有体育舞蹈俱乐部、旱冰协会、灯谜协会、网球协会、桥牌协会、吉他协会、象棋协会、中华武术协会、艺术沙龙、现代舞协会和登山协会等12个之多。北京师范大学"北国剧社"在首都剧场分别演出莎士比亚作品《第十二夜》；在纪念左翼作家联盟成立60周年时，演出《咖啡店之一夜》《三块钱国币》和《苏州夜话》等剧目，颇受有关领导和群众的好评。天津大学"北洋艺术团"于1994年5月在能容纳2 000多人的天津大学求实会堂演出奥地利著名作曲家海顿的一曲《春来临》，以明快舒展的风格将大学生带入美妙的音乐世界。该艺术团成立于1985年，一直坚持对严肃音乐的追求与探索，营造一个健康向上、充满青春活力的校园氛围，引导校园文化的健康发展发挥了作用。

第三种类型，是社会服务型社团。该社团旨在"受教育、长才干、做贡献"。包括结合专业的科技服务和勤工助学两类，前者如咨询服务处，智力开发中心等。大学生用自己所学，义务为群众进行科技、教育、经济、法律、心理咨询等服务。首都师范大学92级1班学生为郜三喜烈士的3个遗孤义务家教，风雨无阻，节假日也不中断。后者如勤工助学直到心、服务公司等。

大学生从事勤工助学活动，已成为校园文化中的一个热点问题，有如下几个特点：

（1）大学生参加勤工助学的年级分布较均匀。

（2）高年级学生从事勤工助学，知识含量高，技术含量高。

（3）大学生参加勤工助学的类型主要是"打工"型，真正从事经商的学生较少。

勤工助学的原则应该是合法、诚信、课余。勤工助学的范围可以越来越广，由校内跨到校外，但要组织好。

近几年来，大学校园又出打工新事。随着社会主义市场经济体制的建立，面对双向选择的分配制度和人才日渐走向市场，大学生愈来愈认识到，要想在人才济济的世界找到立锥之地、必须有点特长。"工欲善其事，必先利其器"。许多大学生决定先投资学五笔字型、中英文打字，然后纵身打工族的行列。到毕业时，他们在自荐表上填写"精通电脑"等字样。

三、礼仪文化

大学校园的礼仪文化，是社会主义精神文明建设的一项重要内容。它不仅是一所大学校园文化的现实反映，也是一个民族进步的重要标志。礼仪文化主要包括礼仪和人际关系。

1. 礼仪

礼,是中国古代教育内容之一。古以祭神致福为礼,后为社会行为规范、仪式等的总称。仪,即礼节;是人与人交往中所遵循的规则的总和。在社会主义社会,礼节反映着人与人之间的相互尊重,相互关心和友善交往,要求人们在交往时讲礼貌,并有一定行为表现。如见面问好,交谈中倾听别人讲话,告别时道再见等。尊重别人的人格、劳动、正当的愿望、感情、爱好、风俗习惯以及所应享有的权利和利益。

概括起来说,礼仪就是大家共同的审美意识和一种文明的氛围。这与人的素质有关,与社会文明程度有关。在中国历史上,一般认为礼仪体现了一种道德规范。道德是依靠人们长期形成的信念、习惯、传统、教育并用以协调人与人之间、人与社会之间的关系。中国古人常说的"仁""恕"二字则是道德的经纬。仁——克己复礼;恕——推己及人。克去己私然后能接收是非曲直的规矩准绳;"己所不欲,勿施于人",然后敬吾老及人之老,爱吾幼及人之幼。

另一方面,礼仪也与人的仪表有直接关系。所谓仪表,指人的外表,包括人的仪容、姿态、风度等。一个人的仪表,是他们的精神境界,道德修养、文化素质、待人接物、生活经验等在举止言行上的表现。一般情况下,一个人内在品的美和仪表美是一致的。但是,现在有人对礼仪的认识往往处于误区之中,只把它当做一种技能、装饰,以为礼仪只是局限于礼宾、公关等活动,而事实上,礼仪已成为一种文化,包括道德研修、审美研修和文明行为等。它可以矫正性情、敦风化俗。如果礼仪丧失了对行为的控制,嘴上说的谢词敬语,干的却是机变之术,礼仪便失去了本初的道德内涵,而蜕变为一罐徒有其表的美容霜。

显然,文雅举止的后面要有良好的修养做基础。因此,在大学校园文化建设中,不仅注重"礼"的熏陶,更要注重"仪"的修炼。做人贵在情谊真。如果没有一种仁爱之心,没有一种对他人的尊重,是不可能时时事事显出礼貌的;也不可能设想,不提高内心修养,就可以像学体操一样学好礼仪。孔夫子曾说:"立于礼,成于乐。何为礼?"从根本上讲,它体现的是人与人之间的"敬意"。正是这种层次的"礼"才是一切表层的礼仪、礼貌和礼节的源头。何为乐?不仅包括音乐,而且包括诗歌、舞蹈,一言以蔽之,即美育、美学的教育。至于成于乐,即是说一个人的教化要在美育中完成。美育不仅具有强化德育、智育的功能,还在培养人的美感,陶冶人的情操,塑造人的品格等方面起着独特的

作用。在这一点上,中西方的哲学家殊途同归。美国近代实用主义哲学家席勒说得好,美育是德育的基础,离开了美育的道德教育是强迫性的律令。从中再次看来,礼仪的成效,有赖于每个人内心中对他人的敬意和善意的开发,以及在美育过程中个人修养的不断提高。舍此,礼仪必将伦为木偶的模仿,机械的操练。

礼仪既然是一个人在长期潜移默化中养成的习惯,并进而形成自己的行为方式和思维模式,那么,就要在校园文化建设中,全面提高大学生的"知、情、意、行"的素质。

所谓知,即晓得。指知识和道德观念。其中知识,是人们对于客观世界的现象、事实及其规律的认识,是人类在长期社会实践中积累起来的经验的概括和总结。通常所说"知书达理",就是通晓文化知识,懂得待人接物的礼节。

所谓情,指人喜、怒、哀、乐的心理表现。情感是人在社会实践中,在认识世界和改造世界的过程中产生和发展的。情感的表现是伴随个人的立场、观点和生活经历为转移的。中国古语说:"情同手足",就是情谊很深,如同兄弟。所说的"情深潭水"也指友情深厚,正如李白在《赠汪伦》诗中说:"桃花潭水深千尺,不及汪伦送我情"。

所谓意,即意思;意味。表情达意。指人或事物流露的情态。提倡"由来意气合,直取性情真",要克服由于主观,偏激而产生的人性的情绪。

所谓行,即行止;行为。一举一动。中国成语中有句"行成于思"的话,意为事情之所以成功,在于反复思考分析。而行为,在广义上说,指许多动作组成的行动。行为经过多次实践,形成按照一定模式动作的、自动化的、与内在需要联系在一起的行为体系,即成习惯。

大学生只要知达理,讲情谊,重意气,行于思,就会在礼仪文化上有所修炼和提高。当然,养成"知、情、意、行"的素质,并非那种一曝一寒、刮风式或追求轰轰烈烈形式所能奏效的,而是要在日常生活、学习和工作中,通过行为训练,点滴入微教育,长期坚持不懈地去做。

2. 人际关系

人际关系是社会关系的重要组成部分,之人与人之间通过交往而形成的一定关系。对大学生来说,主要是指师生关系和同学之间的关系。在大学里,建立各种方面的良好的人际关系,建立尊师爱生的师生关系和团结友爱的同学关系,是校园文化建设的重要内容,也是提高教育质量的重要保证。

从心理学角度来看,人际关系是指人与人之间在心理方面的交往关系,它制约着人与人之间的心理上距离的远近以及相互间的合作。而人们在心理方面的相互作用，主要包括认知的，情感的和行为的三个方面的相互联系。

认知方面的联系。是指人们相互感知和理解。人们在交往过程中，能相互理解，就易于形成协调、融洽的关系；如果意见分歧，有误解和偏见，出现相互排斥的局面，这就难以形成和谐、协调的人际关系。

情感方面的关系。是指人们之间在情感体验上的交往。确切地说，情感是以客观事物能否满足人们需要为中介的特殊反映，它是人对客观事物与人的需要之间关系的反映。不同的人际关系引起不同的情感体验。对那些符合或满足人的需要的事物会产生肯定的情感。于是，在人们交往过程中，感情融洽，情投意合，就易于结成团结、和谐的亲密关系，双方感到心情舒畅；如果对那些不符合或不满足人的需要的事物，就会产生情绪对立，感情不相容，彼此关系就比较紧张。一般说来，积极的情感，如愉快、满意、同情、热爱、关心等，有利于在人际关系中形成融洽的心理气氛；相反，那些消极的情感，如冷淡、歧视、厌恶、嫉妒、猜疑、激怒等，只会损害团结、融洽关系的形成。

行为方面的关系。是指人们交往中的各种动作、举止风度的协调等。人际关系的协调性，主要体现在行动的配合上。学习、生活、工作中相互协调和支持的人际关系，是具有活力和进取精神的。

基于以上认识，协调大学生的人际关系，也要以认知、情感和行为三个方面入手。

认知的协调。人际关系离不开人对人的认识，协调同样离不开感觉、记忆、思维、想象这些认识过程。而提高认识：

一要学习。人与人结合思想基础不同，人际关系的层次也就不同。建立在对自然和社会发展规律有科学认识基础上的人际关系是一种高层次、高水平的人际关系。它能经受严峻的困难和挫折的考验，显示出高度的统一和协调。要达到这样的认识高度，不加强理论学习是不可能的。

二要沟通。人际沟通是建立和发展人际关系的重要条件。一旦渠道受阻，人际关系就会产生障碍。因此，经常沟通渠道，加强思想交流，促膝谈心，商量问题，交换意见，就能达到统一认识、增进友谊、轻松和谐、温馨有爱的目的。

情感上的协调。人际关系假若没有情感因素参与调节必然是僵硬的、生疏的，甚至是不可想象的。情义无价。正在接受多种新鲜事物的大学生更需要心灵的交流和精神的互慰。情感因素主要有：

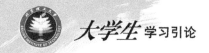

①好感。好感是人际关系融洽、和谐、亲密的重要前提、产生好感的因素很多，比如，地理位置上的接近，诚实、热情、开朗等好的个性品质，突出的才能和特长以及那些性格、态度、教育、家庭状况、个人历史、兴趣爱好等方面类似的人常常在情感上相通，思想上产生共鸣。获得好感的另外一个重要因素是报偿，即某种需要的满足。事实上，人际关系是个人或群体彼此寻求满足需要的心理状态，它的变化和发展决定于双方需要满足的程度。没有目的的交往是不存在的，报偿大小会直接影响吸引力的强弱。当然这种报偿不仅是物质上的，而且主要是精神上的。

②道德感。道德感是根据社会道德行为准则评价别人和自己的言行所产生的情感。它对人际关系的协调影响很大，比如，当别人的思想意图和行为举止符合道德行为准则时，你便乐于和他接触并对他产生敬慕之情；你对他蔑视和愤怒，人际关系也必然冷淡和有隔膜。要协调好道德感，必须除嫉妒，讲良心，去偏见，重友谊。

行为上的协调。在人际关系中，无论认识因素还是情感因素，都要通过行为表现出来；而凡是能够观察到的一切行为活动都会给人际关系以调节。调节的方式主要有：a. 制定规范与遵守规范。规范可以对大学生的行为产生压力，对于越轨行为要受到惩罚。b. 用礼仪协调举止。无论规范多么完整也不可能穷尽人们的一切行为举止，因此，还要强调礼仪协调举止的作用。礼仪是道德的一种外在表现形式。是一个人道德水准高低和有无教养的重要标志。拥有道德讲究礼仪的人，必然在举止行为上妥帖得当。c. 要创造交往的客观条件。一般来说，交往频率越高，相互间的吸引力就越强；心理相容水平越高，人际关系就越巩固。大学生生活、学习在一个集体里，有充分的时间和空间进行接触，增进友谊，从而建立良好的文化氛围。

以上认识、情感、行为三方面协调人际关系是密不可分的。进行认识的协调离不开一定的行为，进行情感的协调又离不开一定的认识，而行为的协调优势已认识和情感为前提的。因此，在真正协调人际关系时，不可能只用一种方法，需要从不同侧面和角度入手。

四、校园文化建设遵循的基本原则和发展趋势

大学生是改革开放事业的生力军，大学校园是社会上最生动活泼、生机勃勃的思想文化和学术中心。因此，它的主体文化层次、鉴赏能力、思想涵养都

比较高，具有丰富多彩的校园文化活动，不仅在校内可生产浓郁的高品位的精神驱动，而且必将对社会产生强烈的思想和文化辐射。

为保证校园文化的先进性，构建思想教育的科学性和生命力，校园文化建设应遵循以下基本原则：

第一，校园文化建设必须以邓小平同志建设有中国特色社会主义理论和党的基本路线为指导。坚持"以科学的理论武装人，以正确的理论引导人，以高尚的精神塑造人，以优秀的作品鼓舞人"（江泽民语），作为校园文化建设的根本指针，引导校园文化向高雅健康的方向发展。

第二，校园文化建设必须站在历史的高度，从学校建设和发展的战略眼光来考虑，创造一位多方位、多要素、多序列培养人才的天地。在对校园文化总体设计上要注重引导性，是校园文化和以经济建设为中心两个文明发展大环境相协调，始终立足于学生全面素质的提高。真正形成高品位、宽领域、多层次，既高扬爱国主义、集体主义、社会主义的主旋律，又有丰富多彩的校园文化。

第三，校园文化建设必须突出时代特征。校园文化建设是一个历史范畴，在社会发展不同阶段，不同时期有不同的具体内涵。在当代要把爱国主义、集体主义和社会主义教育作为一条主线贯穿于校园文化建设的全过程。建设有中国特色的社会主义是新时期校园文化建设的主题。为适应改革开放和现代文明要求，要通过校园文化培养大学生的法制观念和民主意识，开拓精神和顽强意识，遵守社会公德和具有较高文化素养等，以适应现代社会的激烈竞争和严谨有序、快节奏的社会生活。

第四，校园文化建设必须注重文化资源的开发。大学文化历史悠久，文化资源非常富饶。要在充分发挥大学自身的人才，科技和知识等方面的优势和潜力上下工夫。也只有积极地开发资源、充分利用资源，才可能使校园文化得以发展和繁荣。文化活动，不是个别精英的舞台，文化应该是大多数人的参与，文化要变成人的行为，渗入人的素质，伸进人们的生活。文化只有成为群众的行为，才会有生命力，才能充分发挥师生员工的积极性和创造性，才能逐步形成共识的价值观念，共同遵守的行为准则，校园文化才能从而得以健康发展。

第五，校园文化建设是一项系统工程，必须提到学校的议事日程。学校领导要高度重视积极带头推进；学校各有关职能部门要齐抓共管，通力合作；学生要积极参与，自己教育自己，以建立完善的运行机制。

近年来，悄然兴起的校园文化，已经成为校园生活的重要组成部分。它内涵丰富，形式多样，覆盖面广。根据社会发展，科技进步和大学生成长规律，

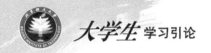

校园文化正向纵深发展，逐步形成新的格局。

第一，多清谈主义向务实参与社会方向发展。大学生的清谈风气始于20世纪80年代的西方文化的渗入。存在主义、弗洛伊德主义等西方哲学是他们最先谈论的主要内容。随着改革开放的深入，清谈的内容由哲学转向经济。一时间甚至一统天下。现在则不然了，市场经济把务实的清风悄悄地吹进了校园，使校园文化由空谈走向务实。大学生用自己所学，义务为群众进行科技、教育、经济、法律、心理咨询和服务。学心理学的"让心理学走向应用的春天"；学经济学的"模拟期货市场"和"经济人培训"；学工商管理的"模拟股市"；学中文的"模拟人才招聘"，如此等等。这些活动使大学生"身临其境"走入"实战现场"，掌握了实际操作技能，弥补了理论与实际的脱节。1993年11月23日成立的北京大学爱心社就是从"坐而论，不如起而行"萌发的。创办之初便明确提出：现在缺少的不是口号，而是行动。继承和弘扬中华民族的传统美德，团结有志于振兴中华的当代青年，成为文明校风建设的中坚，并以"友爱、善良、诚实、互助"之心，为提高全社会的道德水准出一份力。这表明，往日的天之骄子，已经把自己的角色和位置，转移到社会主义建设事业的积极参与上；同时还表明，大学生在刻苦读书的同时，更趋于务实，更希望与社会合拍，踏踏实实从身边一件件小事做起，从而构成了90年代大学校园文化的新特点。

第二，由学校组织筹办向以学生为主体的方向发展。过去的校园文化活动，多为学校筹办，号召组织学生参加。活动的领导者、组织者，不是校系领导，就是教师。现在而不然。从组织形式看，由原来校方筹办转向系级组织，活动的领导者由教师变为教师指导下的学生。组织者是学生，参与这也是学生，学生变为真正的主体，其积极性、主动性得到充分发挥，活动也更加贴近学生的实际，增强了自我意识。而大学生自我意识的建立，其积极意义就在于，它能提高大学生的自身素质，培养自身能力，注重自身价值。

第三，由单一活动向多元化、综合化方向发展。校园文化活动从过去比较单一的学术讲座或单纯的文化活动发展为理论与实践并重，学术与娱乐兼有的综合系列，使其与学科建设、人才培养、思想教育融为一体；一些教授、专家和学者的积极参与、具体指导，使得校园文化活动呈现高品位、多层次、主旋律突出的新局面。北京大学每年举办文化学术报告700多场，"国学文化月""百场辩论赛""大学生挑战杯科技竞赛""历史文化节""文物爱好月"和"地质之光"等富于特色的校园文化均具多元化，综合性。

第四，由学校校园向社会化方向发展。校园文化活动在各自学校进行。但自1993年青年志愿者活动开展以来，各地大学生一直发挥着先锋和劲旅的作用。以"94新春热心行动"到"暑期科技文化行动"，大学生志愿者为社会经济发展和群众生产生活做出了扎实贡献，产生了积极的社会反响。近年来，随着"大学生志愿服务西部"计划的实施，越来越多的大学生深入农村贫困地区，深入基层厂矿，深入抗洪救灾第一线，深入重点工程建设工地，集中开展了科技文化志愿服务活动，受到基层干部群众的普遍欢迎和赞誉。大学生志愿者以他们的热忱和吃苦耐劳精神，塑造了当代大学生的崭新形象。

为更充分地发挥大学生志愿者的作用，推动校园文化的社会化并形成机制，共青团中央、全国学联已于1994年9月22日在北京师范大学举行了中国大中学生志愿服务总队成立大会。

第十二章 大学生和校园文化

第十三章 大学生的心理健康

一个健康的大学生,不仅应具备健康的体格,还应具备健康的心理,这两者关系十分密切,而且心理健康对身体健康有着不可忽视的作用。

第一节 大学生心理健康的含义及标准

一、学生心理健康的含义

长期以来,人们对自身"健康"的理解只局限于机体的生理方面,很少有人注意在心理方面是否健康,有无障碍。随着科学技术和社会的发展,人们对"健康",有了突破性的认识,使其进入到心理领域。实际上早在1948年世界卫生组织就曾明确指出,心理健康"至少应包含两层含义:其一是无心理疾病;其二是具有一种"积极发展的心理状态"。

关于心理健康的含义,国内外许多专家有过不少的研究和论述。我国著名医学卫生专家傅连暲认为健康的含义应包括以下内容:

(1) 身体各部分发育正常,功能健康,没有疾病。
(2) 体质健壮,对疾病有高度的抵抗力,并能刻苦耐劳,担负各种艰巨繁重的任务,经受各种自然环境的考验。
(3) 精力充沛,能经常保持有较高的学习、工作效率。
(4) 意志坚定,情绪正常,精神愉快。

二、大学生心理健康的标准

(一) 正常的智力

人与人之间的智力差异是客观存在的。必备的正常的智力,是大学生学习、工作、生活的基本心理条件，是与周围环境取得平衡的心理保证。因此，正常的智力是衡量大学生心理健康的最重要标准之一。国外一般以智力测验智商高低作为评价指标，通常将智商低于 60 称为智力低下。智力落后是人类常见的心理疾病，在美国此类人大约要占总人口的 3%。

（二）心理特点符合年龄特点

人的心理发展是随着年龄阶段表现出质的特点，称为心理发展的年龄特点。人从出生到成人到老年，是从意识蒙眬状态到思想开窍，再从思维敏捷衰退到迟钝等，其心理行为总是随着年龄而不断发展变化的。心理健康的人，认识、情感、言行举止基本符合年龄特征。偏离这一规律，就是异常或心理不健康的表现。如 20 岁左右的大学生，应该是活泼好动，精力充沛，勤学好问，善于争论，喜欢探索、创新，若表现出老气横秋、老态龙钟；或是喜怒无常，好耍小孩子脾气，对问题没有主见，处处依赖别人，就是心理不正常，或称心理不健康。

（三）情绪稳定协调

人都有喜、怒、哀、乐，受到意外事件的打击是不可避免的。因此，乐观、兴奋、忧郁、悲观等心境表现，暴怒、狂喜、恐惧、绝望等激情表现，目瞪口呆、手足无措、捶胸顿足等应激表现，都属于大学生的正常情绪反应。倘若大学生京城情绪波动、反复无常，或对人对事无动于衷，冷漠无情、麻木不仁，或经常出现紧张、焦虑、忧郁情绪和不安定感，这就是不健康的情绪反应，是心理不健康的表现。

（四）完整的人格

什么是人格，由于翻译英语和俄语词汇的不同，出现了人格和个性两个词，其实质是同一的东西。心理学关于人格的概念，不同于日常生活中的理解。日常生活常从伦理道德观点出发，使用"人格"对人的行为进行评价。如说某人人格高尚，某人人格卑劣，或某某人缺乏人格。这里只说明心理学中关于人格的部分含义。并不是人格的全面概念。在我国比较公认的在心理学上的全面定义为："人格是人的特点的一种组织。人格也是一种心理现象，人有表现于外的，给人印象的特点，也有外部未必显露的、可以间接测得和验证的特点。这些稳定而异于他人的特质模式，给人的行为以一定的倾向性，它表现了一个由表及里的、包括心身在内的真实的个人——即人格。"

对于心理健康的人来说，他的人格特征是有机统一的、稳定的，就是说他所想的、说的、做的是统一的；如果知道某人的人格特征，一般就能预见他在某种情况下会怎样行动。假若一个人的行为表现不是一贯的、统一的，就说明心理已经不健康。

（五）自我意识与社会的统一

大学生能正确认识、评价和要求自己，并能与社会保持良好接触，认识、了解社会。自身的思想、信念、目标和行动，都能跟上时代的发展。对于自身需要、愿望与社会发生矛盾是，能及时放弃或修改自己的计划，谋求和社会的一致，而不逃避现象，给你个不能妄自尊大，一意孤行。

（六）人际关系和谐

人不是作为一个个体孤立存在的，而是在社会里成长发展的。大学生的学习、生活、工作都离不了群体，因此和谐的人际关系十分重要。心理健康的大学生有自己的朋友，喜欢与别人交往，而且能建立良好的关系。这种关系使人充满温暖、安全、舒畅的心理体验。相反，相互间的隔阂、猜忌、冷漠、敌意，会使人产生压抑、焦虑的心理体验，使人失去安全感、信任感，以至导致心理不健康。目前有些大学生，由于受到家庭的溺爱，形成不热爱集体、独来独往，看别人缺点多，看优点少，不能体谅、忍让、尊重、帮助他人，产生欺侮、怨恨、敌视某些同学，导致心理异常，产生不健康心理。

三、心理健康与身体健康

心理健康是身体健康的重要条件，正如人们常说的"心宽体胖"。同样身体的健康状况也会影响心理健康，试想，疾病的痛苦使人失去心理协调，甚至长期患疾病，还会导致人的性格变态。因此，生理与心理之间有着密切的关系。

我国古代医学，对此有过精辟的论述，在《黄帝内经》中写道：怒伤肝。喜伤心。思伤脾。忧伤肺。恐伤肾。国内外大量研究表明，激烈的情绪反应是重要的致病因素，甚至可以致命。我国古代流传"诸葛亮三气周瑜"就是明证。

心理因素能够致病，这已被越来越多人所认识，已引起医学界、心理学界的广泛关注。

（一）心血管病

心血管病主要指高血压、冠心病等。我国心理学工作者对232例高血压患者进行的研究表明，病人在病前的不良个性、情绪特点在高血压病因中占74.5%。国外的研究发现心理压力与心脏病之间存在着高度的联系。医生、律师、法官、出租车司机等，由于高度的职业责任心、职业压力，他们极易患心脏病。

（二）肠、胃疾病

研究表明，胃溃疡的发病因与人的高级神经活动失调有关。焦虑、忧愁、恐惧、愤怒等不良情绪，可削弱大脑皮层机能，破坏肠、胃的正常功能和活动节律，导致胃肠疾病。

（三）癌症

近代医学研究发现，癌的发病与精神创伤有密切关系。美国一位医生曾调查250多个患者，发现其中156人在病前曾有过重大精神打击。

除上列举例外，糖尿病、哮喘病、偏头痛等多种疾病均与心理因素有关。

第二节　大学生的心理不健康表现

一、大学生的变态心理

常见的变态心理主要表现为变态认识、变态情绪、变态行为、变态人格与心理疾病。

（一）变态认识

变态认识就是认识既不符合客观实际，又与一般人认识不一致的认识。耽于幻想就是一种变态认识。沉溺于幻想之中，想入非非，满足于空幻。理由化也是一种变态认识，习惯于制造种种理由来原谅自己，如学习不刻苦努力考试成绩不好，不从自己主观上找原因，而总是在老师身上或学习条件不好等方面找原因。猜疑心也是一种变态认识，怀疑别人的一举一动，经常引起很大误会，造成人际关系的紧张。

（二）变态情绪

失常的愤怒，就是超常人的愤怒。通常对于一般人来说，是微不足道的刺激，而他却大发脾气；愤怒强度超过一般人。

恐惧症，就是整天恐惧自己身体不健康，怀疑得各种疾病，不时地吃各种药。还有恐癌症，整天提心吊胆的得上癌症，稍有相似病态就惶恐不安。

（三）变态行为

变态行为对一般人来说就是离奇的行为。如大学生中出现的某些不正常的报复行为；受了某些挫折不顺心出现恶作剧等都是变态行为。

（四）变态人格

变态人格又称人格障碍或人格失常。它是一种严重偏离正常人的人格，但并不是精神病。变态人格的智力发展一般正常，并无智力发展的缺损。

变态人格的特点在于整个心理活动不协调。表现为情绪极不稳定、对人缺乏感情、认识与活动脱节、行为的目的与动机不明确，行为的高度冲动性。对环境不适应、与人格格不入和不能从失败中吸取教训。产生变态人格与先天因素有一定关系，但后天因素在变态人各种起主导作用，如家庭不良教育、家庭成员不和谐等都有重要影响。

例如，反社会人各主要特点是极高的自我中心；一时冲动支配行动；为某种需要不择手段去达到满足；对自己的错误行为没有愧疚感、他没有一般正常人的感情，对人冷漠，毫无同情心。

二、常见的大学生心理障碍

（一）焦虑

焦虑是一种情绪反应。大学生在学习、生活和人际关系方面的挫折常是焦虑的主要原因。

大学新生远离家乡、对独立生活的不适应；对大学讲课内容多、进度快，只讲重点、难点的不适应；初次课堂测验，部分学生考试成绩不佳，就对未来学习产生恐惧心和忧虑；在班级群体生活中，不善于人际交往而产生的孤独感等等，皆可造成学生的焦虑。

轻度的焦虑对正常人是普遍存在的。当大学生遇到挫折，有焦虑的情绪反应是正常的、也是有益的。因为一定程度的压力会增强人的工作效率和积极性。但过度的活过于持久的焦虑，会损害人的正常心理活动，导致心理疾病（焦虑症），会影响正常的学习和生活。

（二）麻木或冷漠

这是在大学生对战胜挫折失去信心和勇气时，对原追求目标丧失兴趣，而表现出漠不关心、冷漠、麻木状态。学习上的挫折和失败，表现为对学习和学习成绩不关心、不在乎。

麻木和冷漠是一种综合心理障碍。包括活动意向减退、缺乏积极的认识、情感淡漠、意志衰退、思维停滞等。表现为缺乏进取精神、随波逐流过日子。

（三）逆向心理

逆向心理是主体对环境事物的刺激所产生的一种与大多数人对立的、与常态性质相反的逆向反应的情绪体验和行为倾向。

逆向心理是一种消极的心理定势。形成原因错综复杂，多为以狭隘个人经验以偏概全，对一切事物均持消极的偏见。有的大学生对学校和社会倡导的事物持怀疑否定态度，个别人甚至还有一套理论和观点。逆向心理是个体接受教育的一种心理障碍。

三、大学生常见的心理疾病

（一）心身疾病

心身疾病是一种主要由心理因素引起的躯体上的疾病。病状是生理性的，耽误直接生理病因。像偏头痛、高血压和胃溃疡等。大学生在患有这种疾病前，往往经历情绪上某种压力，长期的紧张或焦虑，特别是气愤和恼怒是导致这种疾病的主要原因。下面列出心身疾病与情绪的关系表（见表13-1）。

表 13-1 心身疾病与情绪因素

疾病发生与有关的情绪	病例百分比/%
愤怒与气愤	17
挫折与遗弃	13
忧虑无望感	13
焦虑	13
无能为力感	12
与亲人分离	9
紧张恐惧与生活环境拥挤	9
与治疗者关系欠佳	4
其他原因	10

强烈或持续的消极情绪，影响神经系统功能。重者引起神经错乱、行为失常；轻者造成神经系统活动失调，导致轻微神经官能症，如失眠、头痛等。消极情绪的持续，还可以造成心血管机能紊乱，出现心律不齐、高血压、冠心病等，严重者会导致脑血栓或心肌梗死。研究证实，急躁、情绪不稳、爱发脾气、怀有戒心或敌意，缺乏耐心、时间紧迫感强等心理特征的人，容易患冠心病。事实告诉我们，大学生在学习生活中一定要保持乐观、平静的情绪，防止消极情绪产生，不要因一点小事"闹情绪"。

（二）神经症

神经症又叫神经官能症，是一种非常气质性的心理疾病。心理创伤是引起神经官能症的主要原因。长期精神紧张、大脑机能活动暂时性失调是大学生的这种病的原因，常见种类有：

1. **神经衰弱**

神经衰弱这在大学生中是常见的疾病。1985 年在天津师大、天津医学院和天津师专 3 996 名大专学生进行的抽样调查发现，大学生中得神经衰弱症者，理科系、外语系比文科系多；女同学比男同学多；高年级比低年级多。

导致大学生患神经衰弱的原因是多方面的。主要有：长期学习负担过重，对考试的焦虑，失恋引起的苦恼，家庭不和或亲人死亡等强烈刺激所引起。

大学生神经衰弱的表现是：头昏、头痛、脑涨耳鸣、感觉过敏、怕声怕光、怕冷、入睡困难、多做噩梦、情绪烦躁不安、易冲动、好发怒，有时卧床不起、手足发凉、心悸、全身无力、精神萎缩、注意力不集中、记忆力减退、学习成绩明显下降。

主要防治方法为消除学生过度紧张因素，繁重复杂的脑力劳动时间不能过长，要有适当的休息，经常参加体育锻炼和体力劳动。对于低年级大学生要尽快适应大学的学习和生活，总结出自己的学习方法，使学习和生活达到有序化。

2. 癔症

癔症也称神经官能症，主要是由心理创伤导致大脑机能失调，呈现出各种不同的变态心理症状。多发生于遭受惊恐、侮辱、委屈，或要求过高不能达到之时。此病与性格有直接关系，常产生于心胸狭窄而任性的人。

癔症常见的表现形式为自我意识和情感失调。有的呈现昏睡，对外界刺激反应迟钝；有的情感失调、强烈而不稳定，一不如意就大喊大叫，嚎啕大哭或狂笑不止。

（三）心理疾病与学习

大学生的学习生活是繁重的、紧张的，必须采取相应措施积极适应。不但不要把学习看成是一种负担，而且还要把它看作是一种乐趣，这样才能增强身心健康，提高学习效率。下面列出学习与心理疾病关系的统计表（见表 13-2）。

表 13-2　大学本科留级、休学、退学原因统计表　　　　　　　　　%

原因	百分比	男女		文科、理科	
		男	女	文	理
神经衰弱症	30	16	14	14	16
学习困难	19	12	7	4	15
神经病	15	5	10	7	8
生理性疾病	14	9	5	7	7
死亡	12	7	5	3	9
其他原因	10	7	3	7	3
合计	100	56	44	42	58

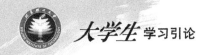

第三节 大学生心理不健康的原因分析

一、学习负担过量是主要因素

北京部分高校学生健康情况调查表明。部分系、专业学生每天学习时间在 9 小时以内的占 11.3%，9～11 小时的占 20.5%，11～13 小时的占 34.1%，有的学生学习时间每天达到 15 小时。在调查的学生中，有 82.2% 的人一天之内基本上没有文体活动时间，睡眠时间 8 小时的只占 5.9%，7 小时的占 70.6%，其余的只睡 6 小时左右。极少数学生星期天也要学习 10～11 小时。

长期负担过重，大脑过度疲劳，使皮层机能降低，注意力、记忆力、思维力和想象力衰退，学习效率、学习成绩下降。学习兴趣减小，学习信心丧失，压力增大，焦虑感不断上升。久而久之，心理障碍，心理疾病相继萌发。

二、学习生活不适应的影响

大学新生，在中学时一般是走读，一切生活服务都有父母包办，在家中处于全家保驾的地位，脑子里只管知识学习，独立生活能力很差，到大学必然出现生活上的严重障碍。中学学习的时间、内容、作业等等，老师都有明确安排；教师讲课精密透彻，不断重复。而大学学习主要靠自己的主动性、积极性，教师讲课只起引导、启发的作用，那种一切靠老师的习惯，完全不能适应变化了的情况，这将使某些依赖性强的新生会不知所措，处处赶不上"点"，心理造成很大压力。考入重点大学的高中生，一般都是中学班上的"尖子"，但在强手如林的大学班级里，新的一轮竞争又出现，基础好能力强的占有领先地位，其他的落伍者，自尊心必将受到严重伤害。特别是考试成绩的大落差，将会产生失落感，促使心理障碍、心理疾病萌发。

三、人际关系不协调

家庭里的溺爱、独来独往，给大学班集体处理好人际关系带来困难，同学之间，师生之间关系不能融洽。人是需要有安全感、归属感和尊敬、信任的要求，这些都只能在良好的人际关系中得到满足。友爱、和谐的关系使人温暖并感到安全、而冷漠、敌意、猜忌会使人产生压抑感、焦虑感，产生安全和信任危机。长期处在不和谐的关系中，不仅会影响学业成绩，而且有可能产生心理障碍和心理疾病。大学生应根据自己弱点，努力地主动改善人际关系。

四、学习竞争的影响

大学实行的择优培养制度，形成了学生间的平等竞争环境，对调动大学生学习积极性无疑将起到良好作用。但在竞争过程中，有的大学生往往满腔"胜"的期望，而缺少"败"的准备，各种复杂的心理状态，特别是以学友为自己的敌手，过重地看待暂时胜败问题，从而加重自己的焦虑感、压迫感。在竞争中失败，会产生消极情绪、失落感，甚至忌妒、愤怒，严重者将导致心理障碍和心理疾病的产生。

五、生活上的挫折

个人遭遇挫折，既定目标未能顺利达到，个人需要未能满足，预定行为方式受到限制和阻碍，会使人产生一种挫折后的压力，并引起激动焦虑与消极情绪反应和紧张状态，导致生理、心理的变化，引起心理障碍与心理疾病。

大学生由于失恋、失去友谊或亲人，家庭的重大变化等突发事件所造成的不幸或挫折，也可能使他遭受难以承受的精神打击，忧虑、压力的呈现，将导致心理障碍和疾病，严重者出现自杀行为。

上列所分析的原因，主要还有客观因素；而实际上在同样的状况下，由于主观因素支配其结果将会完全不同。有的人对挫折过于敏感或估计得过于严重，脱离客观现实，因而轻微的挫折，也会引起强烈的情绪体验，形成心理障碍。有的人缺乏正确对待挫折的实践经验，生长环境一帆风顺，稍遇挫折就束手无策，承受能力极低。还有的人个人抱负脱离实际，对成功期望值过高，自信心固强，对挫折缺少心理准备，对客观困难估计不足，一旦遇到挫折就手足无措，产生严重心理障碍。需要动机越强烈、越自负，在受挫折时反应越强烈，产生的心理障碍也就越大。因此，心理健康既有客观原因，更有主观因素影响。

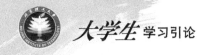

第四节　大学生心理自我调适和社会调适

心理健康直接影响大学生的学习、生活和成才，更影响其个性的发展，对种种不健康心理表现，可通过自我和社会调适加以解决。

一、自我调适途径

（一）正确认识自我和他人

"认识自我、认识他人"是进行自我调适的重要条件。在现实生活中，很多人自以为了解自己，其实却往往不能科学地看待自己。有的估计过高，过分自信；有的估计过低，过分自卑。心理学研究表明，人们普遍是对自己优点估价偏高，对缺点、弱点则估价偏低，甚至有的人视而不见。因此，正确准确地认识自我，就成为自我调适的首要前提。

1. 自我开放

自我开放就是打开自我封闭的闷葫芦。这是实现自我认识的基础。只有冲破个人心灵的小圈子，积极主动地与他人交往，才能换来别人的坦诚相待、直言相告，才有可能从客观和主观认识中全面认识自己。自我开放并不是内心全面曝光，而是有一定的策略。任何人在其心灵深处都有"隐私"，这是正常的，应当允许保留这种秘密。其次，自我开放不是对任何人，应该是彼此信赖的知心朋友，绝不能面对心直口快搬弄是非的人。与别人谈"隐私"要有一种安全的氛围，选择人少、僻静的地点，不宜在大庭广众场合。

2. 从他人对自身态度为镜子

要想正确评价自己，必须随时留意别人对自己的态度。在学习、生活和工作中经常接触的人，对自己总会有一定的了解，他们可能肯定、尊重你、乐于和你交往；也可能否定你、厌恶你、疏远你。这就是他人的态度反馈。我们应通过这种反馈分析自身，看看有哪些优点和缺点，然后才能扬长避短。他人的态度并不一定准确、全面，可能有局限性，但从广泛接触的人群中的共性反映，会有重要参考价值。

3. 从比较中看自己

没有比较就没有鉴别，只有比较才能确定自己的形象和位置。一般讲，比较是在自己生活圈内进行,再与自己条件相似的人当中进行。当然在一定的圈子里比较,视野容易受到限制。要时刻提醒自己,还要与更有成绩的人比较,增强前进的动力;失意时与更困难的人相比,以取得心理的平衡。

4. 通过工作成绩认识自己

自己到底怎样,不能空口白话,应从工作成绩来评价。学习、工作时表现个人才能的重要方面,自己的特长和潜能可以得到充分的表现,自己的工作成绩又能显示出自己的社会价值。同时,通过工作中的成绩来分析自身的优点与缺点,以便发扬优点、改正缺点。

认识自己是重要的,同样认识他人也是一个很重要的心理调节手段。这里说的认识他人,不仅是认识他人的外貌特征,更重要的是对他个性特征、思想品质、知识能力、历史背景、品德修养等方面的认识。

(二)如何正确认识他人

1. 多接触才能认识他人

常言说:"不打不相识"。只有在相互接触中才能加深了解。人只有在交往中才能表现出自身的品质、行为、特征、能力、兴趣等等。了解他人必须多方面接触,只有这样才能了解人的全部,掌握他的本质特征。如不遇困难,就很难看出一个人的应急能力,毅力和决断能力;不遇到利害冲突,就很难看出一个人的思想品质。没有冲突,就没有感情浪花,没有大量的接触,就很难认识他人。

2. 通过言语认识他人

言为心声。言语是思想观念、文化水平、情绪状态、心理需要等的表露,因此,通过言语是认识他人的重要途径。

从言语的内容能识别他人性格、气质等。有的人爱谈论自己的经历、看法、性格、情感,一般这些人性格较外向,感情比较强烈,主观色彩浓,也可能是爱炫耀自己、爱虚荣;不爱谈论自己者,则较内向,情感隐蔽;较自卑、闭锁。有人只喜欢叙述事实过程,自己置身世外,说明他注重客观事实,情感较深。如果讲话着重感情的描述,注意细节,说明他比较易动感情。有人说话是概括性的,注重事件结果,比较关心宏观、全局话题,说明该人有支配欲望、独立性强。一个人谈论生活琐事多,说明他是安乐型人,比较关心生活安排,若谈论国家大事多,是事业型,比较注重事业成就;喜欢畅谈未来说明属幻想型人,比较注重发展。一个人讲话用词高雅、准确,讲话干净利索,说明他有较好的文化修养，办事果断干练。

3. 通过体态语言认识他人

体态语言是无声语言，它必有声语言更富表现力和感染力。有些人并没有和我们讲话，但是通过体态语言传递了信息。使我们对他的年龄、职业范围、兴趣爱好、个性特征甚至文化道德修养等能略知一二。体态语言包括服饰、发型、手势、眼神、表情、姿态等。

（三）情绪的自我调节和自控

1. 要有合理的需要和远大理想

心理学告诉我们，情绪的基础是需要，需要得到满足，就会引起积极的情绪。合理的需要，就是社会历史条件许可的需要，符合我国政治、经济、文化及社会道德标准的需要。这样，在遭受挫折、打击时，依然"心有所持，情有所依"，始终保持健康乐观情绪。远大的理想和坚强的信念，也能使我们在挫折面前保持高昂乐观的情绪。

2. 要增强适应生活的能力

情绪大多产生于生活上的不如意、不顺心等不良刺激。如何保持良好的情绪状态，有下列几种有效方法。

（1）认识生活的复杂性。挫折和失败是难免的，我们必须承认这个客观现实。

（2）正确估价自己。别人能办到的，我也一定能够办到。

（3）建立与自己能力相应的抱负水平。承认有些事情经过主观努力是无法达到的。

（4）不要自卑、消沉。遇到不幸遭遇并不重要，而重要的是对待遭遇应有积极态度，不自卑、消沉。

（5）明白"金无足赤，人无完人"。对他人能容忍、体谅并和睦相处，对自己不过分苛求。

（6）以诚待人，加强交往，从友情中获得欢乐。

（7）"言所欲言"，坦诚和直率能消除许多障碍和压力。

3. 健全心理防卫机制

挫折和失败会使人受到威胁、伤害，并可能引起焦虑、自卑和痛苦。这时人内心会产生一种摆脱痛苦、减轻不安、回复情绪稳定、达到心理平衡的适应性倾向，我们称此为心理防卫机制。它的目的是为了避免精神上的焦虑痛苦，以适应挫折。防卫机制有积极的，也有消极的。现介绍几种防卫机制：

（1）升华法。这指当个体受到挫折产生压力时，及时将压力转移，将其引向崇高的、对社会具有创造性建设性作用的工作上去。如化悲痛为力量，把悲痛转移到教学、科研、或学习上的拼搏精神。

（2）幽默法。这是一种积极的心理防卫方式，是人们适应环境的一种工具。如很多科学家和艺术家对生活的艰难和不公正往往报以苦涩的微笑，但仍保持乐观、向上的情绪，能保证精力充沛地投入事业、学习和工作之中。

（3）补偿法。这主要指的是最优动机受到挫败时，通过别的途径达到目标，或用其他方面目标代替原有目标。如运动员叶乔波因腿伤和年龄关系只能告别速滑，但她对未尽事业仍要献出精力，准备办速滑学校，为从小训练速滑运动员，继续为国奉献。

（4）合理化。合理化在心理学上称为"文饰作用"。它是一种心理上的"开脱"方法，通过找一些有利的理由来缓解内心的紧张情绪。是人由于对现实无能为力而采取的回避或否认的策略，目的是安慰自己取得心理平衡。

4. 借助外界力量调节情绪

（1）环境调节法，环境对人的心情有重要作用。春光明媚，鸟语花香，人的心境平和欢畅；阴雨绵绵，潮湿沉闷的梅雨季节，让人心情沮丧不快。人的情绪不好时，重新布置一下居室，使其明亮宽敞，或到大自然里散散心，就会顿觉胸怀旷达，身心欢娱。人们在紧张工作之余，出去旅游也就有这层含义。

（2）请人疏导。培根曾说"如果把你的苦恼与朋友分担，你就只剩下一半的苦恼了。"人心理处于压抑状态时，需要有节制的发泄，把内心的痛苦告诉给父母或知心朋友则是明智之举，不要闷在自己的心窝里，影响身心健康。一个人在思绪万千难解难分时，别人点拨几句话，都会使自己茅塞顿开。

二、社会调适途径

（一）校园文化

校园文化是指知识密集、人才集中的高等学府所具有的特定的精神环境和文化氛围。

校园文化包括物质态文化和精神态文化两个部分，其中物质态文化又包括校园建设、绿化、美化，以及文化活动设施、教育科研、机器设备等。精神态文化，包含一定的校园文化制度、人们的文化心理、社团活动情况等。

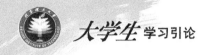

一个学校校园文化的形成于产生,必然会对生活其中的每个大学生产生潜移默化的深刻影响。好的校园文化会对大学生情操的陶冶、心灵的净化、知识面的扩大、能力的培养以及品德的修养,全面素质的提高发挥巨大作用。

物质文化与精神文化共同组成校园文化。大学生群体作为校园文化中的载体之一,他们既是校园文化的创造者,又是校园文化的受益者。校园文化对大学生成长的意义何在呢?

1. 为大学生社会化创造了条件。

大学生作为社会的新成员,必须取得社会成员的身份并参与社会生活,完成社会化。校园文化能对大学生进行社会化锻炼。各种社团活动中,都会遇到人际关系的处理;参与社团活动会养成群体意识,增强社会责任感;参与社团活动能学会正确使用权利并积极承担应尽的义务;参与社团活动还会养成遵守社会规范、社会公德的习惯,等等。

2. 有助于大学生个性发展与心理健康。

校园文化中社团活动各种各样,大学生可在此充分展示自己的才能,发展兴趣、爱好,消除在业务学习中的压抑感。性格内向的人,通过在社团群体中的感情交流,会逐渐变得性格开朗、活泼,善于与人进行交往。校园文化对心理健康的作用更大,紧张的学习生活容易产生单调、孤独、寂寞等不良情绪,长期延续会使大学生情绪低落,产生心理上的抑郁症状,丰富多彩的校园文化活动,可以活跃大学生生活,发展广泛的兴趣爱好,使心理保持健康。

3. 校园文化有助于大学生能力培养。

课堂学习的知识技能,经常缺乏运用发挥的条件,个人的组织领导、管理才能,文艺、体育等才华得不到良好的环境发挥,校园文化的多样性、灵活性为此提供了广阔的天地,这不仅能使大学生的各种才能得到发挥,而且能使各种能力得到进一步培养和发展。同时,也会使大学生的心理得到较好的平衡。

(二) 心理咨询途径

心理咨询在我国还是一门新兴的学科。中学生刚步入大学,将会遇到各个方面的不适应,形成心理的压抑感,造成心理不健康、产生心理疾病。大学生心理咨询,正是对大学生在认识、情感、人际关系、身心发展等方面存在的各种矛盾及行为问题,进行情感疏通、语言交流、矛盾化解,提出预防、调节和治疗方案的心理学应用学科。

心理咨询不同于"谈心",它有自己的学科理论和科学方法,其典型方法有:

1. 支持疗法

它是通过支持与鼓励,使面临困难无所适从、情绪低落、抑郁伤感者看到光明,恢复、增强自信心。通过互相交心倾诉苦楚,使内心积存的痛苦、怨恨、不满等内心的苦闷情绪,通过倾泻出来,以减少内心的负担。然后对其进行解释疏导,解除由于不正确观念影响所产生的烦恼、忧虑,以崭新的认识结构和观念来进行适应。

2. 心理分析法

指通过一定的方式把压在当事人潜意识中的冲突矛盾诱发出来,使其明了症状的实质,使症状失去在心理存在的意义而消失。常有的方法有:自由联想;梦的解析;阐释;移情。即让当事人在无所顾忌的环境中向咨询员倾诉冲突,并给以释疑,宽其心、去其怨取得问题的解决。

3. 行为疗法

它的理论基础是确认行为是后天学习得到的,一切不良的习惯和异常反应,都可以通过学习产生的原理来矫正,如系统脱敏法、厌恶疗法、奖励强化法等。

4. 人本主义疗法

咨询员不是直接制止、治疗当事人的行为,而是指导当事人进行自我探索、内省,发现并判断自我的价值,调整自我不健康观念,促进内心的变化,以达到治疗的目的。

5. 认识疗法

该法认为,人的行为是受人的认识所支配。咨询员主要职责是指导当事人改变原来的认识结构,解除歪曲的想法,以现实的思维方式取代;纠正不合理的信念,以合理的信念而代之,从而改变行为。

心理咨询的类型,按咨询对象的数量来分,有个别咨询和团体咨询两种。按咨询的形式来分,有门诊咨询、信函咨询和电话咨询等三种。

总之,心理咨询是为了维护心理健康,提高个人心理素质水平的一种有效手段。现在已经有一些重点大学设立了心理咨询中心或咨询室,并建立学生心理档案。有些学校的校医院设立了心理咨询门诊,他们都在帮助大学生消除心理障碍,促进心理健康,为净化大学生的心理,提高身心健康水平而努力。

第十四章 大学生职业生涯规划设计

职业生涯规划，关系着一个人是否能在社会环境中找到自己的正确定位、充分发挥自己的潜能走向成功。它是大学生迈入社会，实现自己人生抱负的关键一步。

良好的职业生涯规划可以完善个体对自己的认识，帮助个体明确目标、制定学习计划、合理择业，然后通过努力，使自己各阶段的目标变成现实。从一定意义上来说，职业生涯规划对一个人的成功与否具有决定作用，对于处于任何发展阶段的人来说都是很重要，尤其是处于青年时代的大学生，因为这是一个人一生最宝贵的阶段，也是一个人处于左右摇摆、寻找个人定位与发展方向的阶段。因此，大学生能否根据自身的条件和所处的客观环境，认真分析自身的优势和不足，合理进行职业生涯规划，将直接影响自己未来的发展和前途。

第一节 职业规划的含义及发展理论

一、职业生涯规划的含义

职业生涯规划是指个人把个人发展与组织发展相结合，对决定一个人职业生涯的主客观因素进行分析、总结和测定，确定一个人的事业奋斗目标，并选择实现这一事业目标的职业，编制相应的工作、教育和培训的行动计划，对每一步骤的时间、顺序和方向做出合理的安排。

职业生涯规划是一个有机的、逐渐展开的过程。生涯设计的目的绝不仅是帮助个人按照自己的资历条件找到一份合适的工作，达到与实现个人目标，更重要的是帮助个人真正了解自己，为自己定下事业大计，筹划未来，拟定一生的发展方向，根据主客观条件设计出合理且可行的职业生涯发展方向。

二、职业生涯发展阶段理论

每个人的职业生涯都包含若干发展阶段,各个发展阶段的、职业偏好和对知识水平和技能的要求都有所不同,只有了解不同发展阶段的特征和特定任务,才能有助于个人更好地规划自己的职业生涯。

目前比较典型的职业生涯发展阶段理论有两种:萨柏和施恩的职业生涯发展理论。两位学者的理论各有侧重。

(一)萨柏理论——把人的职业发展规划为5个阶段:

1. 成长阶段(0~14岁)

成长阶段经历对职业从好奇、幻想到兴趣,到有意识培养职业能力的逐步成长过程。萨柏将这一阶段,具体分为3个成长期:

(1)幻想期(10岁之前):儿童从外界感知到许多职业,对于自己觉得好玩和喜爱的职业充满幻想和进行模仿。

(2)兴趣期(11~12岁):以兴趣为中心,理解、评价职业,开始作职业选择。

(3)能力期(13~14岁):开始考虑自身条件与喜爱的职业相符合否,有意识地进行能力培养。

2. 探索阶段(15~24岁)

探索阶段经历择业、初就业,也可分为3个时期:

(1)试验期(15~17岁):综合认识和考虑自己的兴趣、能力与职业社会价值、就业机会,开始进行择业尝试。

(2)过渡期(18~21岁):进入劳动力市场,或者进行专门的职业培训。

(3)尝试期(22~24岁):选定工作领域,开始从事某种职业。

3. 建立阶段(25~44岁)

建立阶段从25~44岁为建立稳定职业阶段。经过两个时期:

(1)尝试期(25~30岁):对初就业选定的职业不满意,再选择、变换职业工作。变换次数各人不等。也可能满意初选职业而无变换。

(2)稳定期(31~44岁):最终职业确定,开始致力于稳定工作。

4. 维持阶段(45~64岁)

在45~64岁这一长时间内,劳动者一般达到常言所说的"功成名就"情

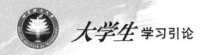

景，已不再考虑变换职业工作，只力求维持已取得的成就和社会地位。

5. 衰退阶段（65 岁以上）

人达到 65 岁以上，其健康状况和工作能力逐步衰退，即将推出工作，结束职业生涯。

（二）施恩的职业周期理论

施恩的职业周期理论立足于人生不同年龄段面临的问题和职业工作主要任务，将职业生涯分为 9 个阶段：

1. 成长、幻想、探索阶段

一般 0～21 岁处于这一职业发展阶段。

主要任务是：

（1）发展和发现自己的需要和兴趣，发展和发现自己的能力和才干，为进行实际的职业选择打好基础；

（2）学习职业方面的知识，寻找现实的角色模式，获取丰富信息，发展和发现自己的价值观、动机和抱负，做出合理的受教育决策，将幼年的职业幻想变为可操作的现实；

（3）接受教育和培训，开发工作世界中所需要的基本习惯和技能。在这一阶段所充当的角色是学生、职业工作的候选人、申请者。

2. 查看工作世界

16～25 岁的人步入该阶段。首先，查看劳动力市场，谋取可能成为一种职业基础的第一项工作；其次，个人和雇主之间达成正式可行的契约，个人成为一个组织或一种职业的成员，充当的角色是：应聘者、新学员。

3. 基础培训

处于该阶段的年龄段 16～25 岁。与上一正在查看职业工作或组织阶段不同，要担当实习生、新手的角色。也就是说，已经迈进职业或组织的大门。此时主要任务一是了解、熟悉组织，接受组织文化，融入工作群体，尽快取得组织成员资格，成为一名有效的成员；二是适应日常的操作程序，应付工作。

4. 早期职业的正式成员资格

此阶段的年龄为 17～30 岁，取得组织新的正式成员资格。面临的主要任务：

（1）承担责任，成功的履行与第一次工作分配有关的任务；

（2）发展和展示自己的技能和专长，为提升或查看其他领域的横向职业成长打基础；

（3）根据自身才干和价值观，根据组织中的机会和约束，重估当初追求的职业，决定是否留在这个组织或职业中，或者在自己的需要、组织约束和机会之间寻找一种更好的配合。

5. 职业中期

处于职业中期的正式成员，年龄一般在 25 岁以上。面临的主要任务：

（1）选定一项专业或查看管理部门；

（2）保持技术竞争力，在自己选择的专业或管理领域内继续学习，力争成为一名专家或职业能手；

（3）承担较大责任，确实自己的地位；

（4）开发个人的长期职业计划。

6. 职业中期危险阶段

处于这一阶段的是 35～45 岁者。面临的主要任务为：

（1）现实的估价自己的进步、职业抱负及个人前途；

（2）就接受现状或者争取看得见的前途做出具体选择；

（3）建立与他人的良师关系。

7. 职业后期

从 40 岁以后直到退休，可说是处于职业后期阶段，此时的职业状况或任务：

（1）成为一名良师，学会发挥影响，指导、指挥别人，对他人承担责任；

（2）扩大、发展、深化技能，或者提高才干，以担负更大范围、更重大的责任；

（3）如果求安稳，就此停滞，则要接受和正视自己影响力和挑战能力的下降。

8. 衰退和离职阶段

一般在 40 岁之后到退休期间，不同的人在不同的年龄会衰退或离职。此间主要的职业任务一是学会接受权力、责任、地位的下降；二是基于竞争力和进取心下降，要学会接受和发展新的角色；三是评估自己的职业生涯，着手退休。

9. 离开组织或职业—退休

在失去工作或组织角色之后，面临两大问题或任务：

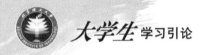

（1）保持一种认同感，适应角色、生活方式和生活标准的急剧变化；

（2）保持一种自我价值观，运用自己积累的经验和智慧，以各种资源角色，对他人进行传帮带。

需要指出的是，施恩虽然基本依照年龄增大顺序划分职业发展阶段，但并未囿于此，其阶段划分更多的根据职业状态、任务、职业行为的重要性。正如施恩教授划分职业周期阶段是依据职业状态和职业行为和发展过程的重要性，又因为每人经历某一职业阶段的年龄分别，所以，他只给出了大致的年龄跨度，并在为职业阶段上所示的年龄有所交叉。

第二节　大学生职业生涯规划的实践意义

职业规划的训练有助于全面提高大学生的综合素质，避免学习的盲目性和被动性；能对大学生起到内在的激励作用，使大学生产生学习、实践的动力，激发自己不断为实现各阶段目标和终极目标而进取。大学生首先要认识到生涯规划的重要意义，职业生涯活动将伴随我们的大半生，拥有成功的职业生涯才能实现完美人生。因此，职业生涯规划具有特别重要的意义。

一、有利于大学生尽早正确认识自我，确定人生发展方向

多数大学生对自己并不了解，尤其是不了解自身的优势和劣势，对未来职业发展没有明确方向，因此，在就业过程中对职业选择具有比较大的盲目性和不切实际性。职业生涯规划的重要内容之一，是对个人进行分析。通过分析，认识自己确认自己的性格，找出自己的特点，发现自己的兴趣；明确自己的优势，衡量自己的差距；获取学校外部有关工作机会的信息。通过这些分析，在校大学生可以尽早确定符合自己兴趣与特长的生涯路线，树立职业理想和职业目标，并运用科学的方法采取切实可行的步骤和措施，不断增强职业竞争能力，实现自己的人生理想。

二、有利于促进大学生个体成才

高校的学分制使在校大学生在选择课程时，拥有较大的自主权，如果缺乏

必要的职业生涯规划指导，大学生将很难明确日后职业发展的方向，大学期间的学习存在盲目性，必然导致学习缺乏动力，涉猎知识的结构失衡，适应社会的能力弱化。所以，有效地职业生涯规划，可以帮助在校大学生在认识到自身的个性特点、现有和潜在的资源优势的基础上，围绕着职业目标与职业理想，在宝贵的大学四年学习期间努力学习，扎实掌握知识，着力培养某些职业特质，实现自我成长与成才，为一生的职业发展打下坚实的基础。

三、帮助大学生树立良好的就业心态和健康的就业心理素质

在全球经济一体化的背景下，社会经济快速发展，科技日新月异，竞争不断加速，大学生在大学期间如果不能体察社会变化，不了解社会发展趋势，在面临就业时往往不知所措，无所适从，造成内心惶恐、紧张不安，个人事业和身心都受到严重影响。在职业生涯规划过程中，大家需要不断获得外部信息，这些信息包括职业、组织、社会等多方面，大家获得的外部信息越多，心理上的准备也就越充分，有助于培养健康的就业心理素质，以良好的就业心态从容就业。同时大家要根据社会需要，考虑短期利益和长远发展的关系，合理规划职业生涯。

四、有助于社会资源的有效利用

每年国家投入大量财力、物力和人力到高等教育事业，目的是培养社会栋梁，通过发挥大家的智慧才干，最大限度地为社会创造财富，推动社会发展。大家毕业后若选择了并不适合自己的行业，从事一些不能发挥个人潜能的职业，则无法最大限度地为社会作贡献，导致国家资源的浪费。职业生涯规划就是帮助大家在认识自己兴趣与优劣势的基础上，选择适合自己、能发挥个人才能的行业，最大限度地实现自己与用人单位的双赢，使国家社会资源得到有效利用。

第三节　大学生结合自己的专业进行职业规划

职业规划，对大学生而言，就是在自己兴趣、爱好的前提下及认真分析个人性格特点的基础上，结合自己专业特长和知识结构，对将来从事工作所做的

方向性的方案。大学生在走向社会前，将现实环境和长远规划相结合，给自己的职业生涯一个清晰地定位，是求职、就业乃至将来职业升级的关键一环。

一、了解本专业情况，给自己恰当定位

专业知识的学习对于一个大学生的影响是不可低估的，它会影响到大学生们的思想方式、行为方式，甚至影响到一个人的一生。因此，每个大学生对本专业应有一个客观、全面的了解。了解本专业培养目标，了解课程的设置、作用、教学进程、需考取的证书或掌握的技能以及就业方向、就业前景等知识，这是影响大学生就业的大问题。对专业不了解，自己就难以制定目标，学习就缺乏动力，职业规划就会缺乏相应的储备知识，从而影响到自己的发展。另一方面，在正确了解本专业基础之上，再正确认识自己才能，这样才能全面地估价自我，扬长避短，树立正确的择业目标，更好地作好规划。

人的气质、性格、兴趣等方面的特点会有所不同，在职业选择上，我们还应通过自评、自测和听取他人意见，更好地了解自己，并将个人的气质、性格、兴趣等个性特征与自己的专业结合起来，使自己能更加准确地选择适合自己的工作。

二、了解本专业的社会需求，适应社会发展

社会的需求是影响大学生进行职业规划的外部条件，它在很大程度上将决定大家职业规划的现实意义，也是影响职业规划成败的重要原因。大家应通过各种途径，了解社会所需，特别是将与自己所学专业或特长有关的岗位需求情况了解清楚，再结合自身情况，做出相应的职业规划，以达到有的放矢的规划目标。

由于受到社会诸多因素和自身条件的限制，在进行职业规划时，一定要考虑个人的情况和社会的需求，不可随心所欲。

要了解本专业的社会需求可以从以下几个方面：

（1）通过网络、电视、报纸等媒体进行了解。及时关注它的发展动态，并根据其变化进行调整；

（2）到相关企事业单位进行见习或实地考察。了解其运作方式，从中找到自己规划中的不足，根据反馈回来的信息再及时调整职业规划，并以此为契机，

有意识地培养自己相关的能力，缩短自己的职业规划与现实之间的距离。

（3）对成功职业人物的采访。也能让大家开阔视野，增强信心，让大家在前进的道路上有榜样的指引。

三、要有合理的知识结构和能力

根据毕业生就业现状分析，用人单位对毕业生的要求既有单位的性质和岗位的不同而略有差异，但以扎实的专业知识、相应的现代基本技能、个人特长这几点要求确是共同的，因此，我们应该在这几个方面好好培养自己。

（一）要有扎实的专业知识和较强的动手能力

专业知识是我们开展工作的基础，也是我们实现职业理想的有力支撑，这对毕业后从事技术工作的毕业生（例如计算机、机械、电子等专业的毕业生）要求更为明显。构建合理的知识智能结构，需要广博与精深相结合，理论与实践相结合，静态与动态相结合，个人爱好与社会需要相结合。不但对自己所从事的专业知识和技术的掌握有一定的深度和广度，而且要通晓和熟悉相关的基础知识，要在教室的指导下，广泛涉猎其他学科或某些边缘学科的知识，才能把自己培养成为复合型人才，适应社会主义现代化建设需要。

学好专业知识，除了第一课堂，我们还应该积极参加实践，通过实践来加深对理论知识的认识，也以此来锻炼我们的能力。

（二）加强基本技能训练

1. **语言技能**。

随着我国市场的对外开放和不断扩大，需要大量通晓各种语言，具有各种文化指导的复合型人才。从素质要求看，首先是需要能与不同文化背景者沟通融合、外语娴熟、办事效率高以及通晓专业领域中的国际惯例；其次，能参与国际经济文化交流。

2. **网络技能**。

知识经济社会的信息化，使网络技术更加普及，个人的生存与发展将与网络密不可分，信息化使社会发展更加迅速，并使竞争日趋激烈。尤其是我国加入WTO以后，将在新水平上参与世界经济一体化的进程，这种进程需要懂专业、熟练掌握国际惯例、能利用网络进行全球交流沟通、从而提高获取信息以及处理信息的能力。

3. **综合能力**。

当前，社会要求大学生具有组织、管理与表达能力。因此，大学生既要重视组织管理能力、文字和语言表达能力的培养，也要善于调查研究，善于运用现代科学手段获取信息，善于总结经验。

将来无论从事哪种职业，不仅要有本专业比较深厚扎实的科学致死，还应具备比较宽泛全面的有关环境、法律、经济、管理、艺术、历史、世界文化等多方面的科学文化知识，只有这样才能适应环境，求得发展。

（三）要有自己的一技之长

有特长才有竞争力，企业注意企业文化，以提高团队的凝聚力和战斗力。有一技之长，则大大增加被录用的机会。例如，好多单位或企业，经常组织员工活动，毕业生如果能掌握一技之长，比如书法、绘画、摄影、公关、体育、艺术等，被录用的机会就比别人多。

（四）要有良好的综合素质，善于与人相处

社会经济的发展，使职业的发展多元化，打破了以往每个职业都有相对固定范围的限制，职业分工虽然越来越细，但综合化也越来越强，职业与职业之间相互交叉延伸，界限越来越模糊。企业所需要的大学生不仅是技术专家，而且是一个合格的管理者。这样对人的综合素质，沟通与表达能力的要求也越来越高。

四、结合专业知识选择职业生涯路线，把握职业生涯方向

职业类型一般有技术型、管理型、创造型、自由独立型、安全型等多种，对于我们在校大学生来说，可以根据自己所学的专业，结合自己的气质、性格、兴趣等特点考虑自己的方向发展。大学生在选择职业生涯路线与类型时，把握四条原则：

（1）择己所爱（喜不喜欢）。

（2）择己所能（你能否胜任这个岗位）。

（3）择世所需（市场需求问题）。

（4）择己所利（在保证前三个原则的基础上极可能择己所利，考虑薪酬问题）。

职业生涯方向需要根据自己所学的专业综合考虑个人的爱好、兴趣、能力及社会环境等因素来制定，盲目攀高、盲目追求与选择不仅影响个人就业，同样也会对个人以后的职业发展造成不利影响，每个人都应该知道自己现在和将来要做什么。许多人在大学时代就已经形成了对未来事业的一种预期，然而他们往往由于年龄和发展的考虑，就业方向比较模糊，就业目标定位过高，过于理想化。近几年，不少毕业生在职业选择中一直强调大城市，大企业或高收入，甚至为了这些不惜放弃个人的专业特长。不顾个人的职业爱好和性格，同样，对于那些怀有"这山望着那山高"的心理的学生，也是职业目标不确定的一种表现。由于高等教育逐步大众化，我国势必出现高校毕业生就业竞争激烈，就业市场年年爆的现象，这就告诉我们要走出大学毕业就要当"白领"的观念误区，降低期望值，做好从蓝领、低层、基层做起的心理准备。

五、明确职业生涯目标，完成职业规划

大学生在充分了解了自己和社会、明确了努力方向的基础上，还应具体明确自己的奋斗目标，即在专业课程学习上要学好什么，加强什么，在职业技能考试上要获得什么证书，在英语学习上何时达到四六级水平，在计算机应用上要达到什么水平，在特长项目上如何努力，如何提高自己的综合素质等。明确了以上问题后，大学生就应该根据职业岗位的要求和自己的实情，在每一个问题上逐一确定目标。例如，在英语学习上，可以制定以下的奋斗目标：一年级要掌握3 500个左右单词，听说读写能力在原来基础上要有所提高；二年级要掌握4 000个左右单词，通过大学英语四级的考试；三年级要掌握5 000左右的英语单词，毕业前接近或达到大学英语六级水平。

六、有针对性地进行社会实践

社会实践应围绕将来可能要从事的职业展开，要有一定的方向，不要遍地开花，也不要盲目追求经历和次数。

目前，不少大学生的求职简历上往往将自己的实践一股脑地填上去，以为越多越好。一般说来，家教、见习这一类的实践一般对用人单位的打动力往往很小，用人单位更关心的是你的经验和能力是否符合你要应聘的岗位，而不是你的兴趣有多广泛。因此，大家应该根据自己的职业方向，有针对性地进行社

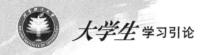

会实践活动。例如,计算机专业的应该到软件、硬件生产企业了解当代软件、硬件发展的动态,各种软件公司常用的编程语言、业务开展方式等;管理专业的通过实践了解各个成功企业的管理方式,并自己从中总结当今管理的模式、动态;设计专业也可以通过参加辅助设计,外围制作等方式了解设计的最新发展趋势。这种有针对性地实践,缩短了理论与实践、校园与社会的距离,使大学生能很快地适应社会的需要,毕业后马上融入到所需的岗位之中。

良好的职业生涯规划,如同熊熊的火焰,可以激发我们的斗志,可以激发我们的潜能,激发我们重塑自我,可以改变自己的精神状态。

设计是一个理想,实现是一个过程,未来的发展不可预测,所以只有把握现在,脚踏实地的工作学习,积极地寻找与自己目标的结合点。随着环境的改变,动态调整自己的职业生涯,联系实际,把握现在,赢得未来!

科学规划人生,创就未来精英!愿每一位有志学子都能够定做好自己的职业生涯规划,在人生的广阔海洋上乘风破浪,勇往直前!

参考资料

[1] 陈尚达.科学发展观与大学生学习生态建设[J].学术论坛,2009(11).

[2] 赵芮婧,闫君,等.大学生"学习三性"问题研究,——大学生学习主动性、独立性、合作性现状调研报告[J].出国与就业,2012(6).

[3] 王金瑶,朱淑华,等.大学生学习层次性及其提升[J].江苏高教,2009(3).

[4] 石国亮.大学生创新创业教育[M].北京:研究出版社,2010.

[5] 周清明.中国高校学分制研究——弹性学分制的理论与实践[M].北京:人民出版社,2008.

[6] 傅进军.大学校园文化[M].上海:上海交通大学出版社,2001.

[7] 郭志文,李斌成.大学生职业生涯规划[M].武汉:华中科技大学出版社,2008.

[8] 郅庭瑾.教会学生思维[M].北京:教育科学出版社,2001.

[9] 周延波,郭兴全.创新思维与能力[M].北京:科学出版社,2004.

[10] 黄希庭,徐凤姝.大学生心理学[M].上海:上海人民出版社,1988.

[11] 赵耀华.大学生行为指导与训练[M].北京:中国大百科全书出版社上海分社,1991.

[12] 彭聃龄.普通心理学[M].北京:北京师范大学出版社,2011.

[13] 杨德广.高等教育学[M].北京:高等教育出版社,2009.

[14] 蒋京川.智力心理学[M].南京:东南大学出版社,2012.

[15] [美]贝姆·P艾伦.人格理论:发展,成长与多样性[M].上海:上海教育出版社,2011.

[16] 沙莲香.人格心理学[M].北京:中国人民大学出版社,2011.

[17] 张骏生.人才学[M].北京:中国劳动社会保障出版社,2006.

[18] 杨小微.现代教学论[M].太原:山西教育出版社,2010.

[19] 施良方.学习论[M].北京:人民教育出版社,2001.

［20］郭清顺，苏顺开．现代学习理论与技术［M］．广州：中山大学出版社，2007．

［21］林毓琦．大学学习论［M］．西安：西安交通大学出版社，1988．

［22］胡学增．现代教学论基础研究［M］．西安：陕西人民教育出版社，1993．